직장인
말하기의
모든 것

직장인 말하기의 모든 것

펴 낸 날 2023년 10월 16일 초판 1쇄

지 은 이 이남경
펴 낸 이 박지민
책임편집 김정웅
책임미술 롬디
마 케 팅 박종천, 박지환

펴 낸 곳 모모북스
서울특별시 동대문구 왕산로81, 203-1호(두산베어스 타워)
전화 010-5297-8303 팩스 02-6013-8303
등록번호 2019년 03월 21일 제2019-000010호
e-mail pj1419@naver.com

ISBN 979-11-90408-43-1 (03190)

• 책값은 뒤표지에 있습니다.
• 잘못된 책은 구매하신 곳에서 교환해드립니다.
• 모모북스에서는 여러분의 소중한 원고를 기다립니다.
투고처: momo14books@naver.com

직장인 말하기의 모든 것

이남경 지음

모모북스

목차

PART 1

말, 언어에 관한 생각

PART 2

좋은 대화를 만드는 말하기 자세

PART 3

친밀하고 당당하게 대화하는 법

PART 4

말을 잘하기 위한 콘텐츠 설계법

PART 5

말을 잘하기 위한 비언어적인 요소

PART 6

성공하려면 센스 있게 말해야 한다

말,
언어에 관한
생각

PART 1

1
말하기를 배워야 하는 이유

우리는 자신이 태어난 곳에서 모국어를 배우고 의사소통하며, 자신을 표현하고 사람들과 관계를 맺으며 살아간다. 그러나 우리는 바벨탑을 지었던 사람들처럼 같은 언어를 사용하고 있어도 서로 말이 안 통해 답답한 상황을 맞이하고 있다. 분명 이치에 맞는 말이고 누구나 다 아는 진리, 법칙임에도 상황과 살아온 환경에 따라 달리 받아들여지는 세상 속에 살고 있다. 말은 구조가 있고, 사회적으로 약속된 의미가 있고 우리는 그 약속을 지키며 살고 있기 때문이다. 그래서 제대로 의사소통을 하기 위해서는 바람직한 말하기가 필요한 것이다. 어떻게 말해야 서로 의사소통이 잘되고 행복한 커뮤니케이션을 할 수 있을까.

- 말은 관계를 형성해준다

'유유상종'이라는 사자성어가 있다. 비슷한 사람들끼리 어울린다는 말로, 성향이 비슷한 사람들끼리 쉽게 친밀감을 느끼고 친구가 되는 것이다. 그들은 과연 어떻게 친구가 되었을까? 서로 주고받은 말로, 자신이 표현한 말과 상대방이 판단한 결과 사이에서 상호작용이 일어난 결과일 것이다. 이처럼 우리는 말을 표현함으로써 가족과 친밀함을 형성하고 말을 통해 친구가 되고, 말을 통해 누군가를 사랑하기도 하고, 상처받기도 한다. 가족과의 유대감은 가족 간의 대화에 따라 달라지기에 가깝고도 먼 사이가 되기도 한다. 친구가 되어가는 과정도 마찬가지이다.

학기 초나 입사 후에 새로운 사람들 사이에서 수없이 주고받은 말과 대화를 통해 친구가 된다. 그 외에 다양한 모임과 네트워크 속에서 사람들을 만나며 말과 대화를 통해 마음을 주고받으며 친밀감을 쌓아간다. 서로의 말을 통해 영향을 받고, 정보를 나눈다. 결국 서로 상호 간에 말을 통해 관계를 맺게 된다. 내가 어떤 말을 하느냐에 따라 내 주위에 남는 사람들의 얼굴이 결정되는 것이다. 말은 인간관계를 형성한다.

유정아 작가도 『유정아의 서울대 말하기 강의』에서 말의 목적에 대해 다음과 같이 이야기했다. 말은 여러 관계에 대해 자신의 감정과 의견을 표현할 수 있게 하고, 상대가 보여준 반응을 통해 '나의 특성은 무엇일까?' 하며 사유를 도와준다. 우리는 영향을 미치며 변화를 이끌기도 하고 공통의 목표를 위해 일을 수행하기 위해 소통한다는 것이다. 여기서 유념해야 할 것이 자기 점검이다. '자신이 어떠하다'라는 말을 했을 때, 그 말에 자신을 돌아보게 되는 경험이다. 그렇게 표현된 언어에 자신을 맞추려는 노력이 '자기 점검'이다. 이러한 목적과 자기 점검은 우리가 건강한 인간관계를 맺는 데 탄탄한 기반이 된다.

결국 말을 함으로써 우리는 타인에게 마음을 전한다. 말이란 생각의 표현이다. 생각은 언어로 구성된다. 언어는 자신이 속해 있는 사회, 문화적 요소들을 내포하고 있다. 우리가 사용하는 말로 사회의 구성원으로 인정받고 함께 일을 도모한다. 그 과정 중에 주고받은 자신의 말을 돌아보며 자신을 객관적으로 바라볼 줄 알아야 한다. 객관의 힘으로 우리는 소통을 이어가야 한다. 나의 생각과 행동, 나의 인격을 만들어 가는 것은 나의 말이다. 관계 맺기에 앞서 우리가 말을 배워야 하는 이유다.

- 말을 통해 언어 능력을 향상할 수 있다

말을 할 줄 안다고 해서 말을 제대로 하고 있는 것은 아니다. 말을 통해 남을 설득하는 데 어려움이 있다면 전문가를 찾아 바로 말하기 공부를 하기를 추천한다. 말하기 교육이 필요한 이유는 목소리가 크면 말을 잘한다고 느끼는 사람이 너무나도 많기 때문이다. 말하기에서 무엇이 중요한지 모르기 때문에 나오는 현상이다. 말하기는 훈련이다. 꾸준히 연습하면 실력이 늘 수밖에 없다.

음성에 의미 단위인 단어를 얹고 문장을 얹으면 말이 된다. 말하기에는 말의 주제와 그것을 효과적으로 전달해주는 발성, 호흡, 속도, 억양, 장단, 발음, 강세, 포즈 등이 있다, 그리고 비언어적으로는 얼굴 표정과 시선, 제스처, 태도 등이 있다. 한 문장을 말할 때 이런 수많은 요소가 복합적으로 작용하여 우리 귀에 아름답게 들리는 것이다. 신뢰감을 갖추고 효과적으로 의사소통하기 위해서는 말하기를 배워야 한다.

무한 경쟁 시대! 말하기 능력이 무엇보다도 중요한 시대이다. 가족 간의 대화에서조차 우리는 설득의 순간을 맞이한다. 특히,

다양한 미디어 매체가 급속도로 발달한 정보화 시대에 가장 중요한 능력 중 하나는 스피치 능력이다. 코로나 시기를 거치면서 우리는 정보를 제공하는 사람의 스피치 능력에 따라 전달되는 정보의 질이 달라지는 것을 경험했다. 스피치 능력이 떨어지는 사람이 전달하는 정보는 불완전할 수밖에 없고, 당연히 그 사람의 능력은 저평가된다. 발표력이 뛰어난 경우에는 정보 자체도 효과적으로 전달된다. 발표자에 대한 신뢰도 높아져서 발표자의 능력 자체가 높은 평가를 받게 된다.

우리는 언어 없이 살아갈 수 없다. 언어는 우리로 하여금 세상과 삶을 소통할 수 있게 한다. 더불어 타인과의 관계를 이루는 초석이다. 따라서 언어, 말에 대한 고민은 나라는 사람에 대한 주관적인 성찰이다. 우리는 말을 잘하고 싶다는 생각을 많이 하지만 말하기 훈련과 방법을 찾지 않는다. 너무나 익숙하게 사용하기 때문이다. 말을 잘하고 싶다면 자신의 말을 낯설게 바라보라. 자신이 사용하는 단어나 문장을 파악한 후 어떤 표정과 목소리로 말하는지 스스로 분석해 본다.

- 소통의 중요성: 사회적 상호작용, 정보 전달, 문제 해결 능력, 논리적 생각 교환

의사소통에는 두 가지 기본적인 조건이 있다. 첫째는 말하는 목적이 상황과 맞아야 한다. 뉴스프로그램을 진행하는데, 예능에서처럼 행동한다면 누가 그 뉴스를 신뢰하겠는가? 두 번째는 말하는 사람의 스타일에 맞는 말하기, 스피치가 되어야 한다. 말이 너무 빨라 휙 지나가 버리면 청자들은 무슨 말을 했는지 기억하는 데 애를 먹는다. 또 연설 화자의 발음이 부정확해서 알아듣기 어려울 때 청자들은 듣기를 포기하거나 딴청을 피울 수도 있다. "그 젊은이가 원하는 것이 무엇인지는 알 수 없었지만, 무언가를 강렬히 원하고 있다는 것만은 알 수 있었소." 이후 카이사르는 브루투스를 계속 관직에 두기는 했지만 높게 평가하지는 않았다고 한다. 열의는 있었지만 중언부언하여 듣는 이에게 자신이 생각하는 바를 잘 전달하지 못한 브루투스의 연설은 분명 '의사소통이 좋다'라고 평가할 수는 없을 것이다.

자신의 말하기 스타일을 알기 위해서는 자신의 말을 객관화해보자. 어떤 단어와 말투 억양을 사용하는지 파악해볼 필요가 있다. 지인과 오랜만에 통화를 했는데, 예전과는 다르게 사용하는 언어가 많이 차분해지고, 억양과 말투의 격이 상승한 것을 느낄 수 있었다. 지인은 자신의 말에서 비유가 많고 수식어가 많아 대화가 깔끔하지 못한 것을 느꼈다며, 담백한 말씨를 연마하려고 노력 중이라고 하였다. 자신의 말에서 감탄사나 과장된 말투 등 군더더기를 걷어내 담백한 말하기 스타일을 만들었다. 중요한 것은 자신의 말하기 스타일을 객관적으로 바라보고자 하는 태도이다. 왜냐하면 객관적으로 바라본다는 것은 공적 말하기 스타일이며, 우리가 말을 잘하고 싶다고 할 때의 그 말이란 공적 말하기를 의미하기 때문이다.

공적인 말하기에서 우리는 말하기 능력의 중요성을 더욱 절실히 느낀다. 말하기에는 화자의 지식의 정도, 상황 판단력, 인성, 문제 해결 방식이 담긴다. 예를 들어 직장에서 회의를 할 때 효과적인 문제 해결 방법과 갈등 해소 방식을 찾기 위해 화자가 가지고 있는 생각을 말로 표현해서 상대방과 의사소통하게 된다. 이런 말하기 능력을 통해 우리는 자신이 속한 조직에서 의사소통을 이루어가고, 협업을 통해 성과를 만들어 나간다. 우리는 정돈된 생각을 말을 통해 구성원들에게 전달하고 상대방은 나의 말을 통해 판단을 한다.

우리는 말을 할 때 어떤 언어를 만들어야 하는지, 상대의 말을 경청하고 있는지, 상대방과 대화하려는 의지는 있는지를 점검하며 자신에게 가장 적합한 말하기 스타일을 갖추어야 한다. 자신의 말하기를 객관적으로 바라보고, 말할 내용을 채워나가는 부지런한 스피커가 되자. 언어를 통해 자신의 말을 만들고, 생각과 관점을 정리해 말함으로써 나의 이미지를 형성해 가고, 타인들이 그것을 바탕으로 나를 판단한다면 우리는 말을 잘 해야 한다. 그래서 우리는 말하기를 배워야 하고 입에서 나오는 소리가 모두 말이 아니라는 생각으로 정제되고 상대를 배려하는 말을 할 줄 알아야 한다. '누가 나의 이 빛깔에 맞는 이름을 불러다오.' 하며 품격 있는 말하기를 했을 때 그 의미가 완성되는 것처럼 말하기, 스피치를 의미 있게 하는 것은 우리 자신에게 달렸다.

Summary

말하기를 배워야 하는 이유

1. 인간관계를 형성해 준다.
2. '나'의 정체성을 만들어준다.
3. 사회적으로 협동과 정보 전달의 매개가 된다.

2

발표 불안에서 벗어나 자신감을 찾는 말하기

'말을 하지 않고 있으면 중간이라도 갈 텐데 괜히 말했어.'라는 후회를 해 본 적이 있을 것이다. 대화에서조차도 이런 부담이 있는데 하물며 공식적인 자리에서 스피치를 한다는 것은 어떻겠는가. 실로 그 무게와 중압감이 어마어마하다. 첫 방송을 할 때만큼은 아니지만, 방송을 할 때마다 긴장감과 불안감은 여전하다. 아무리 배짱이 두둑해도 수많은 사람 앞에서 말을 하는 것은 '잘해야 한다는 부담감'과 '성공에 대한 기대에 부응'해야 한다는 마음 때문에 그 불안감을 숨길 수가 없다. 누구나 갖고 있는 불안감을 어떻게 통제하느냐에 따라 프로인지, 아마추어인지 구별된다. 스피치가 두려운가? 두려움은 맞서면 작아진다. 불안감을 이기는 지혜를 배워보자.

- 발표 불안증은 왜 느끼는 걸까

방송 베테랑 김동건 아나운서도 지금까지도 방송 전에는 긴장감을 느낀다고 한다. 다만 방송 시작과 함께 그 긴장감은 사라지고 즐겁게 프로그램을 방송한다고 한다. 수많은 무대 경험 속에서 불안감을 다스리는 방법을 터득했을 것이다. 우리의 뇌는 감성 영역을 관장하는 우뇌가 공간 적응력을 컨트롤하고 이성을 담당하는 좌뇌는 사고와 언어 능력을 처리한다. 사람들 앞에 섰을 때 무슨 말을 해야 할지 몰라 초조한 것은 우뇌가 청중과의 거리 공간에 적응하는 동안 긴장과 두려움으로 인해 생각하고 말하는 역할을 담당하는 좌뇌가 기능하지 못하기 때문이다. 이 때문에 할 말이 생각나지 않고 말이 빨라지면서 호흡이 깨지게 된다.

"자라 보고 놀란 가슴 솥뚜껑 보고도 놀란다."라는 속담이 있다. 한번 심한 두려움을 경험하고 나면 '공포학습' 효과로 인해 비슷한 자극에도 더 강한 반응을 하게 된다. 말하기로 주위의 놀림을 받았다든지 하는 과거 트라우마나, 말을 아껴야 한다는 가풍을 가진 집안에서 말을 했을 때 "시끄럽다."라든가 "뭔 말이 많냐."라며 야단맞았던 두려움이 불안 증세를 키워 스피치 불안을 야기하지는 않았는지 생각해 보자. 사람들 앞에서 말할 때 불안감이 찾아온다면 그것이 어디에서 비롯된 것인지 생각해 봐야 한다. 말하기 불안을 이겨내는 데는 본인의 말하기 불안에 대해 받아들이고 분석하고 연습하는 것만 한 왕도가 없기 때문이다. 다행히도 스피치 불안증은 노력만 하면 극복할 수 있다.

말할 때 불안을 느끼는 것은 누구나 마찬가지임을 알고, 불안을 느끼게 하는 요인을 통제함으로써 성공적으로 발표에 임할 수 있도록 훈련할 수 있다. 이제부터 자신의 애매한 불안과 공포를 논리적으로 분석해 보자. 우선, 나를 불안하게 하는 요소들의 목록을 조목조목 써본다. '과연 내가 이 연설을 잘할 수 있을까? 나에게 두려움을 주는 것은 무엇이 있나?', '이 프레젠테이션을 망친다면 회사에 어떤 손실을 끼치게 되지?'라는 식으로 막연한 두려움을 구체화하는 것이다. 그중 가장 무서운 결과가 무엇인지 뽑아본다.

발표 불안증을 연구해온 맥크로스키 박사에 의하면 발표 불안증을 만드는 두 가지 큰 요인이 있다고 한다(McCroskey, Richmond & Stewart, 1986). 상황의 중요성과 성공 여부의 불안증이다. 먼저, 스피치가 중요하다는 생각이 들수록 꼭 해내야 한다는 압박감 때문에 불안과 초조가 생겨난다. '나의 스피치 결과에 따라 나의 영향력이 달라질 수 있어.', '이 일에 많은 것들이 걸려 있어.'라는 생각이 들면 불안감이 스멀스멀 올라온다. 따라서 내가 하는 스피치의 중요성 강약의 여부가 불안감을 형성한다. 그리고 성공 여부의 불확실성이다. 지금까지 해 보지 못한 새로운 주제의 스피치나 처음 보는 청중을 상대로 연설을 하게 될 때는 청중의 반응을 모르기 때문에 더욱 불안감을 느끼게 된다.

- 발표 불안증에서 벗어나자

스피치를 앞두고 있는 사람들은 누구나 불안해한다. 에이브러햄 링컨과 윈스턴 처칠, 로마의 유명한 웅변가 키케로도 발표 불안증을 겪었다. 심지어 레오나르도 디카프리오도 활동 초기에는 수상 연설에 대한 불안감 때문에 아카데미상 후보로 지명된 후에 차라리 수상하지 말았으면 하고 바랄 정도였다. 스피치 불안증은 걱정과 긴장 등 초조한 감정이 종합적으로 작용하여 생겨난다. 스피치 불안증에서 걱정과 초조는 매우 부정적인 감정 상태지만 흥분과 긴장은 비교적 건강한 감정 상태다. 즉, 불안증은 부정적인 측면도 있지만 긍정적인 측면을 동시에 내포하고 있는 것이다. 따라서 '설렌다.' 또는 '긴장된다.'라는 감정은 노력에 박차를 가하는 동기를 부여할 수도 있다.

일단, 불안증이 증폭되는 것을 막아야 한다. 나의 스피치로 인해 상황이 변할 만큼 중요하다고 해서 '실패하면 어쩌지?'라는 걱정을 하게 되면 스피치 불안증은 나를 집어삼킬 만큼 커진다. 그래서 무슨 일이 있더라도 불안증이 자꾸만 커지는 사태는 없애야 한다. 자신의 불안증이 커지고 있다는 것을 알았다면 마음을 차분히 내려놓아야 한다. 그리고 자신을 초조하게 만드는 것의 실체가 무엇인지 생각해야 한다. '이 스피치가 나를 이토록 두렵게 느끼게 할 정도인가?'라는 스피치 자체의 중요성에 대한 질문과 '결국에 나는 성공하지 못할 거라고 생각하나?'라는 나 자신의 자신감에 대한 질문으로 신중한 판단을 하고 나면 이 불안감이 얼마나 말이 안 되는지도 알게 된다.

'혹시병'과 '완벽주의'에서 벗어나자. 부처님께서 일체유심조라고 하셨다. 마음을 어떻게 먹느냐에 따라 결과치는 달라진다. '만약에 혹시…' 하면서 잘 안 될 경우를 자꾸 생각하다 보면 마음은 더 초조해지지만, '내가 노력하고 연습한 시간들이 있으니 자신감을 갖자.'라든가 '연습은 실전처럼, 실전은 연습처럼.'이라는 편안한 마음으로 발표에 임하자. 또한 '나의 스피치는 완벽해야 돼.'라는 강박감을 내려놓자. 실수를 조금 했다고 해도 나의 능력과 열정을 마음껏 보여줬으면 괜찮다. 이런 이유로 자신의 능력을 괜히 과소평가해 두려움과 초조함에 시달리지 말자. 내가 할 수 있는 한에서 최선을 다해서 발표를 하면 된다.

『스물셋의 사랑, 마흔아홉의 성공』의 작가 故 조안 리가 자신의 책에서 이런 말을 했다. 자신에게는 처음인데 유명 대학의 졸업식 연설을 해달라든가, 국회에서 연설을 해달라든가 이런 요청이 오면 일정이 겹치지 않는 한 무조건 다 수락했다고 한다. 그녀는 그 기회가 자신에게 온 것이 무척 소중하고 그러한 경험을 아무나 할 수 있다고 생각하지 않았다고 했다. 불안하기는 하지만 그 스피치를 자기 성장의 좋은 기회라고 여겼다. 생전 처음 해 보는 것이지만 그 기회를 성장의 희망으로 채워갔다. 불안증의 긍정적 측면을 바라볼 필요가 있는 것이다. 스피치에 대한 긴장감은 스피치 준비에 대해 심리적으로 계속 생각하고 있다는 정상적인 신호이기 때문에 스피치를 앞두고 발생하는 불안감은 자신을 성장시키는 원동력이 될 것이라는 희망을 가져야 한다.

- 스피치 자신감을 갖자

대부분의 발표 불안증은 성격적 불안이 아니라 상황적 불안이다. 중요한 스피치를 앞두고 이를 성공해내야 한다는 압박감이 연사를 두렵고 걱정하게 만든다. 스피치는 당연히 청중의 평가를 받는다. 남에게 평가를 받는 입장에 서면 어느 누구나 결과에 대해 궁금해하고 걱정하며 좋은 결과를 받고자 하는 의지 때문에 불안해진다. 사람들이 느끼는 스피치 두려움을 파악해보면 결국 이 두려움이 잘하고 싶다는 열정적인 마음에서 시작된 것임을 깨닫게 된다. 성공하고 싶은데 잘하지 못할 것 같은 자신의 한계가 보여서 생기는 불안함, 더 많이 준비했어야 했는데 하는 후회 등이 합쳐지는 것이다. 이제는 스피치를 하기 위해 그 자리에 섰다고 생각하지 말고 내가 준비한 정보를 청중과 즐겁게 나눈다는 마음으로 스피치 무대에 서보자.

누구나 떨리는 스피치 불안증을 극복하기 위해서는 우선 말하기 경험을 많이 쌓아야 한다. 말솜씨가 없다고 자꾸만 말하는 기회를 축소하다 보면 스피치 불안증은 점점 더 심해지고 말하기 기술에서 밀리게 될 것이다. 매일 한 가지의 주제를 정하고 작은 수첩에 그 주제를 표현해 나갈 키워드를 나열해 본 뒤에 혼자라도 말하기를 해 보라. 능숙한 스피치는 경험의 횟수에 비례한다. 평범하고 작은 모임에서부터 시작하는 것이 좋다. 매주 말하기 클럽이나 독서회 활동을 통해 적극적으로 자신을 표현해 보자. 서툴러도 최선을 다해 말하는 습관을 길러라.

우리의 말을 듣는 사람은 앞의 청중이다. 청중의 수준이 나보다 훨씬 높다고 느껴지면 위축된다. 청중의 수준은 연사와 심한 차이가 있는 것은 아니다. 다만 연사가 준비되어 있지 않다면 청중과의 수준 차이는 고사하고 무대에 올라가기 전부터 불안할 것이다. 연설에 신경을 써서 준비를 철저히 한다면 무대 공포증은 75퍼센트까지 감소된다고 어느 연설 컨설턴트가 말했다. 청중에 관해 조사를 하고 청중이 흥미를 보일 만한 주제를 선택하라. 구어체로 충분히 연습을 반복하라. 이 정도라면 당연히 성공을 자신하지 않겠는가?

자신이 스피치에서 성공하는 모습을 상상해보라. 시각화는 자신이 성공적으로 일을 수행하는 모습을 마치 눈으로 보는 것처럼 생생하게 머릿속으로 그려보는 것인데 긍정적인 사고와 밀접한 관계가 있다. 시각화는 연사들의 무대 공포증 통제에 도움 된다는 것이 입증되었다. 그러고 보면 사람은 자기 예언을 실현하는 방향으로 노력하려고 한다. 자신의 미래를 밝은 것으로 상상하면 의식적으로든, 무의식적으로든 이를 실현하는 방향으로 노력한다. 자신이 성공적으로 발표해 나가는 장면을 시각화하면 열정이 샘솟고 정신도 맑아진다. 따라서 불안감으로 스피치를 망치면 어쩌나 하는 생각을 하지 말고 불안감을 에너지 삼아 스피치를 성공적으로 발표하는 모습을 이미지화하고 그것을 이루려고 노력하면 된다.

Summary

1. 스피치 불안증은 연설 대가도 느낀다.
2. 자신의 스피치 불안의 항목을 구체화해서 두려움의 실체를 파악해보자.
3. 말하기 경험을 많이 쌓자.
4. 성공을 시각화하라.

“

3

마음이 열리는 긍정의 대화법

TV나 라디오에서 공익광고를 자주 접하게 된다. 공익의 목적상 사회에 긍정의 기운을 퍼지게 하여 아름다운 사회, 함께 사는 이웃을 생각하자는 내용이 주를 이룬다. 내용이 좋아 따라 하는 행동도 있고, 저렇게 하면 서로 오해 없이 웃을 수 있겠구나 하며 긍정의 센스를 챙긴다. 모든 면에는 빛과 그림자가 존재한다. 말하기에서도 그렇다. 그러나 이왕 하는 거 서로에게 좋은 영향력을 끼치는 긍정의 언어로 말하는 것은 어떨까? 긍정의 언어로 말하기 위해 우리는 무엇을 준비해야 할까?

- 처음만 어렵지 자주 사용하면 내 거 되는 긍정 매직

입 밖으로 나오는 순간 말은 이미 내가 통제하거나 관리할 수 없게 된다. 중요한 커뮤니케이션 수단인 '말'을 긍정적으로 연출해 보자. 어찌 보면 우리의 감정이나 마음을 결정하는 것은 바로 '한 마디의 말'에서 시작되는 경우가 많으니까. 말하려는 내용을 긍정의 언어로 머릿속 리허설을 해 보라. 미리 준비하는 리허설을 통해 상대방에게 말을 효과적으로 전달하게 되어 그 말이 왜곡되거나 오해되는 일 없이 받아들여질 것이다. 우리가 말을 통해 자신의 이미지를 긍정적으로 만들어가는 것은, 내가 선택하는 긍정의 언어이다. 말은 상대방에게도, 나에게도 좋은 말이어야 하는데 왜냐하면 말은 반응하는 상대방에 의해 완성되기 때문이다.

감정은 전염된다. 이왕이면 긍정의 감정을 퍼뜨리자. 하버드 대학 크리스토크 타키스와 그의 연구팀은 즐거운 감정보다 부정적인 감정의 전염이 최대 5.6%로 상대방에게 영향을 미친다고 말했다. 말하기 능력이 훌륭한 사람이 인정받는 이유가 있다. 말을 잘하는 능력뿐만이 아니라 말로써 사람들에게 긍정적인 영향을 끼치면서 대화를 이끌어가기 때문이다. 대화의 분위기가 좋지 않을 때, 그들은 자신과 사람들이 성취한 임무나 공동의 즐거운 기억을 끌어들인다. 대치나 분열의 까다로운 상황에서는 상대방에게 지금의 이 문제를 풀기 위해 쌍방이 얼마나 많은 시간과 노력을 보탰는지 암시를 주는 것이다.

"우리에게는 아직 12척의 배가 있습니다."라는 이순신 장군의 말에 부하들은 바닥까지 내려간 자신감을 다시 회복할 수 있었다. 스티브 잡스 회장이 1983년 펩시의 존 스컬리 사장을 스카웃하러 찾아갔을 때 존 스컬리 사장은 '나를 설득할 자신이 있는가.' 하는 표정으로 있었다. 그에게 일격을 가한 스티브 잡스. "당신은 나머지 인생을 설탕물을 팔면서 보낼 겁니까? 아니면 세상을 변화시킬 기회를 잡을 겁니까?" 이것은 스카웃을 제의하는 사람의 스피치가 아니다. 세상을 변화시킬 수 있다는 자신감으로 가득 찬 스티브 잡스의 말에 존 스컬리가 움직인 건 당연하다. 기업이 위기에 직면해 있더라도 직원들 앞에서 씩씩한 태도를 취하라. 자신감 있고 당당한 스피치는 기업에 에너지를 채워주고 직원들에게 사기를 북돋운다.

사람들은 슬프니까 울고 기쁘니까 웃는다고 보통 생각하지만 제임스-랑게 이론James-Lange Theory은 우니까 슬프고 웃으니까 기쁘다는 논리다. 얼굴 표정이 우리의 감정을 결정한다는 것이다. 거울 앞에서 의식적으로 웃는 연습을 하면 정말 마음도 환하게 미소 짓는 것 같다. 우리가 사용하는 언어도 마찬가지다. 긍정적인 단어를 사용하면 점차 자신감을 갖게 되고 상대방에게도 긍정적인 에너지를 전달할 수 있다.

- 같은 말도 긍정적으로 표현하자

"나이 드는 것은 노화가 아니라 진화다." 어떤 인터뷰에서 유명 여배우가 한 말이다. 거울 보기가 두려워지는 즈음에 들은 이 말 덕분에 나는 어떻게 나이 들어갈지 기대하게 됐다. 이후로 피부에 주름이 보이면 '이건 진화야!' 하고 스스로를 위로한다. 이 한마디 덕분에 실제 나이보다 젊게 보이고 싶은 마음을 내려놓고 나이를 당당히 말할 수 있게 되었다. 말의 힘이란 참 대단하다. 언뜻 같은 말인 듯해도 어떻게 표현하는가에 따라 상대에게 전달되는 가치가 완전히 달라진다. 이왕이면 자신에게나 상대에게나 용기를 불어넣는 긍정적인 메시지를 주는 것이 좋다.

이럴 때 힘을 발휘하는 것이 바로 바꿔 말하기이다. 바꿔 말하기는 전달하는 가치를 변환하거나 다른 말로 표현하고 싶을 때 사용하는 방법이다. 게다가 자신을 즐겁게 해주는 방법이기도 하다. 이를테면, 비가 내려서 우울한 기분이 들 경우 "비 오는 날은 그동안 건조했던 피부가 촉촉해지는 날"이라고 바꿔 말해보자. 비가 와서 오히려 이득을 얻는 기분일 것이다. 말의 힘은 굉장히 크다. 부정적인 일은 가능한 한 긍정적으로 바꿔 말하면 마음가짐이 달라져 행동을 바꾸는 계기가 된다.

바꿔 말하기는 상대가 좀처럼 이해하지 못할 때나 직접적인 표현이 공격적으로 들릴 수 있을 때 힘을 발휘한다. '말이 너무 심했어.' 하고 후회한 적이 있다. 열정이 과하다 보면 실제 의도와 다르게 말이 강하게 나가는 경우가 있다. 물론 그럴 때마다 반성했다. 특히 극단적인 단어는 바꿔서 표현해야 좋은 말이다. 예를 들어 '항상', '전부', '매번', '원래'와 같은 단어들은 부정의 뜻을 강화한다.

[예시]

"왜 넌 항상 숙제를 안 해 오지?"

"지금이 대체 몇 번째야?"

여기서 '항상', '대체'는 극단적인 단어에 해당한다. 다음과 같이 다른 말로 바꿔서 말해보자.

"왜 한 번씩 숙제를 안 해 오는 거니?"

"여러 번 말했으니 신경 써 줬으면 좋겠어."

다음과 같은 경우도 바꿔 말할 수 있다.

A 아, 어째서 실패한 걸까….

B 실패는 '문제 발견'이라고 바꿔 말해보는 게 어때?

"실패에는 깨달음과 배움도 많이 따르니까 앞으로 어떻게 할지 알게 됐잖아."

실패를 후회의 대상으로 여기지 말고 미래의 양식으로 삼는 것이다. 이렇게 바꿔 말할 수 있으면 스스로 성장하는 데도 큰 도움이 된다.

출처: 가키우치 다카후미, 『말은 딱 깔끔하고 센스 있게』

극단적인 단어를 쓸 때는 항상 주의를 기울이자. 상대방의 일상을 완전히 무시하는 말일 수 있기 때문이다. 일상용어에서 부정적인 단어를 긍정의 단어로 바꾸어보자. 그러한 연습을 할 수 있도록 '바꾸어 말하기 단어장'을 만들어보자. 단어를 긍정의 단어로 바꾸어 말하기는 스트레스도 줄여준다. 예를 들어 불안한 일이 있으면 '지금은 생존에 필요한 훈련을 받는 과정'이라고 생각한다. 이렇게 하면 스트레스가 확연히 줄고 어떻게 생존 훈련을 받을지에 집중하다 보면 한 단계 성장할 수 있는 계기가 된다.

- 긍정의 화법으로 상대의 마음 열기

상대에게 전달력을 높이기 위해서는 언어의 선택도 매우 중요하다. 좋은 말하기의 원칙은 '상대에게 플러스가 되는 표현'을 하는 것이다. 바로 실천할 수 있는 요령 세 가지를 소개한다.

첫 번째, 머리말부터 다듬는다. 예를 들어 "최근 여러분의 일과 관련된 중요한 과제입니다. 오늘 그에 관한 세 가지 요점만큼은 반드시 알고 돌아가시기 바랍니다."라는 식으로 어렵지만 매우 중요한 이야기라는 것을 확실하게 어필한다. 자신의 말을 들으면 얻게 되는 이득과 듣지 않았을 때 입을 손해를 분명히 전달하는 것이 요점이다.

"잘 아실지 모르겠습니다만~", "잘 아시리라 생각합니다만~"은 말을 시작할 때 흔히 하는 상투어다. 이런 표현 대신 "○○에 대해 알고 있습니까?" 하고 질문을 던지면 쌍방향 소통의 느낌이 한층 강해진다. 질문한 다음에는 상대의 반응을 살피고 이렇게 말을 잇는다. "잘 아시는 분도 있고 모르시는 분도 있는 듯하니 확실하게 하기 위해 짚고 넘어가겠습니다." 모르는 사람이 많을 경우 다음과 같이 말하면 흥미를 유발시킬 수 있다. "그렇다면 잘됐네요. 이번 기회에 잘 들으셔서 오늘부터 꼭 활용하시기 바랍니다." 반대로 모두가 잘 알고 있는 듯하면 이렇게 말한다. "감사합니다. 잘 알고 있는 듯하니 상세한 설명은 생략하도록 하겠습니다." 이런 식으로 상대의 반응에 맞춰 내용을 조정한다. 일단 질문을 던져보고 그 반응을 통해 다음 이야기로 이어가는 것이 중요하다.

두 번째 '단어' 개혁이다. 긍정의 화법을 구사하기 위해서는 긍정적인 마음가짐이 필요하다. '오래되었다'는 말은 '역사가 있다', '실적이 있다'라든지, 물건이라면 '연륜이 보인다', '손때가 묻어 정취가 있다'는 식으로 바꿀 수 있다. 반대로 '역사가 짧다'는 '젊음이 느껴진다', '앞으로 기대되는 회사다' 등으로 표현하면 한결 분위기가 좋아진다. 평소에 긍정적으로 표현하는 연습을 해두면 긴장되는 자리에서 틀림없이 좋은 말이 떠오를 것이다.

세 번째는 '마이너스 BUT 플러스' 화법이다. 아이디어, 기획, 신상품을 제안 및 보고할 때는 플러스와 마이너스, 양쪽 정보를 다 전달해야 한다. 이 경우는 "훌륭한 상품입니다만 단가가 높습니다."라고 말하기보다 이렇게 말하는 것이 좋다. "다소 가격이 비싸지만, 처리 속도는 경쟁 제품의 두 배입니다.", "처리는 좀 늦지만 완성도가 높고 견고함에 차이가 있습니다." 부정적인 내용을 먼저 전하고 긍정적인 코멘트로 문장을 마치는 것이다. 부정적인 정보일수록 먼저 선수를 쳐서 알려주는 것이 좋다.

Summary

1. 긍정의 단어와 긍정 화법으로 대화를 리허설해 보라.
2. 긍정의 힘: 감정과 행동의 변화는 부정의 단어를 긍정의 단어로 바꾸는 데서 시작된다.
3. 나만의 바꾸어 말하기 단어장 만들기(부정의 언어를 긍정의 언어로 바꾸어 써 보라.)

   말을 바꿔서 표현하면 우리의 생각을 바꿀 수 있다.
   생각이 바뀌면 행동도 바뀐다.
   행동이 바뀌면 미래가 바뀐다.
   바꿔 말하기는 부정의 마음을 내려놓고 긍정의 미래로 가는 첫걸음이기도 하다.
4. 제안 및 보고 기법: 마이너스 BUT 플러스(부정적인 것과 긍정적인 것을 동시에 말할 때)

4
대화에서 상대방에 대한 배려는 기본

'배려'라는 단어를 한자 풀이를 해 보니 配(짝 배), 慮(생각할 려)로 이루어져 있다. 짝을 생각하는 마음으로 해석된다. 어떤 환경에 있든 상대방을 생각해 주는 마음이다. 앞서간 사람이 뒤에 오는 사람을 위해 문을 잠시 잡아주는 행동이나, 대화를 할 때 상대의 이야기를 잘 들어주고 반응을 적절히 보여주는 것도 배려의 행동이다. 배려는 둘 사이를 아름답게 만들어주는 마음이다. 상대방의 마음 읽기에서 출발한 배려를 통해 서로를 존중하는 대화를 이어가자.

- 존중과 예의를 갖추자

대화할 때 기본은 상대를 존중하고 예의를 갖춰서 배려하는 것이다. 공손한 언어는 긍정적 이미지를 만든다. 아리스토텔레스가 말한 설득의 3가지 요소 중에 에토스ethos가 있다. 말하는 사람의 도덕적 인격, 인품, 가치관, 개성 등을 의미한다. 우리는 상대를 배려하고 존중하는 말을 하는 사람을 인격적인 사람이라고 판단한다. 스피치 능력을 키운다는 것은 단순히 말재주를 배운다는 것이 아니라 자기가 한 말에 책임을 지는 전인全人적 인간이 된다는 것을 뜻한다.

'신언서판'이라는 말이 있다. 사람을 판단하는 중요한 기준을 말하는 것으로, 신체, 말솜씨, 글솜씨, 판단력을 뜻한다. 말은 자신의 의견을 타인에게 효율적으로 전해주기도 하지만, 자신의 인격과 말하기 능력을 보여주기도 한다. "오바마 아웃"을 외치며 쿨하게 임기를 마친 오바마는 퇴임 후 지지율이 60%를 육박하며 부러움의 대상이 되었다. 오바마는 특히 부통령 바이든과는 나이 차이에도 불구하고 허물없이 친근하게 지내는 모습이 세계인들에게 각인됐다. 리더의 겸허하고 격의 없는 자세, 상대를 배려하는 인간적인 매력은 오래 기억된다.

우리는 나이 어린 학생을 보면 무조건 반말을 하는 경우가 있다. "야! 너 집이 어디지? 학교 어디 다녀?"와 같이 다짜고짜 반말을 한다. 이런 말을 들은 학생들은 부정적 반응을 드러낸다. '자식 같아서 그런다'는 핑계는 이제 옛 문화다. 음식점에서 종업원들에게 반말을 던지는 것 또한 부적절하다. 오히려 정중하게 주문하고 서비스에 감사를 표할 때 당신의 인격도 더욱 빛나 보일 것이다.

서로 자신의 의견만 이야기하면서 상대방이 이해가 안 되는 말만 한다고 답답해한 적이 있을 것이다. 이것은 일방통행식 대화의 태도이다. 상대에게 자신의 뜻을 제대로 전하려면 일방적으로 말을 해서는 안 된다. 상대는 이 세상에 단 한 명으로 존재하는 사람으로 '인식'하고 상대가 처한 환경을 '이해'하며 설령 그와 나의 의견이 달라도 그의 인격을 '존중'해야 한다. '무슨 일이 있겠지', '그랬구나' 하는 역지사지의 마음으로 상대를 이해하려고 노력해야 한다. 상대가 나를 이해 못 한다면 그 이유를 '자신'에게서 찾아라. 듣는 사람의 잘못이 아닌 말하는 사람의 잘못을 바로잡는 것이 대화의 기본인 배려이다.

- 배려하는 마음은 표현형 커뮤니케이션으로 하라

최대한 상대방의 입장을 고려하는 사람이 스피치 목적을 달성하는 데 유리하다. 처음 만났을 때 상대방을 존중하는 태도는 인사에서 드러난다. 인사는 인간관계 구축의 첫걸음이다. 누구나 인정받는 것을 좋아한다. 인사는 내가 상대방을 인식하고 존중한다는 마음을 확실하게 상대방에게 전달한다. 인사를 통해 서로의 생각을 주고받기가 수월해진다.

가끔씩 사람들과의 대화에서 상대방의 말을 잘 못 알아듣는 커뮤니케이션 오류가 나타나곤 한다. 왜 그럴까? 기본적으로 상대방은 나와 전혀 다른 존재이기 때문이다. 다른 성장배경과 이해 시스템을 가진 우리는 같은 말이라도 받아들이는 방법에 있어서 천양지차이다. 한국이나 일본 사람들은 이심전심 서로의 마음을 알아주는 대화법에 익숙하다. 반면, 다양한 인종이 함께 생활하는 서양 국가는 다르다. 그들은 '상대는 나와 다르다'는 전제에서 커뮤니케이션을 시작한다.

커뮤니케이션의 열쇠는 말하는 사람이 아닌 듣는 사람에게 있다. 그래서 당신의 말을 상대방이 얼마나 이해했는지의 여부가 중요하다. 나와 다른 상대에게 내 의도를 제대로 전달하기 위해서는 정확하게 표현해야 한다. 그것이 '표현형 커뮤니케이션'이다. 현대 사회에서, 특히 비즈니스 현장에서 '이심전심형 커뮤니케이션'은 종종 한계에 부딪힌다. 글로벌 사회 속에서 사람들의 가치관은 점점 더 다양해지고 있다. 얼굴 생김새만큼 다양한 입장을 가진 사람들을 만나게 되기에 더욱더 '표현형 커뮤니케이션'을 해야 한다. 자신의 마음을 알아달라는 식의 '이심전심형 커뮤니케이션'은 더 이상 통하지 않게 되었다.

방송 리허설 때 전문가 인터뷰를 하다 보면, 전문 용어를 쉽게 바꾸는 것이 중요한 일이었다. 시청자 이해를 돕기 위해 최대한 쉽고 우리 생활 속 용어를 사용하려고 노력했다. 우리와 대화를 나누는 상대방을 위해서도 간결한 언어를 사용한다. 특히 경력이 짧은 사람일수록 전문가 포스를 과시하려는 경향이 있다. 익숙하지 않은 전문 용어로 설명하면 상대는 당연히 이해할 수 없다. 전문가라면 어려운 내용도 일반인이 쉽게 이해할 수 있도록 자세히 설명할 수 있어야 한다.

- 배려하는 말 습관

부탁을 잘 거절하지 못하는 성격인 사람들이 활용하면 좋을 화법을 소개한다. '관계를 해치지 않는 선'에서 어떻게 반대 의사를 표현해야 할지 고민하는 순간이 많다. 이때 가장 적절하게 활용할 수 있는 화법이 바로 'Yes, But' 화법이다.

예를 들어 정신없이 일 처리를 하고 있는데, 상사가 "○○씨, 이거 지금 바로 처리 좀 해 줘요."라고 했을 때, "네, 처리하겠습니다. 그런데 어제 지시하신 업무 처리 중이었는데, 새로 주신 일부터 처리하면 될까요?"와 같은 화법이다. 먼저 긍정의 사인을 주는 Yes를 외치고, 지금의 상황을 설명하는 But을 말하는 유형을 'Yes, But' 화법이라고 한다. 우리의 뇌는 부정적인 감정을 강하게 오래 기억한다. 같은 내용이라도 처음 시작이 No냐, Yes냐에 따라 대답을 다르게 받아들이기 때문에 완곡한 거절을 하는 데 이 화법이 도움이 된다.

말을 할 때 청중에 대해 기본적으로 이해하고 존중하는 마음이 있어야 한다. 청중을 무시하면 안 된다. 예를 들어 토론회에서도 "아니요, 저는 당신의 의견에 반대합니다."와 같이 시작하는 것보다는, "그렇습니다. 방금 말씀하신 부분도 일리는 있지만…." 처럼 포용하면서 상대를 배려하는 화법이 필요하다.

곤란한 질문에 대처하는 방법으로는 방어적 답변과 설명적 답변이 있다. 방어적 답변은 "저도 그러한 시각에 어느 정도 동의합니다. 하지만….", "재미있는 시각이시군요. 하지만 저는 이렇게 생각합니다."와 같은 형태다. 설명적 답변은 "제가 중요하게 생각하는 것은 이것입니다.", "무엇보다 주목해야 할 점은 이것입니다.", "아무래도 가장 고려해야 하는 사항은…."처럼 내가 강조하고 싶은 말에 집중하는 것이다. 어떤 질문이든지 답변할 때는 상대방이나 청중이 민망한 상황을 만들어서는 안 된다.

공적인 자리에서 말을 할 때 어설픈 농담이나 필요한 설명을 생략하면 상대방에게 내 뜻이 정확히 전달되지 않는다. 간결하고 정확하게 의사전달을 하려고 노력해야 한다. 특히 공인公人의 경우 사소한 말실수 하나도 큰 사회적 파장을 불러일으킬 수 있다. 성인지 감수성이 결여된 발언이나 차별적 발언이 사회에 어떠한 여파를 가져왔는지 상기해 보면 쉽게 이해될 것이다. 상대방의 기분이 좋지 않은 상황에서는 칭찬도 조롱으로 들릴 수 있고, 그 대상이 여성인 경우에는 성희롱으로 해석될 수 있다는 점에서 더욱 조심할 필요가 있다. 상대방의 단점을 들추는 것도 삼가야 하며, 외모에 대한 평가는 아예 하지 않도록 한다. 같은 단어를 불필요하게 반복하는 것, 부정확한 말투, 무뚝뚝한 말투, 톤이 높은 말투, 어렵고 불편한 전문 용어 사용도 가급적 피한다.

상대를 배려하는 말 습관 중 하나로 '나'를 주어로 의사소통하는 나 전달법I-message이 있다. 나 전달법을 사용하면 상대방의 기분을 배려하면서 내 의견을 전달하는 데 무리가 없다. 갈등 상황에서 서로의 마음을 받아들이고 걸림돌을 제거하는 데 도움이 된다. 반면, 너 메시지YOU-message 대화법은 '너'가 주어가 되어 상대의 행동을 지적하는 화법이다. 상대를 탓하는 느낌을 전달하고 갈등은 심화된다. 나 전달법을 사용하기 전에 나를 기분 나쁘게 한 것이 무엇이었는지 확실히 아는 것이 필요하다. 상대방의 행동으로 내가 기분이 나빴다면 상대방과 행동을 분리시켜 인식하고 상대방의 행동으로 인해 받았던 감정을 이야기해주는 것이 좋다.

Summary

1. 말하는 사람의 개성, 인품, 도덕성(Ethos)이 배려의 대화를 끌고 간다.
2. 활기찬 인사를 통해 배려의 태도를 만들자.
3. 표현형 커뮤니케이션으로 상대에게 정확한 의사전달을 하자.
4. 거절할 때 화법: Yes But 화법(긍정을 먼저 이야기하고 부정을 말하기는 배려 화법)

5

관계를 망치는 부적절한 말하기

세상일은 타인을 통해 연결된다. 어떤 일을 하든 타인과의 관계를 무시할 수 없다. 타인과 제대로 관계를 맺어야 한다. 말하는 과정에서 은연중에 상처를 주거나 상대의 감정을 다치게 하면 자신이 원하는 방향으로 대화를 이끌 수 없다. 가족, 친구, 동료, 공적인 조직에서의 관계는 말을 통해 결정된다. 감정을 상하게 하는 말로 상대의 마음을 아프게 하지 말자. 하지 말아야 할 말을 하지 않으면 호감과 신뢰를 얻을 수 있다.

- 부부 사이에서 하지 말아야 할 말

가까운 사이일수록 더욱더 예의를 지켜야 한다. 부부 사이에도 예의가 필요하다. 아무런 생각 없이 한 말 한마디가 배우자에게는 돌이킬 수 없는 마음의 상처가 될 수 있기 때문이다. 배우자에게 불만이 있을 때 우리는 상대를 비난하는 실수를 많이 한다. 예를 들어, "당신은 매번 왜 이래?"라거나 "당신은 항상 이게 문제야." 등 주제가 어떤 것이든 간에 '매번', '항상', '원래'라는 단어를 사용하면 상대방은 비난받는다고 느낀다. 이런 말투로 부부간의 대화가 이어진다면 그 가정에 평화는 요원한 일이 될 것이다. 사랑해서 만난 부부도 서로의 가치관이 다를 수 있음을 용인하고 받아들이자.

가족이나 친구들 앞에서 배우자를 깎아내리는 말을 하지 말자. "난 당신이 이런 말을 할 때마다 당신이 정말 싫어져!" 같은 말은 배우자의 자존심에 상처를 내는 말이다. 이 말 자체도 폭력적인데 가족이나 친구들 앞에서 이 말을 들은 배우자는 인격에 큰 치명상을 입게 된다. 이런 언행은 결코 해서는 안 된다. 당신의 배우자는 이런 말로 인해 타인들로부터 낮게 평가받는다. 게다가 상처받은 당신의 배우자는 영원히 당신에게 좋은 감정을 접을 수도 있다.

능력 있는 지인이 타국으로 시집을 갔다. 8년 동안 아이도 낳아 기르며 알콩달콩 살았다. 친정이 한국에 있다 보니 전적으로 시댁을 의지하고 살았는데 가끔씩 "네 주제에 뭘 하겠어?"라는 말을 들었다고 한다. 고국에 있을 때 아무리 능력이 있었다고 하더라도 타국에서 너는 이방인인데 네가 뭘 할 수 있겠냐는 무시가 마음에 큰 상처가 되었다고 했다. 오기가 생겼고 본인의 전공을 살려 SNS 사업을 시작했다. 결과는 대박이었다. 상대방을 저평가하고 의지를 상실하게 하는 이런 말도 하지 말자.

말은 지우개로 지울 수 없다. 부부 사이에서 감정이 상하면 상대방의 마음에 상처를 남기는 말을 하기 쉽다. 듣는 사람의 감정 상태가 불편하면 상대가 전하는 메시지가 왜곡되어 들리기 쉽고, 인내심의 폭도 좁아진다. 화가 치밀어 오를 때는 잠시 자리를 피하는 것도 하나의 방법이다. 소리를 지르거나 비난의 말을 하지 않도록 환경을 만드는 것이다. "5분 후에 다시 이야기하자."고 제안하는 것도 좋다. 그 위험한 시간을 잘 넘기면 상대방에게 상처 주는 말을 하지 않을 수 있다.

- 공감과 지혜로 커가는 부모와 자녀 사이

자녀가 어릴 적부터 친밀한 관계를 하나씩 쌓아보자. 자녀들은 부모와 소소한 것들을 함께 공유하고 공감하면서 정서적 안정감을 느낄 것이다. 부모로부터 존중받고 사랑받으며 자란 아이들은 자신이 얼마나 소중한 존재인지 잊지 않는다. 자존감이 높다. 자존감이 높은 사람은 어려움이 와도 쉽게 무너지지 않는다. 그만큼 자신에 대한 믿음이 강하다. 부모의 믿음과 사랑이 얼마나 깊은지 아는 아이는 시련이 와도 굳센 의지로 극복할 사랑의 에너지가 충만하다.

어렸을 때부터 아이의 의견을 물어보라. 아이의 의견이 합당하다 싶을 땐 존중해 주어야 한다. 그러기 위해서는 아이의 생각이나 감정을 제대로 들어 주는 노력이 필요하다. 우선 부모가 자녀에게 일방적인 명령이나 통보를 하는 식으로 대하지 말아야 한다. 자녀를 상하 관계가 아니라, 생각과 감정을 가진 인격체로 인정해야 한다. 그렇게 하면 아이는 자신의 감정이나 생각이 존중받았기 때문에 상황에 맞춰 인정할 건 인정하고 수용할 땐 수용할 수 있는 자세를 배우게 된다. 그리고 존중을 받아봤기 때문에 상대방을 존중하는 방법도 알게 된다.

아이의 의견을 묻고 감정을 읽어주는 일은 맞장구만 잘 쳐주어도 절반은 성공이다. 맞장구는 아이의 마음을 알아주고 공감해 주는 것이다. 아이는 부모의 반응에 따라 행동의 방향이 달라진다. 그러니 아이가 호기심을 가지고 세상과 소통할 수 있도록 부모가 응원하며 동행해 주어야 한다. 아이와 함께 대화할 때 자주 사용하는 부모의 언어패턴을 점검해보자. 부모가 아이에게 어떻게 말하고 행동하는지 아이와의 일상 대화를 녹음해 보는 것도 좋다. 가끔 자신이 하는 말을 객관화시켜서 반성하는 작업은 의외로 좋은 효과를 내기도 한다.

아이는 부모가 자신을 존중해줄 때 자존감을 통해 세상에 나갈 수 있는 용기와 심리적 지지를 얻는다. 부모의 사랑은 아이가 스스로 자존감을 키우고 유지하는 데 좋은 자양분이 된다. 부모가 자녀를 정말 사랑한다면 자존감 키워주는 긍정의 언어, 기쁨과 행복의 언어, 성취의 언어를 들려주자. 자존감을 키워주고 싶다면 부모는 자신의 언어를 점검해보아야 한다. 부모의 언어 한계가 아이의 창의성을 방해하지 않도록 다양한 표현 공부도 게을리하지 말자.

- 사고의 오류로 인한 부적절한 대화 하지 말기

자신이 하는 말이 부적절하다거나 거슬리게 한다는 것을 모를 때 듣는 상대방은 기분이 상한다. 특히 말하는 사람이 공인일 때는 설화舌禍를 입는다. "나는 합리적인 사람이니까 내 생각은 경우에 맞아. 분명해!" 이렇게 하나만이 옳다고 생각하는 사람은 무지한 사람인 경우가 다반사다. 무지는 사람을 '사고의 오류'에 빠지게 한다. 우리는 자신의 경험 기준에 따라 다른 사람의 생각과 느낌을 단정하려 한다. 하지만 결과는 자신의 생각과 완전히 다를 수 있다.

하버드 대학의 뛰어난 심리학자인 제롬 브루너는 '사고의 오류' 그 자체가 소통의 상태라고 했다. 우리는 성장환경과 생활환경이 다른 삶을 살아왔기 때문에, 삶 속에서 경험하는 것들도 달라진다. 또한 우리의 경험에는 긍정적인 부분과 부정적인 부분이 동시에 존재하고 있다. 자신의 경험을 모두 긍정적이라고 착각한 순간 "처음 들은 것만이 옳다"라는 잘못된 인지에 빠질 수 있다. 때문에 많은 사람이 어떤 상황을 보고 선입견을 갖는 사고의 오류에 쉽게 빠진다.

'사고의 오류'에 빠져 부적절한 말을 하지 않으려면 자신이 무지하다는 것을 알아야 한다. 주관과 편견을 제거하기 위해 자료 수집에 집중하자. 객관적인 자료는 잘못된 편견을 드러나게 해서 상대의 입장을 이해할 수 있게 해준다. 어떤 일이 자신의 판단과 다르다는 것을 알았을 때 다른 해결책은 없는지 생각해보라. 새로운 자료를 수집해서 나의 생각을 객관적으로 바라보게 되면 진실의 관점을 재인식하게 된다. 나와 상대방 모두 객관적인 입장에서 각자의 의견과 이견을 말할 수 있게 된다. 이런 방법으로 자신이 아는 것과 모르는 것을 구별할 수 있고 사고의 오류에 빠진 무지한 사람에서 벗어날 수 있다.

〈사랑의 블랙홀〉(1993)이라는 영화에서 주인공 필은 매일 반복되는 일상을 맞이하게 된다. 일상이 무한 반복되는 시간 속에서 필은 상대방의 행동과 대사까지도 다 암기할 정도가 됐지만 그 일상에서 탈출하고 싶어 하며 우울증까지 겪게 된다. 결국 필은 생각, 가치관, 태도, 사용하는 언어, 말투까지 바꾸고 나서야 반복되는 일상에서 벗어난다. 이 영화는 코미디 장르지만 자신의 경험에서 오는 편견으로만 세상을 바라볼 때 진정한 다음 인생이 펼쳐지지 않는다는 교훈을 준다. 자신이 경험한 일이 진리인 양 모든 대화를 재단하면 이 영화처럼 똑같은 결과치만 받아들게 된다. 가장 좋은 방법은 환경 변화(주변의 상대방까지도)를 받아들이고 경험을 참고해서 기준을 만들고 정리한 후 말과 행동을 하는 것이다. 그래서 우리는 말의 진실성을 받아들이고 환경을 새롭게 인식할 필요가 있다.

Summary

1. 부부 간에는 배우자를 사랑하는 마음으로 격려하고 응원하는 표현을 찾아라.
2. 부모는 자녀에게 긍정적인 반응과 사랑의 언어로서 자존감을 세워주어라.
3. 사고의 오류로 선입견과 편견에 빠지지 않기 위해서는 자신이 무지하다는 사실을 받아들이고 객관적인 자료 수집, 환경 변화를 받아들여라.

6
설득력을 높이는 말하기

내가 말을 하든, 상대가 말을 하든 우리 귀에 걸려 머릿속에 쏙쏙 들어오게 말해준다면 얼마나 좋을까? 서로 간에 말로 인한 오해도 없을 것이다. 의사소통이 잘되어서 설득하기도 쉽고 공감도 잘 이루어질 것이다. 서로 다른 의견을 가진 사람이 설득되는 일은 어렵다. 그러나 상대방이 나를 따르도록 설득하고 상대가 그 논리를 타당하게 생각한다면, 납득하는 과정을 거쳐 스스로를 설득할 것이다. 머릿속에 쏙 들어와 마음을 움직여주는 설득적 말하기에는 어떤 기술이 있는지 알아보자.

- 상대를 만나기 전에 어떻게 말할지 미리 준비하라

내가 안다고 상대도 알 것이라는 착각을 하루에도 몇 번씩 하고 산다. 다 알겠거니 하고 뜬금없이 말을 던져 상대방을 당혹스럽게 할 때가 있다. 중요한 것은 두 사람 사이의 전제와 맥락이 다르다는 것이다. 맥락은 상황의 전후 관계나 배경 등에서 이야기되는 흐름이다. 이 흐름을 무시하면 내용의 의미가 정반대로 잘못 전달되기도 하고 오해의 상황도 벌어진다. 번거롭더라도 앞뒤 맥락을 제대로 말해주는 것이 자신에게도 합리적이다. 용건만 말한다고 불쑥 핵심만 말하는 상황은 피하는 것이 좋다.

맥락은 조사, 접속사에서 이야기 흐름을 결정한다. 그래서 우리는 말을 할 때, 말을 어떻게 연결해 전달할지 신중히 생각해야 한다. 맥락을 알기 쉽게 전달하기 위해서는 목표(목적), 앞 맥락, 뒤 맥락을 고려해야 한다. 첫째, 대화의 목표, 말하는 목적을 정해야 한다. 둘째, 앞 맥락에는 어떤 내용을 이야기해야 목적에 효과적으로 다가갈지 생각해야 한다. 셋째, 뒤 맥락에서 말하는 사람의 감정을 전달해줘야 한다.

[예시]

* 목적, 목표점: "차에 치이면 큰일이잖니?"

* 앞 맥락: "얼마 전에 여기서 사고가 나서 다친 사람이 있었거든. 운전하는 사람이 잠깐 한눈을 팔다가 너를 못 볼 수도 있으니까, 횡단보도 건널 때는 좌우를 두리번두리번 잘 살피고 차가 없는 걸 확인하고 나서 건너야 해. 다른 사람이 건넌다고 해서 안전한 건 아니란다."

* 뒤 맥락: "네가 사고를 당한다면 엄마는 너무 슬플 거야. 조심하겠다고 약속하자."

출처: 가키우치 다카후미, 『말은 딱 깔끔하고 센스 있게』

말하고자 하는 메시지를 가급적 서두에 드러내면 좋다. 의견을 먼저 말하고, 나중에 이유를 설명하는 것이 바람직하다. 두괄식 화법은 여러 가지 강점이 있다. 첫째, 말하는 사람이 대화의 주제를 정확하게 파악하고 있다는 생각을 준다. 둘째, 말하고자 하는 메시지에 대해 확고한 소신을 갖고 있음을 보여준다. 바꾸어 말하면 두괄식 화법은 확실한 지식과 소신이 있어야 한다는 뜻이다. 초반에 확실한 입장을 말하면, 듣는 사람은 '저 연사는 이 주제에 대해 자세히 알고 있군.' 하는 인상을 갖게 된다.

특별히 두괄식 화법이 필요한 분야가 있다. TV 토론이나 기자

회견처럼 일문일답으로 자신의 의견을 밝히는 경우다. 대답은 핵심 메시지를 서두에 말하는 것이 가장 좋다. '예', '아니요'를 묻는 질문에 대한 답변도 마찬가지다. '예'든 '아니요'든 먼저 분명히 선을 긋는 게 좋다. '예'나 '아니요'를 말하지 않고 설명부터 시작하면 좋은 말이라도 변명처럼 들리거나 입장이 없는 사람으로 비칠 우려가 있다.

- 구체적으로 표현하라: 간결하고 생생한 표현 쓰기

차별화된 언어를 준비하자. 대화의 핵심을 정확하게 전달할 카피를 만들어보자. 상황을 가짓수로 정리한다. 상황을 '두 가지'나 '세 가지' 또는 '다섯 가지'로 분류하는 것이다. 듣는 이의 머릿속에 쏙 들어오도록 여러 가지 현상을 산뜻하게 정리하는 방법이다. 이를테면 비즈니스 중요 미팅에서 "오늘 이야기의 중요 포인트는 3가지입니다.", "올해 우리 집안의 중요 행사 4가지"와 같은 것이다.

카피를 만들 때 구체적인 수치를 포함한다. 다른 사례와의 비교 수치가 있다면 더욱 좋다. 상황을 정확하게 정리해주는 데 실제적인 수치보다 좋은 것은 없다. 예를 들어 "점심을 먹었다."보다는 "7천 원짜리 해물 순두부를 먹었다."라고 표현하는 것이다. 이렇게 숫자를 넣게 되면 내용이 눈앞에 보이듯이 실제적으로 다가온다. "어제 돈을 많이 썼네."보다는 "어제 평소보다 10만 원쯤 더 썼어."라고 표현하는 것이 더 생생하게 느껴진다.

사람의 마음을 사로잡는 최고의 자본은 '공감'이다. '공감'은 감동의 세계이다. '공감'이 있을 때 사람들은 이미 설득의 단계에 들어선다. 공감을 얻기 위해서 우선 쉽게 이해되는 말을 사용한다. 이야기를 할 때 사람들이 쉽게 이해하도록 풀어서 말하거나 적절한 비유를 찾으면 좋다. 두 번째는 인생에서 겪었을 법한 이야기를 한다. 사람들은 자신과 비슷한 형편이거나 같은 경험을 한 사람에게 남다른 친밀감을 느끼고 공감하기 때문이다.

설득은 완벽한 논리로 채운 머리가 하는 것 같지만 실은 감성을 가진 우리 마음이 이루어가는 화학 작용이다. 진정성 있는 공감으로 상대의 마음을 건드려야 행동의 변화를 이끌어 낼 수 있다. 그냥 마음이 끌리는 사람이 있다. 동정심이 가는 사람도 있다. 사람은 논리로만 이루어진 동물이 아니기 때문이다. 그런 만큼 사람의 마음을 움직이려면 감성도 중요한 요소가 된다. 완벽한 말하기는 대체로 논리 플러스 감성이다.

- 설득의 패턴을 익히자

"웅변은 설득하고자 하는 모든 문제에 대한 언어의 힘이다." 고대 그리스의 철학자 아리스토텔레스의 말이다. 고대 그리스에서는 스피치로 설득하는 능력이 가장 중요했다. 아리스토텔레스는 '설득'의 3요소를 주장했는데, 논리로 설득하는 삼단논법 로고스Logos, 감성적인 말로 설득하는 파토스Pathos, 말 속에 자신의 인격이 숨어 있는 에토스Ethos가 있다. 삼단논법은 누구나 아는 일반적인 진리로부터 특별한 경우에 대한 결론을 추론해 내는 방법이다. 파토스는 공감, 경청, 유머, 공포나 연민 등으로 친밀감을 형성하며 감정적 측면을 강조한다. 에토스는 명예, 도덕적 신뢰감, 호감 등 화자의 인격적인 측면을 강조하는 것으로 설득 과정에서 60퍼센트에 달하는 큰 영향을 미친다고 한다. 아리스토텔레스가 제일로 생각한 설득 스피치의 원칙은 바로 에토스다.

이야기를 할 때는 '순서'도 중요하다. 포인트를 잡고 근거, 뒷받침이 될 소재들을 모은 다음 이야기의 흐름을 고민한다. 결론부터 들어가는 '왜냐하면' 패턴과 전체부터 차례로 풀어가는 '그러므로' 패턴이다. 내가 설명해야 할 대상이 나와 지식과 기술 수준이 비슷하다면 이유나 상태를 설명하는 '왜냐하면' 패턴이 유효하다. 반대로 상대가 상황을 파악하지 못한 경우나 나의 의견에 회의적인 상대에게는 전체부터 차례로 이야기를 진행하여 하나하나 '예스'를 얻어낸 후 '그러므로' 하고 결론을 도출하는 패턴이 좋다. 일종의 합의가 이루어진 상태인지, 공통인식이 있는지, 신뢰를 얻고 있는지 등등 예스라면 '왜냐하면', 노라면 '그러므로' 패턴을 고려한다.

간결하면서 달변을 촉진하는 '3의 법칙'이 있다. 사람들은 세 가지의 정보를 정말로 잘 기억한다. 항목이 셋보다 많으면 두뇌의 기억 능력은 큰 폭으로 떨어진다고 한다. 이는 글쓰기와 의사소통 분야에서 아주 중요한 개념이다. 같은 말이나 비슷한 문구로 3번 반복하는 것과 3가지로 정리하는 것도 숫자 3의 임팩트를 잘 활용한 예다. 청중에게 강렬한 인상을 주기 위해 위대한 연설가들이 반복해서 강조할 때 3의 법칙을 즐겨 쓴다.

[예시: 3의 법칙]

링컨: "국민의, 국민에 의한, 국민을 위한"

줄리어스 시저: "왔노라, 보았노라, 정복했노라."

윈스턴 처칠: "절대로, 절대로, 절대로 포기하지 마라!"

"I have a dream(나에게는 꿈이 있습니다)." 마틴 루터 킹 목사의 명연설이다. 어떤 이유로 이 짧은 문장이 사람들의 마음을 사로잡는 유명한 문구가 되었을까? 바로 '반복'에 비밀이 있다. 똑같은 문구를 반복하면 청자의 머릿속에 뚜렷한 이미지를 새길 수 있다. 말하고자 하는 내용을 몇 개의 키워드 또는 핵심 문장으로 구성하라. 그 사이에 동일한 문구를 반복하면 짜임새를 갖게 된다. 짜임새를 갖추면 청자에게 깊은 몰입과 진한 감동을 줄 수 있다.

[예시: 반복을 사용한 강조 문장]

> "독도는 우리 땅입니다. 그냥 우리 땅이 아니라 40년 통한의 역사가 뚜렷하게 새겨져 있는 역사의 땅입니다. 독도는 일본의 한반도 침탈 과정에서 가장 먼저 병탄 되었던 우리 땅입니다. 일본이 러일전쟁 중에 전쟁 수행을 목적으로 편입하고 점령했던 땅입니다."

출처: 윤태영, 『대통령의 말하기』 노무현 대통령 독도 명연설 중에서

Summary

1. 대화를 하기 전에 미리 맥락을 공유하고 두괄식 화법으로 할 말을 준비하라.
2. 카피를 만드는 것처럼 가짓수로 상황을 정리하는 기법과 구체적인 수치를 사용하라.
3. 에토스(Ethos), 말하는 순서와 결론의 위치, '3의 법칙' 반복으로 몰입감을 만들어라.

7
역지사지의 토대에서 말하기

대화를 나눌 때 예의를 갖추며 매너 있게 행동하는 사람을 만나면 기분 좋아진다. 대화 중에 인품을 느낄 수 있다. 상대와 소통을 잘하기 위해서는 자기 생각, 감정, 의도를 잘 알아야 한다. 동시에 타인의 생각, 감정, 의도도 잘 파악해야 한다. 사용하는 단어, 얼굴 표정, 말투의 변화를 잘 살펴야 상대방의 의도를 배려하고 나 또한 배려받을 수 있다. 먼저 역지사지했기에 가능한 소통이다. 역지사지 말하기에서 중요한 것이 무엇인지 살펴보자.

- 약자 배려하는 말하기

어느 순간 사회적 약자들은 말의 무대를 잃어버렸다. 자신의 마음을 표현하기 위해 말의 무대에 올라가야 하는데 약자라서 올라가기도 쉽지 않다. 점점 더 말할 기회가 사라지고 일방적으로 말을 듣는 사람이 되어버렸다. 하고 싶은 말은 있으나 벙어리 냉가슴 앓듯 자신의 말이 어떻게 전달될지 몰라 더욱 입을 닫는다. 우리 일상에 스며 있는 이 슬픈 불평등의 현실을 꿰뚫어 볼 수 있는 미덕이 더욱 발휘되었으면 좋겠다.

약자이기 때문에 차별을 받는다. 스스로 똑똑해져야 하고 말하기에서 자신의 권리를 찾고 상처받지 않기를 바란다. 억압적으로 말하는 사람은 주변의 약자를 돌아볼 생각 없이 습관처럼 자신의 권위를 펼친다. 결국 성찰과 반성 없이 말을 주도한다. 한편, 우리가 말하기를 배우는 것은 상대를 이기기 위해서가 아니다. 상대의 말을 경청하고 자신의 생각도 무리 없이 전달하기 위해 배운다. 그 과정에는 상대에 대한 예의와 역지사지의 존중이 반드시 있어야 한다.

지성인이라면 여성, 약자, 소수자, 장애인들의 의견에 귀 기울일 줄 알아야 한다. 지구상 모든 생명의 지속 가능성을 위해 더 나은 표현을 고르는 배려를 해야 한다. 스마트폰이 세상에 나온 후 누구나 자기의 이야기를 손쉽게 내어놓게 되었다. 다른 배경을 가진 사람들과 예의를 지키며 소통하기 위해서는 스스로를 지키는 지성도 업데이트해야 한다. 다른 시각에서 보면 내가 가진 지식이나 의견이 잘못된 것일 수도 있다는 포용력도 필요하다. 거기에는 저울 같은 평등 감각이 필요하다. 따라서 이것은 매너가 아닌 지성의 영역이라고 생각한다.

"건강이 제일 중요하지! 건강을 잃으면 무슨 소용이야."라는 말을 무의식적으로 사용한다. 그런데 우리 주변에는 건강하지 않은 분들도 많다. 건강하지 않은 사람들도 사랑하고, 즐거움을 느끼고 노력하고 성취도 이룬다. 이 말은 상황에 따라 다른 표현으로 바꿔야 한다. 왜냐하면 자칫 그들의 삶을 비하하는 말로 들릴 수도 있기 때문이다. 말은 살아 움직이기 때문에 말과 말을 둘러싼 맥락은 상황에 따라 변해간다. 그러하기에 우리는 늘 타인을 위한 배려를 업데이트해야 한다.

- 사려 깊은 이해로 선 넘는 말 하지 않기

말은 어떻게 해야 하는가? 언어와 상황에 맞게 해야 한다. 상황은 T.P.O, 즉 시간, 장소, 사람, 사물, 사건에 맞는 말을 하는 것이다. 우리는 상대방의 말을 통해 그 사람의 능력을 60%나 가늠

할 수 있다. 내가 부지불식간에 한 말 한마디가 다른 사람에게 내 이미지를 각인시킨다. 사실 말하기는 성공을 돕는다. 말에 의해 인격이 드러나기 때문이다.

분주하게 살아가는 일상 속에서 다른 사람의 감정까지 신경 쓸 여유가 없다고 생각할 수도 있다. "나는 일에 대해 말하는 거지, 그 사람에 대한 평가를 하는 게 아니야."라고 말하는 사람은 타인에 대한 배려 없이 자신이 해야 할 말만 하면 그뿐이다. 하지만 우리는 일에서든 생활에서든 사람과 일을 한다. 친밀하고 긍정적인 관계를 맺고자 한다면 상대의 감정 살피는 일을 세밀히 해야 한다. 특히 일하는 과정에서는 더더욱 신경을 써야 한다. 절대 시간 낭비가 아니다.

우리는 말 한마디에 응원, 무시, 평가의 세 가지 의미를 데려올 수 있다. 그중에서 부정적이고 교묘한 말은 관계에서 부정적인 선이 생기게 한다. "솔직해서 마음에 없는 말은 못한다."라는 것은 구차한 변명에 불과하다. 솔직해서 입바른 소리를 잘하는 사람은 인간관계에서 교만하고, 상대방의 감정을 고려하지 않는 사람이다. 입바른 소리를 하기 전에 타인에게 충고와 평가를 할 자격이 내게 있는가 반문해 봐야 한다. 늘 다른 사람보다 자신을 우위에 두는 사람이라면 더더욱 입바른 소리는 하지 않기를 바란다.

인간관계에서 비호감인 인물 유형은 어떤 사람일까. 상대방의 선생이 되는 것을 좋아하는 사람이 있다. 영원히 다른 사람을 학생 취급해서 우월감을 느끼는 사람이다. 상대방의 선배가 되는 것을 즐기는 사람도 환영받지 못한다. 상대방이 겪는 어려움을 작은 일로 치부해 버리는 공감 능력 제로인 사람이기 때문이다. 상대방의 리더가 되는 것을 즐기는 사람도 있다. 도와줄 수 있다는 것을 쉽게 표현해서 다른 사람들을 무기력하게 하고, 이를 통해 자신이 대단하다는 것을 드러내기 때문이다.

- 불필요한 비판과 비난 자제하기

"서 있는 자리가 다르면 풍경도 달라진다."라는 말이 있다. 각자가 어떤 처지에 있느냐에 따라 같은 일이라도 다르게 보인다는 뜻이다. 가령 거리에서 마구 짖어대는 개를 만났다고 하자. 개 훈련사에게는 조련해야 하는 개로 보일 뿐이지만 어렸을 때 개에게 물린 기억이 생생한 사람에게는 생명을 위협하는 무시무시한 존재로 보인다. 이처럼 각자의 생각, 경험, 가치관, 입장, 처지 등은 서로 다르고 다양하다. 그렇기 때문에 같은 일을 경험하거나 같은 상황에 놓인다고 해도 각자 다르게 생각하고 행동할 수 있다. 거리에서 마구 짖어대는 개를 보고 의연하게 대처하는 훈련사의 행동이 정상적이고, 개를 피해 멀리 돌아가는 행인은 비정상적이라고 감히 주장할 수는 없다. 따라서 입장을 바꾸어 상대방을 이해해 보려는 태도, 즉 역지사지해 보고자 하는 태도가 무척이나 중요하다.

하버드대학 사회학자 헤리 베비스는 다른 사람을 공격하는 사람은 자신의 강함을 나타내려고 하는 것 같지만 실제로는 연약한 사람이라고 말한다. 우리는 함께 일하는 사람들과 화목하게 지내야 한다고 생각한다. 그래서 상대방이 마음에 들지 않더라도 정면충돌은 피한다. 소통과 교류의 최악은 싸움이라고 여기기 때문이다. 직장에서 억울한 일이 생겨도 감히 시비를 가릴 생각도 하지 않는다. 다른 사람의 약한 부분을 공격하는 것은 곧 자신의 마음도 약하다는 것을 인정하는 꼴이다. 자신이 좋아하는 것을 갖지 못하니 다른 사람을 공격함으로써 자신의 용감함을 드러내는 것이다.

참으로 유치하지만 어린 시절 친구들과 흔히 이런 비난을 주고받았다. 예를 들어 상대방이 "넌 정말 더러운 것 같아."라고 공격할 때, 욱하고 치밀어 오르는 화에 압도당해서 "그럼 너는? 너는 뭐 얼마나 깨끗하다고?"라고 하면 안 된다. 이것은 갈등을 더 나쁘게 만들 뿐이다. 여기서 올바른 대처법은 차오르는 분노를 잘 다스려서 마음을 가라앉힌 후에 "음… 그래? 왜 그렇게 생각하는데? 내가 어떤 일을 해서 너는 나에 대해 그런 생각을 하니?"라고 묻는 것이다. 질문을 통해 상대방의 생각을 정확하게 읽을 수 있다. 상대방의 생각을 분명히 이해한 후에 자신의 생각을 확실히 표현해라. 서로의 생각을 명확하게 알고 나면 말싸움도 해결의 실마리를 찾을 수 있다.

우린 완벽하지는 않지만 그래도 서로의 관계를 위해 최악의 상황을 만들지 않으려 노력한다. 아무리 사랑하는 사이라도 말다툼은 일어난다. 서로 불쾌한 상황을 만들지 않기 위해 말다툼 중에 피해야 할 상황이 있다. 그다지 바뀔 가능성이 없는 키, 몸무게, 수입 등에 대해 이야기하지 않는 습관이 필요하다. 지나간 일에 대해 언급하는 것도 자제하라. 지나간 시간을 되돌릴 수 없으니 과거의 불만보다 앞으로 어떻게 해야 좋을지 알려달라고 말하라. 그리고 감정이 격해져 있을 때는 논쟁을 벌이지 않는 게 바람직하다.

Summary

1. 약자 배려하는 말하기: 지성인은 약자 배려 말하기를 염두에 둔다.
2. 선 넘지 않는 말하기: 상대방의 감정을 중요하게 살피며 비호감 유형을 피한다.
   - 입바른 소리하지 않기 / 상대방의 선생님 되지 말기 / 상대방의 선배 되지 않기 / 상대방의 리더 되지 않기(상대가 요청하지 않았을 때)
3. 역지사지로 상대방의 입장, 처지, 감정을 적극적으로 이해한다.

좋은 대화를 만드는 말하기 자세

PART 2

“

1

대화를 부드럽게 만드는 스몰토크

새로운 누군가를 만나 관계를 맺는 것은 어려운 일이다. 사업가나 마케터뿐만 아니라 관계 속에서 살아가는 우리 모두가 겪는 일이다. 새로운 사람을 만나면 무슨 이야기부터 시작해야 할지 난감하다. 새로운 사람을 만나 인맥을 넓혀 나가는 것이 성공의 지름길이라고 해도 참으로 어려운 일이다. 새로운 사람을 만나서 설렘을 갖고 일을 도모하고 성공적인 인간관계를 형성하기까지 우린 참, 눈물겨운 '노오력'을 하게 된다. 다행인 건 사람이라면 누구나 타인과 관계를 맺고자 하는 욕구가 있다. 자, 이제 사회적 동물인 우리가 어떻게 친밀함을 이루어 가는지 알아보자.

- 만남을 부드럽게 하는 스몰토크

"한 치 걸러 두 치, 두 치 걸러 세 치"라는 말이 있다. 한 사회에서 웬만한 인맥은 다 그 안에 존재한다는 말이다. 전 세계에서도 여섯 단계만 거치면 거의 인물 파악이 끝난다는 이야기다. 그만큼 우리의 관계는 네트워크로 연결되어 있다. 관계 맺기는 우리의 본능 가운데 하나이다. 작고 사소한 이야기를 나누는 '스몰토크'가 인연의 시작이고 관계 유지에 양념 같은 역할을 한다. 그런데 스몰토크에 무슨 말을 해야 할지 걱정하는 사람들이 많다.

소통을 위한 토크에는 빅토크big talk와 스몰토크small talk가 있다. 스몰토크는 날씨 이야기처럼 일상 대화 속에서 자연스럽게 등장하는 화젯거리, 일종의 수다이다. 반면 빅토크는 상대방의 협조나 행동 변화 등을 요구하는 목적이 있는 대화를 뜻한다. 결론적으로 가벼운 대화인 스몰토크를 잘하는 사람이 큰 협상인 빅토크에도 강하다. 방송 리허설을 할 때 보통 스몰토크로 출연자분의 긴장을 많이 풀어드린다. 출연자들을 챙기고 배려하면 본방송에서 자연스러운 소통이 저절로 이루어진다.

사회학 대화 분석Conversation analysis에서 사람들의 대화를 축적해 분석해 보니 무질서처럼 보이는 대화가 실제로는 고도의 구조가 지배하는 세계라고 한다. '여러 명이 동시에 이야기 하지 마라.', '중간에 말 끊지 마라.', '혼자만 말 많이 하지 마라.', '질문을 받으면 대답하라.'와 같은 규칙들이 잘 지켜지도록 구성원들의 의식을 지배한다는 것이다. 어떻게 하면 상대방을 대화에 나서게 할까. 어떻게 소통해야 원활한 협상이 가능할까. 답은 좋은 질문을 하는 것이다. 좋은 질문을 해야 좋은 답이 나온다.

간단한 질문 몇 가지로 상대를 '중요한 사람'으로 느끼게 할 수 있다. 상대방의 질문이 나를 중요한 사람으로 인식되게 한다면 실없는 농담일지라도 부정적인 반응을 할 이유가 없다. 좋은 질문은 "Yes or No"로 대답하게 하는 폐쇄형 질문이 아니라 상대가 관심을 가질 만한 내용으로 "당신의 생각은 어떠하신가요?" 하며 상대의 생각을 묻는 열린 질문 형태로 하는 것이다. 가벼운 대화는 깊이 있는 대화의 전 단계다. 누군가의 마음을 열기 위해서는 일상의 가벼운 대화가 가능한 질문을 준비해두자. 목적 지향적인 묵직한 빅토크로 가기 위한 지름길이다. 어려운 현안을 풀어나가는 방법은 거창한 것들로 구성된 거대 담론이 아니다. 마음을 열고 '스몰토크'로 먼저 다가가서 구체적인 '다음 계획'을 만들어 나가는 과정이다.

- 잡담의 기술과 역할

"잡담하지 말고 일해~!" 보통 잡담은 하찮게 여겨지는데 이제는 상대방의 마음을 이해하는 방법으로 잡담의 가치가 새롭게 조명받고 있다. 잡담을 한다는 것은 누군가와 말을 하는 건데 여기서 말 거는 법을 배워야 한다는 생각이 든다. 소설가 은희경의 산문집 『타인에게 말 걸기』 제목을 두고 동료들과 "타인에게 말 잘못 걸면 맞아~!" 하며 웃던 게 떠오른다. 그만큼 타인에게 말을 건다는 것은 어려운 일이다. 인사를 통해 좋은 인상을 남기는 것부터 시작하자. 다른 사람을 처음 만났을 때 인사를 나누며 사소한 잡담을 시작하는 것이 일반적이다. 다른 사람에게 말을 걸기 위해서는 '심리적 안정권'에서 나와야 한다고 하버드대학의 사교 심리학자 로버트 조나단은 말했다.

처음 만난 사람, 친밀하지 않은 사람과 교류를 시작하는 건 용기가 필요하다. 하지만 나와 친숙한 사람하고만 교류를 한다면 새로운 세계를 만날 소중한 기회들을 잃어버리게 된다. 또한 다양한 각도에서 세상을 바라볼 수 없게 된다. 우리가 만나는 사회적 관계는 자연스럽게 작아질 것이고 정보도 축소되어 시야가 좁아진다. 인간관계에서도 전방위적인 네트워크를 구축하는 사람은 지혜로운 사람이다. 그들은 각계각층의 사람들을 친교 대상으로 수용한다.

누군가와 잡담을 나누기 위해서는 모임에 참가하기 전에 나눌 이야기를 준비해보자. 토론할 만한 화제나 자신의 직업에 대해 이야기하는 것도 괜찮은 방법이다. 그리고 만날 상대방에 대한 정보를 찾아라. 주최자에게 사전에 참석자의 이름과 좀 더 세밀한 그들의 취미 같은 정보 등을 알려달라고 부탁해 보자. 처음 만나는 사람이 어떠한 사람인지를 알고 참석하면 우리는 잡담에 성공할 확률을 크게 높일 수 있다. 그리고 사람들이 모여 있을 때 민감하고 예민한 정치, 종교, 사상에 대한 이야기는 꺼내지 않기로 하자. 이러한 화제는 자칫 분위기를 안 좋은 쪽으로 이끌어 갈 수 있기 때문이다.

미팅이나 회의를 시작하기 전에 잡담을 하면 딱딱한 분위기를 풀 수 있다. 그러나 매번 잡담을 해서 분위기를 편안하게 해야 한다면 잡담에 대한 부담감이 생길 것 같다. 잡담을 통해 분위기를 부드럽게 해야만 한다는 강박이 오히려 잡담을 불편하게 여기게 만들 수도 있다. 분위기를 푸는 이유는 목적 달성을 위해서다. 잡담이란 어색함 때문에 하는 것이 아니라 상대와 좋은 관계를 맺기 위해 하는 것이라고 생각하자. 서로의 인생에서 일정한 시간을 함께하게 되었으니 잡담을 하면서 상대를 더 알게 되고 발전적인 관계를 맺어가는 시간으로 만들어보자. 상대와의 관계가 비즈니스 이상으로 거듭나는 경우도 있을 것이다.

- 자신 노출하기와 말 걸기

처음 만나는 사람이 내가 좋아하는 타입이 아니더라도 충분히 탐색하지 못했다면 성급하게 상대에 대해 판단하면 안 된다. 특히 상대방과 공통분모를 찾기 어려울 때는 더욱 그렇다. 상대의 언행이 우리의 인상을 찌푸리게 해도 쉽게 대화하지 못할 사람이라고 결론을 내려서는 안 된다. 상대방에게 말을 걸기로 결심했다면 명확하게 이름을 부르며 인사하라. 미소 지으며 상대에게 다가가는 것이 좋다.

인사를 건네고 나서는 비언어적인 메시지가 중요하다. 보디랭귀지, 얼굴 표정, 눈빛, 시선 처리 등을 고려해야 한다. 상대방과 친밀하게 이야기를 시작할 수 있는 중요한 단계이기 때문이다. 대화가 시작되고 나면 상대방의 눈을 보면서 이야기하는 것이 좋다. 가장 간단하게 대화를 시작할 수 있는 말은 "안녕하세요.",

"만나서 반갑습니다.", "안녕." 등이다. 일단 안부 인사를 건네고 나면 다른 일들은 더욱 쉬워진다.

우리가 스몰토크를 하는 이유는 상대와 비즈니스 목적 이외의 관계 형성에 도움이 되기 때문이다. 인간관계가 제대로 형성되지 않은 상태에서는 상대에게서 자신이 원하는 목적을 달성하기 어렵다. 우선, 인사와 같은 의례적인 대화로 기본적인 커뮤니케이션을 하면서 상대의 관심이 무엇이고 어떤 필요를 가졌는지 파악해야 한다. 즉, 상대를 '아는 것'부터 시작해야 한다. 상대를 알기 위한 첫걸음은 '편안한 분위기 만들기'다. 보통 일상적인 이야기로 낯선 분위기와 긴장을 사라지게 할 수 있다. 심리적 거리를 좁히고 상대가 친근감을 느끼게 하는 데는 사소한 잡담이라도 효과적이다.

우리 대부분은 스몰토크 이후 이어갈 대화의 주제로 고민이 많다. 다음의 3가지 주제는 무난하게 대화가 이어지게 도움을 줄 수 있다. 첫째로, 가장 좋은 것은 상대의 관심사다. 둘째는 용모의 변화다. 셋째는 일반적인 이슈다. 처음 만났거나 공감대가 아직 없는 사이라면 날씨나 정치, 경제 등 일반적인 이슈로 공감대를 형성하는 게 좋다. 이런 식으로 무난하게 대화의 물꼬를 틀 수 있다.

[예시: 대화를 지속하게 만드는 3가지 주제]

상대의 관심사	"안녕하세요, 이번 입찰은 잘 진행되고 있나요?"
	"안녕하세요, 요즘 캠핑 어디로 가시나요?"
용모의 변화 칭찬	"안녕하세요, 블라우스 너무 잘 고르신 것 같아요!"
	"안녕하세요, 헤어 스타일이 바뀌었네요. 짧은 머리도 정말 잘 어울리세요!"
일반적인 이슈	"날씨가 일교차가 심해졌어요. 감기 조심하세요!"
	"요즘 올림픽 때문에 나라가 들썩들썩하네요. 어제 한국 결승전 보셨어요?"

[대화의 주제]

가벼운 대화의 주제	상대와의 사이를 좁히는 주제
날씨	오늘 나의 기분
용모의 변화	내 신상의 변화
사회적 이슈	나의 고민, 관심사
주변인 안부	자녀, 배우자, 부모 이야기
업무 이야기	나의 인생관/가치관
취미, TV 프로그램	연애, 상처
주말, 휴가	비전, 꿈, 계획

출처: 강미정, 『말하기의 디테일』

Summary

1. 스몰토크로 서먹한 분위기 사라지게 하자.
2. 처음 만나는 모임이나 회의를 앞두고 윤활유 역할의 잡담을 준비해 보자.
3. 일반적인 이슈나, 상대의 관심사로 후속 대화를 이어가 보자.

“

2
경청의 기술

‘경청’ 우리는 이 말을 참 많이도 들어 왔다. 왜 이렇게 강조하는 것일까? 잘 들어야 상대의 마음도 알고 의사소통을 제대로 할 수 있기 때문이다. 그런데 우리는 상대의 말을 얼마나 잘 듣고 있을까? 초반에는 집중해서 듣다가 어느 순간 멍해진 자신을 발견하지는 않는지, 남의 말을 귀담아듣는 척하면서 사실 속으로는 내가 할 말을 준비하고 있지는 않았는지 돌아볼 일이다. 그만큼 상대의 말을 끝까지 경청하는 일은 어렵다. 집중 에너지가 많이 필요한 경청, 상대의 말을 진심으로 들을 준비가 됐는가?

- 말하기의 기본, 경청

경청은 상대의 정서에 인내심을 가지고 끝까지 귀를 기울이는 것이다. 때문에 경청은 굉장히 난도가 높은 스킬이다. 상대의 말을 잘 들으면서 상대의 마음도 이해하고 그의 동기에 공감하며 상대방에게 나의 반응도 전달하기 때문이다. 경청은 대화가 일방향이 아닌, 쌍방향일 때만 가능하다. 경청을 하려면 상대방이 말하는 것을 들으면서 동시에 끊임없이 요점을 파악해야 한다. 상대의 이야기를 잘 들으며 과연 이게 본심인지, 말하지 못한 핵심 단어는 무엇인지, 이야기의 요지는 무엇인지를 정확히 알아야 하기 때문이다.

소통을 잘하기 위해서는 경청이 중요하다. "미래의 문맹은 글을 못 읽는 것이 아니라 상대방의 마음을 읽지 못하는 것이다."라는 말이 있다. 따라서 전문가들은 '공감 지능'을 AI 인공지능 시대에 꼭 갖추어야 할 능력으로 꼽는다. 영화 〈HER〉를 보면 사람인 테오도르는 자신의 마음을 잘 공감해 주는 인공지능 사만다와 사랑에 빠진다. 이와 마찬가지로 사람과 얼마나 공감을 잘하느냐에 따라 인공지능도 성패가 갈릴 것이라는 전망이 나오고 있다. '공감'은 상대의 마음을 이해하고 말을 종합 분석해 나의 피드백을 보내는 지능이 필요한 일이다. 그러기 위해서는 이해력도 필요하고 상대의 말을 중립적으로 들을 수 있는 냉철한 판단력도 필요하다. 그래야 주고받는 말의 흐름 속에서 서로의 감정과 생각을 읽을 수 있고 설득도 할 수 있다.

아나운서 신입 교육을 받을 때 베테랑 선배님들이 한결같이 강조하는 것이 바로 '경청'이었다. 말을 잘하는 아나운서가 되려면 상대의 말을 잘 듣고 방송하라고 신신당부하셨다. 실제로 방송할 때 애드립Adlip은 상대방의 말을 잘 들었기 때문에 재치 있게 나올 수 있었다. 방송의 유능한 진행자들을 잘 살펴보라. 그들은 곧 뛰어난 경청자이기도 하며 핵심 파악에도 능하다. 이것이 바로 경청이 단순히 말을 끝까지 들어 주는 데서 끝나는 것이 아닌 이유이다. 상대방과 끊임없이 소통하면서, 핵심을 간파하고 무엇을 말하고 싶어 하는지 알아주는 사람. 제대로 된 '경청'으로 우리는 상대방의 마음을 알아주는 '말이 통하는' 사람이 될 수 있다.

누군가의 이야기를 들을 때, 그 사람의 말 중 틀린 부분을 발견했다고 하자. 그렇다면 이제 그가 하는 말은 전부 틀렸다고 생각하게 된다. 그다음부터는 그 사람이 좋은 정보나 옳은 이야기를 해도 그런 말은 안 들리고 또 다른 틀린 말만을 필터링하게 된다.

이와는 다르게 상대방의 아주 재미있는 이야기로 귀가 확 트이고 나면 그다음부터는 웃음을 기대하며 그 사람의 이야기를 경청하게 된다. 우리는 완전한 백지 상태에서 경청하고 소통하는 것은 아니다. 살아온 환경, 처한 입장, 형편이 다른 많은 사람이 모여서 말하고 듣는 것이기 때문에 듣는 사람의 경험에 따라 여러 가지 마음속 잡생각이 들어와 타인의 말을 제대로 듣지 못하게 할 수 있다. 이 모든 것이 심리적 잡음의 요인, 필터링의 이유가 된다.

- 대화의 90%는 경청, 그 기술을 배워보자

실제로 사람은 상대방이 말한 내용의 20%만 집중해서 듣는다고 한다. 먼저 자신이 왜 집중해서 들어야 하는지 동기를 부여해야만 듣기 능력을 향상할 수 있다. 우리의 듣기를 방해하는 것에는 시끄러운 소음, 연사의 연설과 주제가 재미없거나 어렵다는 생각, 연설을 듣지 않고 습관적으로 연사를 평가하거나 작은 부분에 집착하면서 큰 흐름을 놓치거나 듣고 싶은 것만 들으려는 습성, 연사를 나와 동일시하거나 대조하는 등 이유가 많다. 이러한 방해물들을 없애면 듣기 능력은 개선될 수 있다. 그다음 심리적 반응을 제어하며 연사에 대한 판단을 내려놓은 채 말의 핵심 메시지를 집중해서 듣는 것이다. 잘 듣는 방법 3가지를 소개한다.

첫째, 몰입해야 한다. 남의 말을 들을 때는 진지하게 들어야 한다. 사람의 심리는 자신의 이야기를 몰입해서 들어준 사람이 고마워 마음속 이야기도 꺼내 말하고 싶어진다. 자신이 말하고 있는데 상대가 시선을 다른 데 두거나 주의가 산만하면 말을 이어갈 수가 없다. 사람의 뇌는 그런 데 반응하는 것을 좋아하지 않는다고 한다. 말을 하는데 상대가 딴청을 피우면 예의 없다고 생각하거나 그 상황이 불편해서 더는 말하고 싶지 않을 수 있다.

둘째, 중간에 갑자기 생각난 말이 있더라도 꾹 참아야 한다. 사람들은 생각난 이야기를 잊어버리기 전에 하고 싶어서 타인의 이야기에는 별 관심을 보이지 않고 자신의 이야기를 잊지 않기 위해 안간힘을 쓴다. 아무리 열정적으로 쉽게 이야기해도 상대는 내 이야기에 집중하지 못한다. 경청은 내가 할 말이 갑자기 생각났더라도 꾹 참고 먼저 상대방의 이야기를 끈기 있게 들어야 한다. 개인적인 자리에서도 상대의 말을 중간에 가로채 자신의 생각을 말하는 사람이 있다. 남이 중간에 말을 하면 자신의 말을 자른다고 하면서 자신이 중간에 다른 사람의 말을 가로채는 것은 진실한 정보를 전하는 거라 착각하지 말자.

셋째, 듣고 싶은 말만 골라 듣고 자기 멋대로 해석하면 정말 대략 난감하다. 남의 말을 들을 가치가 없다고 생각하는 사람은 필요에 따라 선택적으로 듣고 모든 것을 자기 방식대로 해석한다. 똑같은 말을 들어도 함께 들었던 사람의 해석은 각기 다를 수 있다. 이는 주의가 흩어져있고 사람마다 자신의 기준대로 판단하려는 생각이 있기 때문이다. 상대가 말을 하는 와중에도 우리의 마음이 다른 방향으로 향해 있어 경청하기가 어려운 것은 아닐까. 그 순간에 상대의 이야기를 이해하려는 노력을 기울여 내 위주로 듣는 습관을 줄여보자.

- 필터링을 탈피해 상대의 관심에 적극적으로 경청하자

듣는 것이 이렇게 힘겨운 일인 줄 누가 알았겠는가? 만일 공통분모가 많은 상대를 만났다면 일부분만 듣고도 그와 동일시하게 될 확률이 크다. 반대로 많은 부분이 다르면, 의견이 다른 부분만을 판단하며 '역시… 내 저렇게 이야기할 줄 알았어.'라며 대조시킨다. 나와 같은 생각을 가진 이의 다른 말, 나와 다른 생각을 가진 이의 의미 있는 말들은 한쪽 귀로 들어와 다른 쪽 귀로 사라진다. 같은 자리에서 똑같은 이야기를 함께 들었어도 사람마다 기억하는 부분이 다른 것은 그런 이유 때문이다. 이런 식으로 듣다보면 상대의 말을 제대로 이해하지 못하게 되고 받아들일 만한 유용한 정보도 얻지 못한다. 내가 듣고 싶은 것만 듣게 되면 완벽하게 맹신하거나 감정 이입하기 쉽고 지적할 거리만 찾으며 상대를 비판만 하게 된다.

내 귀에 달콤하고 마음에 맞는 말만 듣고자 하는 필터링의 습관을 버리자. 그렇다고 상대방의 말을 무작정 듣기보다는 자신의 삶의 경험을 가미해 해석하고, 의문이 있을 때는 질문을 통해 확인하자. 함께 대화를 진행해 나갈 수 있어야 제대로 듣고 말했다 할 것이다. 그리고 이것이야말로 비판적 듣기를 바탕으로 한 종합적인 듣기, 발전적 듣기라 하겠다. 발전적 듣기를 하는 데 있어 피드백은 상대를 성장시키는 뚜렷한 목적을 가지고 듣게 되고, 이때 말한 사람은 비판도 수용할 줄 알아야 한다. 피드백은 말한 사람을 성장시키기 위한 일종의 모니터링이다. 피드백을 받는 사람은 그 피드백을 기점으로 더 나은 말하기에 집중하게 되고, 말하는 사람과 듣는 사람 모두 함께 무언가를 만들어 나가는 보람을 위해 피드백을 주고받는다.

경청이 설득의 세계에서는 어떻게 적용될까? 설득하는 사람과 당하는 사람 중 어느 쪽이 더 말을 많이 하는 게 좋을까? 일반적으로 설득하기 위해 장황하게 설교를 늘어놓는 방식은 아주 위험하다. 말이 길어질수록 상대는 듣기만 하는 걸 좋아하지 않는다. 오히려 상대에게 말할 기회를 주어야 소통이 원활해진다. 설득 전문가는 7 대 3의 법칙을 활용하여 상대방이 7, 자신이 3의 분량으로 조절해서 말하라고 한다. 누군가를 설득하고 싶다면 말을 줄이고 잘 들어주자.

잘 들은 후에는 적절한 질문과 반응이 오가야 대화의 불씨가 타오른다. 처음에는 생활에서 쉽게 접근할 수 있는 질문 또는 가볍게 대답할 수 있는 질문이 괜찮다. 그리고 상대의 모습이나 대화에서 힌트를 얻어 그 사람이 관심 있어 하는 분야의 질문을 하면 보다 유용하게 대화를 할 수 있을 것이다. 대화를 단절시키는 '예, 아니요'와 같이 단답형 질문이라든지, 명확하지 않고 막연한 질문은 자제하자. 길게 대답할 수 있는 질문은 '어떻게'를 넣어 열린 질문으로 하는 방법이 있다. 여기에 자신의 경험을 살짝 넣어 질문한다면 '나는 당신 말에 굉장히 관심이 있다.' 또는 '나는 당신에게 질문하기 위해 최소한의 것들을 준비했다.'는 것을 느끼게 해줄 수 있다. 질문이 막힐 때 FROGS 질문법도 유용하다.

Family	"남동생이랑 누나는 자주 다투던데 어린 시절 어떠셨어요?"
Recreation	"댄스를 배우신다고요? 어떻게 그 취미를 시작하게 되셨나요?"
Occupation	"연극을 하신다니 대단하시네요. 왜 그 일을 시작하게 되셨어요?"
Geography	"안양에 맛집이 많다는데 정말 그런가요?"
Social Life	"친구들 만나면 주로 어떤 이야기를 나누세요?"

출처: 손영주, 『최강의 말하기』

Summary

1. 말하기의 기본, 경청: 미래의 문맹은 공감 지능에 있다. 잘 들어야 공감할 수 있다.
2. 경청의 기술: 동기 부여하고 몰입해서 듣자.
   중간에 상대의 말을 자르지 말자.
   듣고 싶은 말만 골라 듣지 말자(필터링하지 말자).
3. 경청으로 상대의 관심에 귀 기울이기: 7:3의 법칙으로 듣기 7, 말하기 3의 법칙을 실제 설득의 현장, 대화 현장에서 사용해보자. 상대의 말을 유도하기 위해 적절한 질문하기.

3
경청의 기본은 '공감'

경청의 한자를 보면 기울 경傾, 들을 청聽이다. 상대에게 몸을 기울여 정성스럽게 듣는 것이다. 여기서 주목할 것은 몸을 상대에게 기울인다는 것이다. 그건 집중하고 공감하며 적절한 질문으로 상대의 말에 호응하는 노력이다. 그 목적이 설득이든 정보전달이든 간에 말하기와 듣기로 이루어진 대화에서 공감하며 듣고 말하기는 단순히 듣는 것이 아니다. 대화하는 두 사람의 균형이 맞아야 하는 일이다. 상대에게 공감하며 그의 수수께끼를 풀어나가는 비결 그것은 무엇일까?

- 공감적 경청과 반응

아나운서의 정말 중요한 덕목은 '경청'이다. 출연자와 인터뷰이의 말을 정성 들여 들어야 하고, 그들로부터 더 깊은 이야기를 듣기 위해 진심 어린 눈빛으로 반응을 보인다. 선배들은 아나운서로서 방송을 잘하려면 많이 들어야 한다고 듣기를 강조하셨다. 덕분에 일상에서도 잘 듣고 잘 공감한다. 그러다 보니 지루하게 이어지는 상대의 말이라도 끝까지 듣는 습관이 생겼고 공감하고 맞장구치게 된다. 보통 말하는 사람은 항상 말하고, 듣는 사람은 늘 듣게 된다. 주변에 잘 들어주는 사람이 있다면 그 사람에게 "너는 어때?"라고 물어보길 바란다.

말하기 좋아하는 사람에게 말을 좀 자제하라고 이야기하기는 불가능에 가깝다. 그 대신에 매번 듣기만 하고 입을 다물었던 사람이라면 이번 기회에 말을 해 보자. 말하기에 적당한 타이밍은 내가 만들어야 한다. 그냥 주어지지 않는다. '다른 사람의 말을 중간에 살짝 끊어보자. 맞장구 치면서 나도 내 얘기를 은근슬쩍 시작해야지.'라고 생각해 보자. 처음부터 계속 자기 이야기만 하는 상대에게 내 이야기도 들려주며 서로 알아가는 것, 관계의 균형은 장기적으로 굉장히 중요하다. 한쪽만 말하고 한쪽은 계속 듣는 관계는 정상적이지 않고 오래 지속되지도 않는다.

일방적인 경청은 답이 아니다. 발하고 싶은 욕구를 눌러 가며 듣는 것은 자신의 건강을 위해서도 좋지 않다. 상대와 건강한 소통을 위해 생각할 것은 '나도 말해보자.'이다. '이런 이야기는 잘난 척한다고 하겠지?' 해서 참고 '이런 시시콜콜한 이야기까지?' 해서 말을 거두고, '누가 내 말에 관심이나 있겠어?' 하면서 자제한다. 이렇게 스스로 마음이 위축되고 상대의 이야기를 들어주는 것에 집중하게 되면 결국에는 자신의 이야기를 못 하게 된다. 이제는 용기를 갖고 상대와의 교류를 위한 공통점부터 이야기를 시작해 보자. 상대도 흥미를 보이며 관심을 보일 거라고 믿고 대화를 시작하는 것이다.

대화에서 경청이 매우 중요하다고 해서 무작정 듣기만 하면, 말한 사람이 나중에 "나만 말하나? 상대는 왜 표현을 안 할까?"라는 마음을 갖게 된다. 대화도 중단되고 말하고 듣는 관계의 균형도 맞지 않는다. 상대에게 공감하며 다가가는 방법은 '적절한 타이밍에 끼어들기.'다. 상대의 이야기에 비슷한 경험이 있다면 "맞아! 나도 그런 경험 있어."라고 맞장구를 치면서 나의 이야기를 곁들이는 것이다. 그러면 더 많이 공감하고 이야기가 확장될 수 있다. 말을 끊는 것이 매우 무례하다고 생각할 수도 있지만 적절하게 맞장구치며 치고 들어가는 것도 때로는 필요하다. 잘 들어야 한다는 의무감은 나를 지치게 하고 그런 관계는 오래가지 못한다. 열심히 경청하고 서로 진심을 이야기하다 보면, 서로를 이해하는 가장 좋은 소통이 될 것이다.

- 남의 말을 잘 듣는 맥락적 경청으로 공감에 다가서기

경청에 가장 필요한 것은 바로 말하는 사람에게 공감하는 것이다. 소통이 두 다리로 이루어져 있다면 그것은 말하기와 듣기이다. 말을 듣는 사람의 입장에서는 자신의 경험, 편견, 목적, 필요에 따라 말의 내용이 왜곡될 수 있다. 성공한 사람들이 말하는 말하기 고수가 되는 방법은 다른 사람이 어떻게 하는지 보고 배우며 그들을 이해하려는 마음으로 경청하며 대화에 임한다는 것이다. 커뮤니케이션이란 서로의 말을 이해하는 의사소통을 말한다. 만약 듣는 사람이 말하는 사람의 경험을 같은 수준으로 이해한다면 그것은 공감이다. 공감은 상대방의 감정과 관점을 따뜻하게 이해하는 과정으로, 경청의 수준은 공감적 이해를 잘함으로써 높일 수 있다.

공감적 이해에는 5단계의 수준이 있다. 수준 1은 정신은 다른 곳에 팔린 채 듣는 둥 마는 둥 하기 때문에 상대방이 말한 내용이 무엇인지 몰라 소통의 수준이 기대 이하이다. 수준 2는 그냥 듣는 단계로 상대방이 말한 것 중에서 꼭 알아야 하는 감정을 빼고 의사소통하는 수준이다. 수준 3은 해결을 위해 자세히 듣는 단계로 상대방과 본질적으로 같은 상호 교류적인 의사소통을 하는 수준이다. 수준 4는 상대방이 말로 나타낸 감정보다 먼저 내면적인 감정을 포근히 위로하는 의사소통의 수준이다. 수준 4부터는 의사소통이 촉진된다. 수준 5는 사람 중심의 듣기 단계다. 상대방 감정의 내면적 의미들을 정확하게 이해해서 말에 담긴 뜻을 오해하지 않고 상대방의 마음과 말하려고 한 핵심 의미를 헤아려 의사소통하는 수준이다.

[예시: 상대 말에 따른 공감 이해의 수준]

"세상 살기가 정말 힘드네! 죽고 싶네."

수준 1: "뭐가 힘들다고 그러니? 네가 심약하니까 별말을 다 하는구나."

수준 2: "조금 힘들더라도 참고하면 되지 않아? 설마 죽는 것이 사는 것보다 쉽겠어?"

수준 3: "그래, 다 사람들이 살기가 힘들다고 그러고 나도 그래."

수준 4: “살기가 힘든 것은 맞지. 내가 뭘 도와주면 좋겠니?”

수준 5: “그러니까 이번 일만 도와주면 네가 어려움을 극복하고 잘 살 수 있단 말이지?”

출처: 이창호, 『생산적 말하기』

상대방이 진짜로 원하는 것이 무엇인지를 아는 것이 ‘좋은 말하기, 성공하는 스피치의 비밀’이다. 이런 성공적인 경청은 맥락으로 듣는 것인데 ‘나’를 버리고 ‘우리’를 강조하며 접근하면 좋다. 이때 중요한 것은 상대의 이야기, 상대의 포커스로 들어가 그 상황을 바라보는 것이다. 그렇게 되면 공감적 경청을 넘어 공감적 반응이 가능하다. 경청 단계에서 상대방의 의도 파악에 실패하는 것은 입으로 하는 말의 내용과 마음속에 숨겨진 감정이 다른 경우에 발생한다. 대화 내용이 단순한 정보교환이 아니라 감정이나 가치관 등에 관한 것일 때 겉으로 드러나는 표현과 속마음의 감정이 다른 경우가 많다. 숨겨진 감정을 파악해 이를 터치하는 반응을 해줄 수 있다면 상대와 ‘우리’의 관계를 만들 수 있다.

어떻게 하면 말을 잘하는 사람이 될 수 있을까의 문제는 상대방의 공간에 들어갈 수 있느냐에 달려 있다. 예를 들어 호텔에 가면 컨시어지 업무를 하는 직원이 있다. 그 직원은 호텔 손님들의 요청을 해결해 주려고 진심으로 노력한다. 손님의 문제가 '공통의 관심사'가 되어 손님과 그 서비스 직원은 진정으로 '우리의 관계'에 있기 때문에, 손님이 만족하게 되는 것이다. 상대방이 무엇을 원하는지 진정으로 들으려고 애쓰는 것이 우리의 '말하기'를 섬세하게 발전할 수 있도록 해준다. '나'가 아니라 '우리'가 되어서 하는 말은 그렇게 사람들 간의 관계를 긴밀하게 해준다.

- 듣기를 잘하면 상대의 마음을 이해할 수 있다

무조건 상대방의 말에 귀를 기울이면 대화를 잘 이어갈 수 있을까? 이 부분에 대해 진지하게 고민해볼 필요가 있다. 말하는 방법, 즉 '화술'이 좋은 사람은 많지만 '말을 잘하는 사람'은 많지 않다. 여기서 이야기하는 '말을 잘하는 사람'이란 말로 상대방의 마음을 어루만져주는 사람일 수도 있고, 말은 툭툭 내뱉어도 속내는 따뜻한 사람일 수도 있다. '말을 잘하는 사람'과 '말은 잘하는 사람' 중에서 우리가 지향해야 하는 쪽은 전자일 것이다. 단순히 하고자 하는 말을 잘 전달하는 사람이 아니라 상대방의 마음을 터치하는 사람이 진정 '말을 잘하는 사람'이기 때문이다. 결국은 대화를 나누는 상대방의 마음에 무언가가 전달되어야 한다.

상대방이 진정으로 원하는 것이 무엇인지 파악하는 것이 소통의 시작점이다. 무엇을 원하는지 파악하지 못한다면 어떠한 말을 하더라도 상대방은 만족하지 못한다. 어떤 문제에 대해서 상대가 아직 받아들일 마음의 준비가 되어 있지 않은 상황인데 너무 빨리 충고를 해주거나 비판, 책망, 심문하게 되면 이에 반감을 가진 상대는 의사소통 통로를 차단해버려 문제 해결을 기대할 수 없다. 공감적 반응은 쉽게 말하면 상대의 말에 충분히 귀 기울이고 그 말을 자신의 말로 요약해 다시 반복해주는 것을 말한다. 단지 상대의 말을 요약해 옮기는 것뿐이지만 문제 상황에서 대화를 지속시키고 당사자가 스스로 해결책을 찾아 나가도록 하는 데 효과적이다. 상대의 말을 요약하며, 나아가 상대의 말에 공감해주면 닫혀 있던 마음의 문이 열리며, 상대의 시야를 살짝 트이게 해줄 수 있다.

우리는 들어서 상대방의 마음을 알고 이해한다. 다른 사람과 공감대를 형성하기 위한 설득과정으로 스피치가 필요하다면, 상대방과 공감할 수 있는 것이 무엇인지 말을 하기 전에 확인해야 한다. 바로 여기에 듣기의 중요성이 있다. 말하는 상대방의 마음의 상태와 처한 입장까지 헤아리며 듣는 것이 공감하며 듣는 것이다. 그리고 어떤 편견이나 선입견 없이 마음을 활짝 열고 개방적으로 들어야 한다. "저 사람의 이야기는 팩트가 없어.", "저 사람은 교활한 사람이야."라는 편견을 갖게 되면 경청은 점점 힘들어진다. 상대방의 말에서 자신의 편견을 뒷받침하는 말을 찾아내려 하거나 말한 의도를 판단하려 하면 진정한 듣기가 요원해진다.

듣기에 열심인 것은 좋은 일이다. 그렇지만 상대의 말을 듣기만 하고 나의 이야기를 말하는 것을 회피한다면 두 사람의 교제는 불균형한 상태라고 할 수 있다. 하버드대학 마틴 화이트 사회학 박사는 인간관계의 소통의 유형을 세 가지로 분류했는데, 첫째는 상호 이탈로, 상대방의 정보를 소통의 기초로 두지 않고 자신이 하고 싶은 말만 하는 것이고 둘째는 불평등으로, 대화의 내용이 말을 하는 화자 중심으로만 구성되어 듣는 사람이 정보와 지위 측면에서 수평적인 입장이 안 되는 것이다. 셋째는 상호 의존으로 나와 상대방이 균형 있게 자신의 가치관을 이야기하고 서로 열정적인 반응을 해주는 것이다. 이 중 상호 의존이 가장 좋은데, 잊지 말아야 할 것은 적당한 자기 노출이다. 자기 노출은 소통 과정에서 부정적인 관점도 포함해 서로 진정한 마음으로 가치관, 감정, 소신을 말하는 것이다. 자기 노출은 서로에 대해 이해할 수 있게 해주고 응원하고 심리적인 지지를 통해 깊은 감정교류를 하며 서로의 관계 발전을 진척시킨다.

Summary

1. 경청은 들으면서 적절한 반응을 보여줘야 진정한 잘 듣기이다.
2. 상대의 관심사를 파악하기 위해 잘 들어보자.
3. 적당한 자기 노출로 상호 교류의 관계 발전을 이루자.

4
상대를 사랑하는 마음이 대화의 출발점

요즘 MZ세대들 중에는 콜 포비아Call Phobia(전화 공포증)가 흔하다고 한다. 무릇 젊은 세대만 그러하랴. 사람을 만나면 무슨 말을 해야 할지 부담스러운 것이다. 오죽하면 만나서 이야기를 하는 것도 아닌 전화인데도 직접 말로 하는 그 순간이 너무나 두려운 것이다. 요즘 시대의 심각한 문제 중 하나가 대화의 부족이다. 스마트폰의 발달로 문자로, SNS로 소통을 하다 보니 사람과 사람이 만나 대화하는 것이 두렵고 생경한 느낌인 것이다.

- 대화 준비는 상대방을 이해하고 존중하는 것으로부터

이 세상에 태어나면서부터 말을 잘하는 사람은 없다. 대화에 들어가기 전에 기본적인 예의를 생각하고 상대방과의 대화를 기대하며 나아가야 한다. 상대방의 생각이 엉뚱해도 너무 정색하는 반응을 보여서는 안 된다. 우리는 상대방과 좋은 인간관계를 유지하려는 목적으로 대화하기 때문이다. 대화에서 부정적인 의미의 말은, 인간관계를 무너뜨리고 일상생활에조차 안 좋은 영향을 주게 된다. 부정적인 행동들도 마찬가지다. 친밀감과 공감 형성을 방해하기 때문에 하지 말아야 한다.

열린 대화, 친밀한 대화를 촉진하며 활발하게 소통을 이어가는 조건이 있다. 먼저 가볍고 유쾌한 대화를 나누기 위한 마음이다. 자신도 말을 하고 상대방의 이야기도 들어주며 고개를 끄덕이고, 상대방의 말을 긍정적으로 받아들인다. 진실한 태도로 솔직하게 말하고 상대방의 반응을 확인하면서 이야기하고, 반응이 좋지 않으면 바로 멈추어 주자. 상대방과 나의 의견이 맞지 않더라도 반문이나 추가 질문 등 반응을 하면서 더 친밀한 대화를 하는 것이다. 상대방이 당신의 말에 웃어줄 거라 기대했지만, 상대방이 웃어주지 않으면 바로 화제를 바꾸어 상대의 흥미로운 주제를 찾아보자. 대화 중에 침묵이 생기면 바로 다음 화제로 들어가 어색한 공기의 흐름을 바꾸어 보자.

대화 중에 서로 의견이 맞지 않아 의견 대립을 할 수는 있지만 가능하면 논쟁은 피할수록 좋다. 반박할 수 없는 논리로 무장해서 상대를 굴복시키는 일은 무의미한 일인데 반해 포용력 있는 해석과 설명은 의외로 강력한 힘을 갖는다. 자신이 있는 환경을 먼저 살펴보고 그 상황에 맞는 말을 하자. 대화하면서는 수다스럽지 않으면서 정확한 의미를 전달하고, 대화의 목적이 무엇인지 생각한 후에 말해야 한다. 관계 발전을 목적으로 둔다면 대화의 깊이가 이전보다 더욱 깊어지도록 하는 화법을 사용해야 한다. 논쟁과 반박은 상대의 호감을 얻지 못한다.

벤저민 프랭클린은 다른 사람의 행동을 보면 내가 다음에 어떻게 말해야 할지 알 수 있다고 말했다. 다른 사람을 잘 살펴봄으로써 대응할 수 있는 지혜를 찾을 수 있다고 격려한다. 상대방이 무엇인가를 귀하게 여긴다면 자신도 그것을 소중하게 생각한다고 말하라. 왜냐하면 이런 표현은 다른 사람을 존중하는 것뿐만 아니라 나의 가치도 존중받는 가치 교환이다. 자신의 의견을 잘 전달하고 타인의 요구를 존중할 줄 알면 인정받을 확률이 높아진다. 개인마다 가지고 있는 개성 있는 습관과 행동 패턴은 일상생활에 그대로 나타나는데 이를 중요한 정보로 활용하면, 우리는 상대에게 할 말과 하지 말아야 할 말을 정리할 수 있다. 이러한 정보는 대화 중에 상대방의 의중을 잘 모르겠을 때 많은 도움을 준다.

- 대화에 참여하는 상대와의 커뮤니케이션

커뮤니케이션에서 기본 원칙은 첫째도 상대, 둘째도 상대, 그리고 마지막 역시 상대라는 것만 기억하면 된다. 커뮤니케이션은 상대방이 있어야 성립하는데 상대는 나와는 완벽히 다른 인격체, 다른 생각을 가진 존재라는 사실을 꼭 기억해야 한다. 또 하나 주의해야 할 것이 있다. 커뮤니케이션의 목적도 상대가 결정한다는 것이다. 아무리 중요하다고 설명해도 본인이 기다리는 정보가 아니라면 그들은 듣지 않는다. 커뮤니케이션의 목표를 달성할 수 없는 것이다. 이 기본 원칙을 제대로 인식하고 커뮤니케이션을 실행한다면 대화 기법을 자유자재로 활용해 원하는 성과를 얻을 수 있다.

'지피지기면 백전백승'이다. 우리는 상대하는 사람의 성격이 어떠하냐에 따라 대응하는 전략이 달라진다. 대부분은 서로 공감하고 반응을 잘해 주지만 타인의 영향을 잘 받지 않는 다섯 종류의 성격 유형이 있다. 각 유형별로 장단점을 잘 파악해야 성공적인 대화로 만들어갈 수 있다.

첫째, 의심 많은 성격은 확실한 데이터와 정확한 근거를 제시하고 개인적인 설명을 거의 하지 않아야 한다. 둘째, 과도하게 자신감 있는 성격을 가진 상대를 만나면 그들의 자존심을 상하게 해서는 안 되며, 강경한 어조로 대화를 진행하는 것은 완전 금지다. 만약 그들과 친밀하게 지내면서 영향력을 끼치고 싶다면, 아부와 칭찬을 선택하면 실패하지 않는다. 셋째, 고집 있고 권위를 중시하는 성격은 타인의 의견을 들어주거나 영향력을 받아들이기 쉽지 않다. 권위를 중시한다는 특징에 초점을 맞춰서 공신력과 영향력 있는 사람이 제공한 통계자료, 증거를 분명하게 알려주면 더 빠르게 수용한다.

넷째, 자신의 사회적인 인정을 시큰둥하게 받아들이는 성격은 자신의 사회적 성취와 위상을 타인에게 인정받아도 기쁘거나 만족하지 않을 것이다. 그들에게 영향력을 행사하고 싶다면 물질적인 것을 제공하는 것이 좋다. 저녁 식사 초대나 작은 선물은 그들을 움직일 수 있는 에너지이다. 다섯째, 지적 능력이 우수한 성격은 타인이 어떤 의견을 내더라도 거의 반박할 수 있는 능력이 있기에 그들과 토론을 하기보다는 그들을 인정하라. 차라리 "많이 아시니 제가 생각하고 있는 것을 이해하실 거예요."라고 말한다면 그들은 적극적으로 당신의 의견이나 주장을 예상하게 될 것이고 대화의 성공률은 큰 폭으로 올라갈 것이다.

성격 유형 파악으로 상대방의 생각을 읽을 수 있다는 것은 영향력을 펼칠 수 있다는 뜻이다. 이제는 상대가 하는 말을 잘 듣고 세밀한 태도, 얼굴 표정 하나하나를 관찰해 반응을 보여주면 된다. 성공적인 대화를 위해 많이 준비할수록 그 효과는 좋아진다. 매 순간 내가 가야 할 곳의 상황과 만날 특정한 사람, 무슨 안건에 대해 이야기할지 준비해두는 것이 좋다. 상대가 관심을 보일 흥미 있는 화제 몇 가지만 미리 챙겨 두면 된다. 중요한 대화를 앞두고 있다면 미리 리허설을 해 보는 것이 많은 도움이 된다. 실행할 대화 내용 중에서 중요한 부분을 가족이나 동료와 함께 리허설해 보는 것도 좋은 방법이다.

- 소통에 필요한 것들 중요성 인식하기

자신의 가치를 인정받는 것은 누구에게나 참으로 기쁜 일이다. 인간은 누구나 주위 사람들로부터 인정받고 싶어 한다. 상대방에게 단점을 지적하려면 먼저 좋은 점을 지적하고, 그다음에 단점을 지적하는 것이 좋다. "당신은 이런 점이 좋습니다. 그러나 이런 단점을 고치면 더욱 좋을 것 같습니다."라고 이야기하면 단점을 고치려는 생각이 저절로 들게 될 것이다. 그 결과 상대는 은연중에 능력을 충분히 발휘할 수 있게 되는 것이다. 상대의 가치를 인정하는 것은 인간관계에서 가장 중요한 요소이다. 상대에게 호의를 얻으려면 상대의 가치를 인정하라.

대화하는 상대방과의 거리도 중요하다. 커뮤니케이션 연구학자인 에드워드 홀이 이야기한 '친밀한 거리'를 보면 30센티미터 거리에서 이뤄지는 대화이다. 부부나 연인처럼 친밀한 관계가 전제된다. 그러면 격식이나 예의가 필요한 거리는 어느 정도일까? 대체로 우리가 편안하다고 무의식적으로 느끼는 거리는 80센티미터 정도다. 좋은 인상을 남기고 싶다면 편안한 대화의 거리를 명심하자. 만약 처음 만나는 자리라면 찻집이나 식당의 테이블 거리가 너무 가까워도 상대에게 부담을 줄 수 있다. 약 1미터 정도 거리가 떨어져 있는 테이블이 훨씬 편안하다.

쉬운 말을 어렵게 하지 말자. 그러기 위해서는 먼저 전문용어를 피해야 한다. 전문학회나 세미나 등 전문용어가 필요한 특수 경우를 제외하고 일반적인 대화에서는 피하는 것이 좋다. 방송 전에 쉬운 말을 어렵게 하는 사람을 만나면 인터뷰 전에 "초등학교 5학년 대상으로 설명하듯 하시면 됩니다."라고 거듭 부탁한다. 복합문장이 아닌 간결한 문장으로 정리하는 연습이 필요하다. 말은 잘하는데 말이 많은 사람이 있다. 말이 많으면 쓸 말이 적고 실수를 하게 되니 무사가 칼을 다루듯이 짧고 쉽게 하자.

하버드대학교에서 80년간 많은 사람을 대상으로 연구한 결과 사람들이 가장 행복함을 느낄 때는 "인간관계를 잘할 때"라고 한다. 말은 인간관계 형성의 중요한 요인이기 때문에 상대와 편안하게 대화를 이어 나가는 비결을 안다면 행복에 다가가기가 훨씬 수월할 것이다. 우선, 자기 생각을 강하게 주장하기보다는 최소한의 공감을 목표로 삼아야 한다. 그리고 듣는 사람의 수준에 맞게 대화를 주고받는다. 자연스럽게 대화가 무르익으면서 말하는 사람과 듣는 사람이 좀 더 가까워지고 친밀해진다. 마지막으로, 공감을 부르는 효과적 도구는 바로 대화하면서 받아치는 순발력, 애드립이다. 듣는 사람의 반응을 보고 때에 맞는 말로 대응하는 것인데, 예를 들어 현장의 특별한 상황이나 인간관계 등을 언급하면 듣는 사람과의 거리감이 좁혀진다.

Summary

1. 대화의 목적은 상대와 좋은 관계 형성과 유지에 있다.
2. 상대 유형별로 반응이나 교류의 형태를 다르게 해야 한다.
3. 상대를 존중하고 쉬운 말로 대화를 해야 한다.

“

5

진정성과 솔직함이 좋은 소통의 조건

커뮤니케이션의 3가지 요소는 나, 상대, 상황이다. 여기서 어떻게 말할 것인가. 상대는 어떻게 대할 것이고, 나와 상대가 그 상황에 대해 다르게 해석을 한다면 우리의 커뮤니케이션은 어디로 향해 갈까? 커뮤니케이션을 통해 상대를 이해하고 공감하면 상대는 속이 후련하며 자신의 말에 깊이 공감해준 타자를 신뢰한다. 이런 대화의 단계에는 어떻게 하면 다가갈 수 있을까? 나는 상대가 속마음을 후련하게 터놓고 말할 수 있는 사람인가? 진정성 있게 들어 주는 말과 태도로 물 흐르듯 자연스러운 소통으로 들어가 보자.

- 소통의 유형과 커뮤니케이션의 역사

소통이 무엇인지 알려면 소통의 유형을 따라가 보는 것이 필요하다. 소통의 유형을 보면 그 본질을 알 수 있다. 소통은 소통하려는 이유, 그 소통에 참여하는 사람의 수, 친밀한 정도, 소통으로 추구할 목표 등에 따라 다양하게 분류해 볼 수 있다. 일단, 소통의 상대가 누구냐에 따라서 자신과의 소통, 대인 커뮤니케이션, 퍼블릭 커뮤니케이션, 매스 혹은 매개된 커뮤니케이션 등으로 나눠볼 수 있다.

자신과의 소통은 상대와 소통할 때 상대의 말을 이해하려는 과정에서 발생하는데, 유정아 아나운서는 주의집중, 수용, 해석, 분석, 저장과 회상, 반응 등의 과정에 모두 자신과의 소통이 개입한다고 주장한다. 우리가 상대의 감정을 알 것 같다고 공감하는 것은 바로 우리 자신의 감정과 인식을 통해 필터링이 된 감정을 공감하는 것이다. 늘 이렇게 자신과의 소통 이후에 모든 소통은 일어난다. 대인 커뮤니케이션이란 몇몇 사람 사이의 자유로운 의견 교환 과정이다. 두 사람의 교류와 똑같은 목적을 가진 스몰 그룹 커뮤니케이션으로 구별할 수 있다.

퍼블릭 커뮤니케이션이란 연사가 다수의 청중에게 자신의 의견을 강연하는 것이다. 다른 형태의 말하기보다 구성이 훨씬 더 논리적이고, 공식적인 성격을 갖는다. 목적에 따라 집회나 강의처럼 정보를 전달하기 위한 것, 예배나 미사같이 설득을 위한 것, 행사 사회처럼 재미를 추구하는 것, 이렇게 세 가지로 나눈다.

매스 커뮤니케이션은 TV, 라디오, 인터넷, OTT, 유튜브 등 특정한 매체를 통해 불특정 다수와 소통하는 것이다. 퍼블릭 커뮤니케이션처럼 논리적인 구성과 신뢰할 수 있는 메시지가 책이나 방송, 신문, 영화, 인터넷 등의 매체를 통해 불특정 다수에게 보내진다. 나아가 매개된 커뮤니케이션은 두 사람이 비대면으로 통신수단 등을 매개로 소통하는 것이다. 전화나 편지, 이메일, 문자, 인터넷, SNS 등 디지털 통신을 이용한 소통이 이에 속한다.

고대사회에서는 소통 방법이 얼굴을 마주하고 체취와 눈빛을 느끼면서 소통하는 대면 커뮤니케이션밖에 없었다. 시민들이 광장이나 식당에 모여 세상과 자신이 속한 사회에 대한 정보와 의견들을 나누고 그곳에서 공식적인 발표나 의견을 말하기도 했을 것이다. 그러면서 인류의 문명은 인쇄 매체를 발명했고 전파매체를 탄생시켰으며 요즘 시대는 인터넷을 통한 컴퓨터 매개 커뮤니케이션으로 발전해 왔다.

매스컴은 동시에 일대다one to many로 메시지를 전달할 수 있지만, 요즘은 다양한 매체가 생겨나면서 같은 시간대에 같은 메시지를 전달받는 수용자 수가 점점 줄어드는 추세이다. 수용자가 분절화되면서 브로드 캐스팅이었던 방송은 점차 내로우 캐스팅narrow casting, 퍼스널 캐스팅personal casting으로 수렴되는 중이다. 반면 일대일one to one로 메시지를 주고받던 매개된 커뮤니케이션은 우편의 집단 발송, 집단 이메일, 인터넷 그룹 폰 등으로 일대다로의 전환이 가능해졌다. 한마디로 사적인 소통과 공적인 소통의 경계가 무너지고 있다. 멀리 있어도 화상통신을 통한 대면 소통이 가능해지면서 대면 커뮤니케이션과 먼 거리 커뮤니케이션의 경계가 사라지고, 일방적 전달로 매체가 누렸던 권위가 사라지면서 보다 민주적인 쌍방향 소통이 가능해졌다. 이제 우리는 공적인 소통과 사적인 소통이 중첩하는 세상에 살고 있다. 모든 소통의 양태는 경계를 넘어 어디론가 수렴하거나 융합하는 중이다.

- 진정한 관심과 개방적인 태도로 소통하기

예전에는 신비주의가 스타의 인기를 치솟게 하는 마케팅 방법

가운데 하나였으나 요즘은 스타들의 일상을 그대로 보여주는 관찰 마케팅이 대중들에게 훨씬 더 인기가 있다. 그만큼 대중들은 스타의 일거수일투족을 솔직하게 보여주는 것을 좋아하고 그것이 소통의 진정성에 도움이 된다고 본다. 소통도 이렇듯 솔직하고 진정성 있게 해야 상대의 신뢰를 얻을 수 있다. 진실한 태도로 상대방의 마음부터 열어라. 그리고 상대방에게 진실한 관심을 보여라. 상대방의 눈을 응시하며 말하고, 진심으로 그들을 귀중하게 여겨라. 앞에 앉은 사람의 말을 제대로 듣지 않거나 흥미가 없다면, 그 사람과 어떻게 성공적으로 대화를 나눈단 말인가?

내가 받고자 하는 대로 남에게 똑같이 해줘야 한다는 명언은 대화에서도 똑같이 적용된다. 상대방이 마음을 솔직히 열어주길 바란다면 당신도 상대방에게 똑같이 해야 한다. 그렇다고 처음부터 끝까지 당신에 대해서만 이야기하거나 숨기고 싶은 비밀을 털어놓으라는 말은 아니다. 누군가를 만났을 때 그는 어떤 사람인지, 무엇을 하는 사람인지 궁금한 적이 있었을 것이다. 상대방도 마찬가지로 당신에 대해 알기를 원한다. 당신 삶의 이력은 어떻게 채워졌으며, 취미나 여가생활은 어떤지 이야기하는 것이 대화에 있어 '기브 앤 테이크'이다. 이런 방식으로 우리는 서로에 대해 천천히 알아가는 것이다.

말은 혼자서라도 많이 해 볼수록 세련되게 말하게 되고 그 재미에 흠뻑 빠지게 된다. 방송 초창기에 말을 잘하기 위해 퇴근하면서 매일 5분 동안 거리 묘사를 말로 해 녹음했다. 그리고 그날 집에 돌아와 녹음을 다시 듣고 노트에 적은 후 그 문장을 거울 앞에서 방송하듯이 읽었다. 나는 거울 앞에서 말하기 연습하는 것을 좋아하는데 이 방법이 대중 연설가로서의 실력을 향상시켜 주고 일상적인 대화에 도움이 된다는 것을 알았다. 왜냐하면, 거울을 보고 연습을 하면 거울 속 자신의 얼굴을 보며 사람들과 자연스럽게 시선을 맞추는 훈련이 되기 때문이다. 소통 능력이란, 서로의 이야기를 통해 이해되고 인지되는 상황에 맞춰 알맞은 말을 하는, 메시지 조절 능력을 일컫는다. 많은 연구 결과에 따르면, 말하기 훈련을 꾸준히 한다면 의사소통 능력을 향상시킬 수 있다.

상대와 항상 합이 맞아서 긍정의 결과만 나올 수 있는 대화가 얼마나 있겠는가? 상대방을 앞에 두고 '아니요'라고 말하기는 정말로 힘들다. 많은 사람이 분위기를 위해서, 그냥 좋게 마무리하기 위해서 고개를 끄덕이는 경우가 많다. 그러나 이렇게 상대를 혼동시키는 태도는 논란을 키울 뿐 '아니요'를 제대로 말하려면 자신의 생각을 말할 줄 아는 용기와 소신이 필요하다. 생각은 아닌데 분위기를 위해서 자신의 마음을 제대로 말하지 못하는 태도가 습관이 되면 소신과 생각이 없는 사람으로 여겨질 수도 있다. 자신의 의사를 솔직히 밝히는 것이 원만한 소통의 시작이다.

- 말 잘하는 사람들의 소통의 비밀

소통을 잘하기 위해서는 상사라 하더라도 명령으로 말하지 않고 질문형으로 하여야 한다. 질문형 언어는 상대방에게 선택의 기회를 줌과 동시에 상대방의 결정이 중요하다는 의미가 내포되어 있다. 호감과 공감을 얻기 위해서는 명령으로 하지 말고 요청과 제안으로 하여야 한다. "이번 주에 모든 부서원이 사무실 대청소를 할 것이다."라는 명령문보다는 "대청소를 모든 부서원이 이번 주에 할까요? 아니면 다음 주에 할까요?"라고 요청하면 상대방의 선택권과 의견의 중요성을 받아들인다는 의미가 된다. 이렇게 질문하면 부서원은 강압으로 느끼지 않고 자율적 선택으로 느끼게 된다. 명령조의 화법보다는 요청이나 제안의 화법을 구사하면 더욱 상대방과 좋은 공감대를 얻을 수 있다.

소통으로 주고받는 메시지에는 기호화와 해독이 있는데, 기호화는 메시지를 생산하는 행위, 해독은 메시지를 이해하는 행위이다. 그러니까 메시지란 화자가 말하려고 준비한 내용이자 청자가 듣고 자신의 경험, 인지 능력에 따라 받아들인 내용이다. 오류를 줄이기 위해서 메시지를 구체화하고 확인하는 작업은 화자의 의도 파악에 필수 요소이다. 소통이 쉬운 듯 쉽지 않은 이유는 잡음이 늘 존재하기 때문이다. 메시지 전달 수단인 채널에 존재하는 물리적 잡음, 선입견이나 편견 등 심리적 잡음, 국가나 사회의 문화적 차이에서 오는 해석의 잡음 등이 소통을 간섭하고 방해한다. 잡음을 줄이기 위해 애쓰지만 이를 완전히 차단하는 것은 힘든 일이다.

만약 타인이 당신의 의견에 동의하길 바란다면, 먼저 말하고자 하는 메시지를 제대로 전달해서 이해하게 만들어야 한다. 그래야 당신의 말뜻을 이해한 상대방이 당신의 의견에 동의할 수 있다. 말하기 능력을 향상시키려는 목적은, 당신의 말에 상대가 말로 반응을 하거나 행동의 변화를 보이도록 만드는 데 있기 때문이다. 즉 상대에게 메시지와 기대하는 바를 정확하게 전달해야 한다. 소통전문가 라스프 호프만은 자신의 논문에서 말하는 사람의 '말'을 듣는 사람이 '알아듣지' 못하는 현상은 자료가 적절하지 못해서가 아니라 말하는 사람의 '메시지'와 '기대'가 분명하지 않기 때문이라고 주장했다. 자신이 한 말의 주제가 청자의 기대와 달랐기 때문이다.

소통의 요소가 다양하듯 말하는 상황도 가지각색이므로, 상황에 맞춰 대화 방식을 차별화해야 한다. 상황에 따라 말을 바꾸는 것이 아니라, 그 상황에 알맞는 말을 할 줄 아는 언어적, 인지적 능력을 가져야 한다. 말이 청자와 화자 사이에서 통하게 되면 태도, 행동, 인식의 변화를 가져오는데, 이것을 효과라고 한다. 서로 말한 내용이 청자나 화자의 머릿속에만 들어 있는 것이 아니라 두 사람 중 누군가에게는 작은 변화를 유도할 수 있기 때문에 소통할 때는 항상 윤리적 책임을 생각해야 한다. 우리가 사는 세상에서는 완벽한 화자도, 청자도, 완전한 소통도 존재하지 않는다. 진정한 의미의 소통을 위해 우리가 해야 할 일은 상대를 존중하며 진심을 이야기하고, 갖가지 잡음에도 불구하고 상대의 말을 진심으로 들어 주는 것이다.

Summary

1. 상대방과 진정한 소통을 하기 위해서는 상대에 대한 관심을 갖고, 솔직히 자신을 개방하라.
2. 비주얼 매체의 발전으로 말하기 능력이 더욱 중요해졌다.
   - 말하기 훈련으로 상대와 솔직한 마음 나누기
3. 명령형 말고 요청형으로 소통하라.

“

6
대화의 주인공은 내가 아닌 '상대'

알고 지내는 사람은 많은데, 정작 마음을 나눌 사람이 없다고 느꼈던 적이 있다. 우리 모두 자신을 알아주고 인정해주는 사람을 만나기를 원하지만 그런 사람을 만나기가 참 어려운 세상이다. 사람은 누구나 내 입장과 관점에서 자신의 이야기를 들어주길 바란다. 상대가 내 이야기를 들어주면 내가 상대에게 받아들여지고 이해되었다고 느낀다. 매슬로의 욕구단계설을 보면 사람은 다른 사람에게 승인받고 싶은 인정의 욕구가 있다. 사람은 자신이 인정받지 못하면 불안한 마음을 갖는데, 인정받으면 안도감과 자신감이 생겨서 나를 인정해준 상대방에게 친근감이 생긴다고 한다. 상대가 듣고 싶어 하고, 받아들여졌다고 느끼는 말하기에는 어떤 비결이 있을까?

- 중요한 사람으로 느끼게 만들기

대화에서 기억해야 할 것은 상대가 스스로를 아주 귀중한 사람이라고 느끼게 만드는 것이라고 미국의 사회학자 스펜서 레드는 말했다. 이로 인해 동물과는 다른 인간의 차별화가 이뤄지고 더 나아가 인류의 문명이 발생할 수 있었다는 것이다. 사람의 생존 과정에서 자신에게 중요성을 부여하는 것은 큰 의미가 있다. 나는 중요한 사람이라는 긍지로 좋은 친구를 사귈 수 있고, 중요한 사람의 말이 갖는 무게감으로 인해 많은 말을 하지 않아도 말을 잘한다고 느낄 것이기 때문이다. 대화에서 자신이 중요한 사람으로 느끼게 하는 핵심 요소는 내가 말하고 싶은 것을 말하는 것이 아니라 상대가 듣고 싶어 하는 말에 집중하는 것이다. 상대방이 관심을 가지고 있는 화제로 두 사람 사이의 교류를 시작하면 대화는 이어지고 더욱 깊어지게 된다. 만약 당신이 상대의 관심거리를 알게 됐다면 교류의 문을 연 것이나 다름없고, 당신은 대화에서 주도권을 갖게 될 것이다.

전 세계 헤비급 복싱 챔피언 무하마드 알리는 "경기의 승부는 눈에 보이지 않는 데서 결정된다. 조명 아래 내가 춤추기 전, 이미 링 밖에서, 체육관에서, 그리고 로드 연습장에서 결정되는 것이다.”라고 하였다. 상대를 이기기 위해서는 상대의 특성을 철저히 파악하고 꾸준히 준비하고 연습해야만 좋은 결과를 얻을 수 있다. 내 말에 상대를 집중시키려면 최우선적으로 내가 ‘무엇을 전하고 싶은가’보다는 ‘상대에게 무엇을 하도록 할 것인지’를 생각해봐야 한다. 상대가 무엇을 하길 바라는가? 상대가 대화를 듣고 ‘어떤 감정’을 갖기를 원하는가? 이런 생각으로 준비해야 한다.

유독 말을 쉽게 시작하고 대화를 잘 이끌어 가는 사람을 보면, 그들은 사람들 사이에서 공통점을 잘 찾아내고 그것을 화제로 올린다. 대체로 남자들은 자동차, 스포츠 경기, 전자기기 등의 내용으로 서로의 서먹함을 좁혀 나간다. 여자들은 일반적으로 옷, 아이의 교육으로 시작하여 모든 정보를 나누는 친밀한 사이로 변해 간다. 상대방은 무엇을 좋아할까? 상대방의 생각과 필요를 먼저 이해한 후에 당신이 무엇을 말할지 결정하면 된다. 먹는 것을 좋아하는 사람이 하루 종일 생각하는 것은 맛집이다.

수다스럽게 의미 없는 말을 많이 안 해도 된다. 우리는 다른 사람의 지혜에 대해 존중하고 들을 준비를 해야 한다. 상대의 흥미가 무엇인지 알아채고 그것에 대해 이야기를 나누고, 그 외의 것은 화제로 올리지 않는다. 대화에서 가장 중요한 사람은 바로 나와 마주하고 있는 상대방이라는 것을 기억하자. 그렇기 때문에 우리는 상대방의 호감을 사기 위해 예의 있게 대하는 것이다. 대화 시에는 상대의 잘하는 부분을 적극 장려하라. 나아가 용기를 북돋워 주고 상대의 복장이나 헤어스타일, 장신구, 패션 등의 작은 변화에도 큰 관심을 갖고 칭찬해주라.

- 상대 중심 대화 이어가기

일방적으로 해대는 말은 소음이다. 상대의 흥미를 파악해 대화를 이끌어라. 상대의 필요와 흥미를 찾는 노력을 했을 때 상대는 당신의 이야기를 듣는 사람이 된다. 예를 들어 가전 매장에서 직원이 고객을 붙잡고 믹서기에 대해 열심히 설명한다. 직원이 아무리 제품의 장점을 설명해도 믹서기에 흥미가 없는 고객의 귀에는 그 말이 들어올 리 없다. 이때 고객은 직원의 대화 '손님'에 불과하다. 그러나 대부분의 사람들이 관심을 가지는 건강에 초점을 맞춰 설명하면 대부분의 고객은 이 제품에 대해서 더 알고 싶다는 호기심이 생길 것이다.

> "단단한 채소도 잘 갈립니다."
>
> "세척이 무척 간편합니다."

"소음이 적어 조용합니다."

↓

"요즘 건강에 관심들 많으신데요, 신경 좀 쓰신다는 분들은 채소나 과일을 통째로 갈아드신답니다. 비타민과 섬유질을 풍부하게 섭취할 수 있어서 노화 방지와 다이어트에 그만이거든요."

출처: 사쿠라이 히로시, 『말하기의 재발견』

우리는 상대가 무엇에 관심과 흥미가 있는지 꾸준히 생각하는 습관을 들여야 한다. 만약 오늘 비즈니스 회의가 있다면 상대의 귀를 열 수 있는 코멘트를 준비한다. 상대가 좋아할 만한 말을 찾고 상대가 마음을 열 수 있는 말을 찾아본다. 그리고 오늘 회의에서 꼭 나눠야 할 핵심 메시지, 키워드를 준비한다. 상대와 이야기 중에 내가 반드시 해야 할 말을 잊어버려도 그 핵심 메시지를 생각하면서 다시 화제에 올릴 수 있다. 회의에서 나눠야 할 사안이 많다면, 먼저 말할 내용을 정리해 우선순위를 정해놓으면 가장 중요한 핵심 키워드를 잊지 않게 된다. 비즈니스 회의에서 성과를 내기 위해서는 잘 듣고 상황을 살펴서 내가 준비한 '핵심 메시지'를 전하는 데 전념하자.

상대가 좋아할 만한 말이란 예컨대 상대 업계에서 자주 사용하는 용어나 키워드 등이다. 가까운 사람이라면 취미 이야기도 좋다. 비용을 중시하는 사람에게는 우회하지 말고 바로 비용 이야기로 들어간다. 상대와 전혀 모르는 사이라면 그에 대한 정보를 찾아서 교류를 열 수 있는 말을 준비한다. 마음을 쉽게 여는 방법은 경험, 감정, 과제 등 공통점을 찾는 것이다. 적당한 말이 없다면 가까운 곳에서 '소도구'를 찾아내 이용하는 방법도 있다. 예를 들면 조간신문, 샘플 상품, 자료 더미 등이다.

상대가 궁금해하는 내용을 예측하고 대답을 미리 준비하는 것도 좋다. 우선은 모은 재료들을 죽 늘어놓고 선택하기 전에 '듣는 사람은 이번 테마에서 어떤 의문을 가질까.'를 먼저 생각해야 한다. 이 테마로 이야기하면 듣는 사람은 어떤 질문을 할까, 어디에 관심을 보일까, 무엇을 가장 관심 있어 할까를 생각한다. 상대가 가질 만한 의문이나 질문을 다섯 가지 정도로 유추하고 그중에서 특히 관심 있어 할 사항 한두 가지를 골라낸다. '타이밍'을 고려하는 것도 중요하다. 처음 만나는 사람인지 이미 몇 번 이야기를 한 뒤라 결단을 촉구하는 시점인지에 따라서도 짜야 할 내용이 달라진다. 상대가 궁금해하는 내용으로 예상 질문지를 만들고 답변을 준비하는 것이 중요하다.

- 상대를 움직이는 말을 얼마나 효과적으로 전달하는가

자기 말만 계속하는 사람은 상대의 관심을 알 턱이 없다. 일방통행식 대화로는 인간관계를 구축할 수 없다. 상대가 하는 이야기를 들어야 그의 흥밋거리나, 관심을 알 수가 있고, 말을 잘 할 수 있다. 따라서 상대의 말을 잘 듣고 그의 가치관, 취미, 현재의 관심 사항 등을 화제로 올려 상대가 대화를 하고 싶어 하도록 만들어 보자.

미국의 심리학자 앨버트 머레이비언Albert Mehrabian은 사람의 인상은 시각적 요소 55%, 청각적 요소 38%, 언어적 요소 7%로 결정되는데, 겉으로 보이는 인상으로 상대를 판단하는 경향이 높다고 했다. 외적인 정보가 상대에게 전해져 그 사람을 판단하는 자료가 된다. 바꿔 말하면 눈에 보이지 않는 부분은 판단 자료가 되기 어렵다. 즉 상대에게 전달되기 어렵다는 뜻이기도 하다. '나를 잘 아니까 말하지 않아도 이해해주겠지?' 안타깝지만 이런 기대는 하지 않는 게 좋다. 사람은 자신이 받아들인 내용으로 판단하기 때문에 정보를 확실히 전달하지 않으면 상대는 좀처럼 나를 알아주지 않는다. 환심을 사려고 마음에 없는 말이나 듣기 좋은 말을 할 필요는 없지만, 말하지 않는다면 상대가 나를 알아줄 리 만무하다.

자주 보면 호감이 상승한다는 자욘스의 법칙이 있다. 단순 노출 효과로 많이 노출될수록 점차 경계심이 사라지고 관심과 호의가 증가한다. 생각이나 마음을 효과적으로 전한다면 자신에 대한 상대의 평가는 분명 올라갈 것이다. 접촉 빈도를 높여보자. 회사에서 좋은 평가를 받지 못해 고민인 사람이라면 상사에게 보고나 상담을 청하는 빈도를 높여보라. 이 정도 시도라면 그다지 어렵지 않을 것이다. 정보 전달에서 빈도는 무척 중요하다는 점을 잊지 마시길.

사람에 따라 기억력이나 집중력의 차이도 있겠지만 인간은 많은 정보를 빠르게 잊거나 또는 처음부터 제대로 듣지 않는다. 시간이 지남에 따라 빠르게 잊는 우리 기억력의 실상을 그래프로 나타낸 독일 심리학자 헤르만 에빙하우스Hermann Ebbinghaus가 고안한 '에빙하우스의 망각곡선'이 있다. 이 그래프는 머릿속에 들어온 정보 중 잊어버린 정보량의 비율을 보여준다. 처음부터 입력하지 않은 정보까지 합하면 전달받은 정보의 대부분은 망각의 영역으로 들어가는 셈이다. 사람은 정말 많은 부분을 잊어버린다. 내가 전달한 내용도 상대의 망각 영역으로 들어갈 가능성이 크다는 것이다. 따라서 내가 전한 내용을 상대가 잊어버릴 거라고 전제하고 소통하면 이해하기 쉽다.

[에빙하우스의 망각곡선]

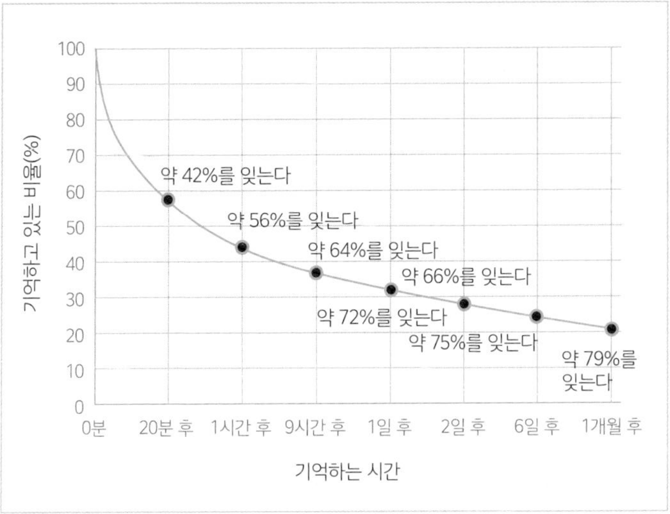

출처: 가키우치 다카후미, 『말은 딱 깔끔하고 센스 있게』

Summary

1. 대화 준비: 상대를 중요한 사람으로 느끼게 관심 파악하기, 공통 관심사 이야기하기.
2. 상대 중심의 말하기와 관심 찾기.
3. 상대가 듣고 싶어 하는 말을 제대로 전달하는 훈련하기.

“

7

경쟁력을 높이는 대화의 기술

우리는 사람들과 어울려서 살아가면서 대화로 의사소통을 하고 있다. 그 대화 속에서 나의 가치를 높이고 호감 이미지를 업그레이드하며 성공을 꿈꾸고 있다. 우리는 말, 대화의 중요성을 알지만 대화의 경쟁력을 위해 얼마나 노력하고 있는지, 노력한다면 어떤 부분을 중점적으로 연습해야 하는지 모른다. 말을 할 수 있다는 기본에서 한 발짝 더 나아가보자. 나의 퍼스널 브랜딩을 도와줄 대화의 경쟁력을 키워보자.

- 적극성과 공감성, 그리고 문화적 유연성 갖기

수없이 많은 말이 홍수처럼 범람하는 시대에 타인의 말을 귀

담아듣는 것은 좀처럼 쉽지 않다. 기본적으로 사람들은 남의 이야기에는 관심이 없다. 그렇기 때문에 듣는 사람에게 적극적으로 내 말을 알려야 한다. 내 말에 설득력을 갖춰서 상대방이 내 말에 협조하도록 만들어야지 하는 마음 자세가 필요하다. 요즘 같은 시대에는 '누군가 내 말을 알아 주겠지.'라는 수동적인 자세를 탈피해야 한다. 그러니까 열린 마음으로 커뮤니케이션을 하려면 상대를 배려하며 설득하려는 자세가 중요하다. 물론, 상대가 관심을 가질 만한 주제의 말을 해야 더 효과적으로 대화할 수 있다.

실제로 대화를 나눌 때 가장 호응이 좋고 내가 원하는 방향대로 대화가 흘러가는 경우는 상대방을 존중하는 공감의 말을 할 때이다. 우리가 상대에 맞춰 대화를 하려면 상대의 이야기를 듣고, 질문을 통해 그가 무슨 생각을 하고 있고 요즘 무엇에 관심이 있는지 아는 것이 중요하다. 그리고 상황에 따라 유연한 마음을 가져야 한다. 커뮤니케이션에서 상대는 무엇보다 중요한 존재이다. 따라서 그에 맞춰 생각이나 대화법을 바꾸어야 한다. 자존심이나 과거의 실적, 고집 등에 사로잡히면 나를 앞세우는 일방통행식 대화가 되기 쉽다. 상대에 맞출 수 있는 유연성이 없으면 다양한 상황에 대처하기 어렵다.

늘 그렇듯이 대화의 상황은 우리의 예상대로 흐르지 않는다. 적극적 듣기 등 대화의 기본을 알고 있더라도 대화마다 나름의 상황을 고려하지 못하면 부적절한 반응이나 대답을 하게 될 수 있다. 따라서 주의 깊게 대화 상황을 고려하는 자세가 필요하다. 문화 차이에 대해서도 넓은 마음을 가질 수 있으면 좋다. 눈앞의 상대와 별로 할 말이 없을 때는 이 자리에 오기까지 그의 동선을 상상해보라. 이런 상황을 바탕으로 이야기를 나눌 때, 상대가 나와 많이 다른 인격체라는 것을 알 수 있을 것이고 나와 다른 그 사람의 가치관, 습관, 태도를 열린 자세로 수용할 수 있어야 한다. 나와 다른 곳에서 살아 온 상대의 문화를 이해하고 언어를 통해 상대가 속한 문화를 포용할 때 대화는 더 넓어지고 새롭고 따뜻하게 변모하게 된다.

- 대화의 경쟁력은 무엇인가

대화의 경쟁력을 키우는 기법에는 개방성 시기, 감정이입, 긍정적 태도, 함께하기, 주고받음의 상호작용, 언어표현력 높이기, 상대 지향성 갖기 등이 있다. 이러한 기법 중 자신이 어떤 점에 충실하고, 어떤 부분은 부족하며 어떤 부분은 심지어 고려조차 하지 않았는지 점검해보자.

먼저 개방이다. 대화는 어느 정도 자신에 대한 이야기를 할 수밖에 없고, 서로에 대해 알지 못하면 깊은 교류가 일어나지 않는다. 내 마음속 이야기를 다 끄집어 말할 수는 없지만 어느 정도의 자기 노출은 교류를 위해서는 필요하다. 여기에 호응한 상대의 노출도 진심으로 받아들이며 반응해보자. 그것은 상대가 자신의 모습을 들여다보며 더 개방된 자세를 갖게 도와주는 하나의 피드백이 된다.

감정이입이란 어떠한 감정을 상대방의 입장이 되어 비슷하게 느끼는 것을 의미한다. 감정이입은 상대가 보편적 정서의 발언을 할 때 쉽게 생겨나고, 문화 차이가 있는 경우에는 쉽지 않다. 감정이입이 쉽지 않다는 생각이 들 때는 판단과 평가를 미룰 수 있어야 한다. 그리고 상대가 '혼동 메시지'를 보낼 수도 있다는 것을 알아야 한다. 이를테면 "어머니는 짜장면이 싫다고 하셨어."라는 지오디의 노래 가사가 바로 진짜 싫어한다고 받아들이면 안 되는 경우이다. 상황 파악을 위해 맥락을 이해하고 비언어적 메시지를 살펴보면 상대방이 보낸 혼동 메시지를 읽을 수 있다. 그리고 내가 상대방에게 감정이입 하고 있다는 것을 표현해야 한다. 상대방의 말을 들을 때 흥미를 보이면서, "어머", "맞아 맞아", "그렇지" 하면서 맞장구를 쳐주면서 공감하는 마음을 표현하면 된다.

긍정적 태도를 갖고 있으면 같은 말이라도 긍정적으로 표현할 수 있다. '통행 금지'라는 말도 '다른 길로 우회하시오.'라는 말로 대체할 수 있다. 대화란 말로 상대를 위로하고 어루만지는 것이다. 상대방에게 "이렇게 만나니 정말 좋다."라는 다정한 말 한마디 혹은 반가운 마음을 말, 몸짓, 표정으로 표현하며 대화해보자. 대화의 순간에 함께 있음을 느끼는 감정을 즉시성이라고 한다. 대화를 적극적으로 만들어가는 화자와 청자가 화제에 집중하며 때에 따라 활짝 웃기도 하고, 내용에 따라 맞장구 등을 표현하며 '우리 지금 여기에'에 집중하고 있는 것을 의미한다. 상호작용 관리란 말 그대로 화자와 청자가 서로의 역할을 주거니 받거니 하면서 역할을 교환하고, 말하고 듣는 기회를 주고받는 것이다.

표현력이란 어떤 것에 대한 자신이 느끼는 생각, 감정을 확실히 표현해서 다른 사람의 반응을 이끌어내는 것이다. 표현을 잘하려면 상대방이 전하는 복합적인 메시지나 비현실적인 메시지에 잘 응대해야 한다. 표현력에는 비언어적 요소들의 영향력이 큰데, 표정이나 억양, 말의 크기, 속도, 리듬, 제스처 등에 따라 메시지가 다르게 해석된다. 상대 지향성이란 타인 그리고 상대 말을 잘 듣고 관심을 보이는 능력이다. 이것은 특히 자신이 전혀 관심이 없거나 호감을 가지기도 어렵고 자신과는 다른 부류의 사람과 상호 작용할 때 중요한 덕목이다. 상대의 감정이나 의견을 정당하게 받아들이고 몸짓과 표정으로 응원하고 격려를 보낸다. 자신을 표현한 타인에게 짧은 코멘트나 후속 질문 등으로 다음 말을 계속하게 하고 그의 기여에 대해 언급한 후 긍정적이며 애정이 담긴 말을 한다.

- 말을 잘하면 듣는 부담이 줄어든다

요즘 우리는 시간개념에 더욱 민감해지고 생활 리듬은 자꾸만 빨라지고 있다. 그래서 말을 간결하게 하면 듣는 사람이 대화를 쉽게 이해하고 집중할 수 있어 소통이 잘되고 말하는 사람의 영향력이 발휘된다. 듣는 사람은 화자의 간결한 설명으로 짧은 시간에 중요한 정보를 많이 얻을 수 있기 때문이다. 간결하게 말하기 위해서는 말을 어떻게 시작할지 설계도를 미리 그려보는 것이 좋다. 머릿속에서 말의 첫 도입부터 전개해 나갈 중요한 내용을 그려본 후 군더더기 말은 버리는 것이다. 또한 같은 말을 중복하지 마라. 같은 단어를 반복해서 강조할 것이 아니라면 의미 없이 반복되는 단어, 구를 남용하지 말자. 말의 영향력이 감소된다.

똑같은 단어를 자주 쓰면 어휘가 빈곤해 보인다. 단어가 풍부하고 다양하게 나오면 대화에 생동감이 생긴다. 같은 단어라도 다양하게 표현해 보려고 노력하라. 만약 당신이 한 말을 다른 사람이 이해하지 못하면 본연의 의미가 바뀌지 않는 수준에서 다른 방식으로 말해야 한다. 그리고 자신의 말 습관 중 불필요하게 자주 쓰는 말을 줄이는 것이 좋다. 이를테면 "솔직히", "원래", "거봐", "이건 우리끼리 얘긴데~"와 같은 말버릇을 반복해 사용하면 말의 주제 전달을 방해하므로 고치기 바란다.

교류의 목적은 당신의 관점을 상대방이 이해하고 받아들이는 데 있다. 그래서 추상적인 표현보다는 구체적인 표현으로 정보를 전달해야 한다. 앞서 말했듯이 실제 데이터나 수치로 이야기해야 한다.

<불명확한 표현 형식을 구체적인 숫자로 대신하라>

추상적이고 감각에 의존한 언어	구체적인 데이터와 숫자로 대신한 언어
축제 매출액이 큰 폭으로 떨어지는 추세를 보인다.	지난해와 비교했을 때 축제 매출액 하락 폭은 15%에 달하고, 회사의 손해는 10억 원에 달합니다.
최근 지자체 쪽 클레임이 갈수록 많아지고 있습니다.	최근 6개월 내, 매달 10여 개의 지자체 클레임이 발생했습니다.
노력을 통해 직원들의 성과 달성률이 목표에 도달했습니다.	노력을 통해 직원들의 성과 달성률이 93%에 도달했습니다.

출처: 류리나, 『하버드 100년 전통 말하기 수업』

<무엇이 구체적인 사례인가>

직접 경험 사례	간접 경험 사례
자신이 직접 체험하거나 본 사례	다른 사람에게서 들은 것
	TV, 라디오에서 들은 것
	뉴스, 인터넷에서 본 것

출처: 류리나, 『하버드 100년 전통 말하기 수업』

설득을 단순히 머리로 하면 안 된다. 감성적으로 사람의 마음을 터치해야 행동을 변화시킬 수 있다. 진심을 담은 마음에서 나오는 공감의 한마디가 사람의 마음을 움직인다. 상대가 원하는 것을 들어 주지 못하거나, 부탁해야 하거나, 나의 의견을 말해야 하는 경우 쿠션 언어를 사용하면 상대가 존중받는 듯한 기분을 느낄 수 있다. 예를 들어, "죄송하지만, 괜찮으시다면, 시간이 있으시다면, 제가 도울 일이 있다면" 등이다. 이런 말들은 쿠션처럼 상대와의 대화에 완충 역할을 해서 대화를 부드럽게 해준다. 또한 쿠션 언어를 사용하면 기본적으로 상대방에게 신뢰를 얻고 존중받을 수 있다.

Summary

대화의 경쟁력을 가지는 방법

1. 적극성과 공감성, 문화적 유연성을 갖추어라.
2. 자기 개방성, 감정이입, 긍정의 표현, 즉시성(대면성), 표현력, 타인 중심의 생각을 갖추어라.
3. 머리가 아닌 마음을 움직여야 한다. 구체적이고 간결한 말하기로 상대의 마음에 다가가라.

친밀하고
당당하게
대화하는 법

PART 3

1
즐겁고 행복한 대화의 기술

자꾸만 나의 말을 뒤돌아보는 습관이 생겼다. 타인과 대화할 때 잠시의 침묵도 견디기 어려워하는 나를 발견하곤 한다. 아마도 아나운서로서 방송 중 침묵은 방송사고로 인식하니까 그 생각이 뇌리에 깊게 박힌 탓이다. 내 말을 좀 멈추고 상대의 이야기를 듣고 싶은데, 그 침묵의 시간을 메우고자 하는 내 마음은 많이 조급해진다. 하버드대학의 훌륭한 협상전문가 오스틴 로프트는 개인마다 다르게 한 경험이 대화 방식과 사용 언어를 다르게 만든다고 한다. 한 사람이 생각하고 있는 방식이 말로 나오는 것이다. 자신의 대화 방식을 바꾸고 대화를 즐겁게 지속하고 싶다면 자신의 소통방식을 돌아보라.

- 부드러운 대화의 기술 갖기

부드러운 음성으로 조곤조곤 말하는 사람은 참으로 매력적으로 보인다. 예의까지 갖춘 그 사람이 전하는 이야기는 나의 혼을 쏙 빼놓는다. 나는 매번 똑같은 화제로 상대를 지루하게 만들지는 않는지, 상대방의 말문을 콱 막히게 민망하고 심각한 이야기를 하는 것은 아닌지 한번 돌아볼 일이다. 상대에게 관심을 가져야 한다는 것을 알면서도 내 이야기만 주야장천 하는 내 모습을 확인하는 것은 꽤 우울한 일이다. 그리고 상대를 무시하거나 얕보는 대화로 상대의 인정욕구를 무시하지는 않았는지도 모를 일이다. 듣는 사람도 적극적으로 끼어들어 주고받음이 자연스러워야 하는데 너무 방어적인 태도로 듣기만 하는 자세도 바람직하지 않다. 진정한 교류가 이뤄질 수 있도록 쌍방향 소통이 기본이 되어야 한다.

우리는 살아가는 동안 가족, 친구, 직장동료에서부터 일로 얽힌 사람들까지 수많은 사람과 대화를 나눈다. 기분 상하지 않고 예의 있는 대화를 나누기 위한 기본적인 태도는 무엇일까? 상대방을 한 개인으로 존중하는 것이다. 즉 상대방을 있는 그대로 받아들이고 인격적으로 존중하면서 그의 생각, 언행, 감정을 비판

하거나 판단하지 않는 것이다. 그리고 상대방의 입장을 이해하고 공감하는 것이다. 이것은 나 자신의 가치관, 판단, 감정 등의 편견으로 상대방을 바라보지 않는 것이고, 상대방이 자신의 입장이 이해받고 있다는 것을 알게끔 하는 것이다. 대화를 나눌 때 이런 태도는 효과적인 인간관계 유지에 도움이 된다.

말과 대화는 같은 것일까? 알쏭달쏭하지만 말을 잘하는 것과 대화를 잘하는 것은 별개이다. '나는 방송은 잘하는데, 1:1로 상대방과 말하는 것은 쑥스럽다.'라고 생각해본 적이 있다. 실제로 사람들은 말을 잘하면 대화를 잘할 거라고 생각하는데 그렇지 않다. 말이 자신의 의견, 주장을 일방적으로 전달한다면, 대화는 화자와 청자가 서로의 의견을 교환하는 것이어서 양방통행이다.

그렇다면 어떻게 대화하는 것이 효과적일까? 가급적 상대의 말을 많이 들어준다. 내가 할 말이 있다고 상대가 말하는 흐름을 고려하지 않고 내가 말을 치고 들어가거나, 상대의 말이 틀렸다고 논쟁하면 상대는 기분이 상해 중요한 말을 하지 않을 수 있다. 사람들은 자신의 말을 진지하게 들어주는 사람에게 호감을 가진다. 그래서 말수를 줄이고 상대의 말을 잘 들어주면 호감도 사고 말을 잘할 수 있다. 말을 잘하는 사람들은 말은 적게 하고 상대의 말을 잘 들어주면서 자신의 말수를 관리한다. 말이 많은 사람들은 자신의 말이 빈 수레의 시끄러움이 되지 않도록 신경 쓸 일이다.

- 대화에도 순서가 있다

대화는 두 사람 이상이 메시지를 서로 교환하는 것으로 정의할 수 있다. 어떤 사람이 좋다, 싫다는 생각을 돌이켜보면 그 사람과 이야기를 나눈 후에 그러한 판단이 내려진 경우가 많다. 말이 잘 통하고 즐거운 대화를 나눈 사람은 기억에 남고 결국에는 그 사람이 좋아진다. 어떤 사람과 대화를 나눌 때 예의 있고 무리 없이 대화를 이어가는 걸 보면 대화의 단계를 지키고 있다는 생각이 든다. 대화의 단계를 살펴보자.

첫째, 시작의 단계이다. 만나서 서로의 안부를 묻거나 악수하기, 미소 짓기 등 반가움을 표현하며 대화가 시작된다. 인사는 이왕이면 밝고 긍정적인 것이 좋다.

둘째, 도입 또는 예고의 단계로 대화의 주제가 무엇인지 상대에게 기본적인 것을 말하는 과정이다. 대화의 분위기가 어떠할지 대화에 참여한 사람 모두 알도록 한다. "오늘은 조직 개편에 대한 직원들의 의견을 전할 거야."라든지 "같이 근무했는데 개인 사정으로 ~씨가 그만둔다네." 등의 말이 나올 것이다.

셋째, 본론의 단계이다. 핵심에 해당한다. 대화의 실질, 포커스가 되는 부분이다. 본론을 제대로 전달하지 못하면 주제가 선명하지 못해서 대화가 겉돌고 상대방은 시간이 아까워 자리를 떠나고 싶어 한다.

넷째, 피드백의 단계이다. 만나서 이야기한 목적이 끝났다는 것을 알려주는 단계이다. "필요한 서류는 내가 문자로 보내 놓을게.", "그럼 대표님께 전화 부탁해." 등으로 대화를 마무리한다.

다섯째, 끝인사이다. 서로 나눈 이야기를 정리한다. 대개 대화를 돌아보고 요약하며 "오랜만에 속 시원한 대화를 나눴네."와 같은 말로 느낌을 전하거나 대화를 마감하고 다음에 다시 만날 기약을 하며 작별 인사를 한다.

우리가 나누는 대화가 이렇게 모든 단계를 거치며 이어지는 것은 아니고 몇 단계가 생략되는 경우도 다반사이다. 하지만 대화가 어떻게 진행되어야 서로 다정하고 따뜻한 시간을 보낼 수 있는지 돌아보라. 밝은 미소로 인사하며 대화의 주제를 알리고 용건을 이야기한 후에 서로의 반응을 전달하며 다음에 만날 것을 약속하는 대화의 단계를 기억하라.

- 말 잘하는 사람은 배려와 기본 이해력이 있다

자신이 믿고 있는 정의가 상대에게도 정의일 수는 없다. 정의란 사람의 수만큼 존재하기 때문에 가치관이나 상황에 따라서도 무엇이 정의인지는 바뀔 수 있다. 비즈니스에서 '연락은 전화로 하는 것이 예의'라고 생각하는 사람과 '상대의 시간을 방해해서는 안 되니 문자나 메일이 기본'이라고 생각하는 사람이 있다. 그들의 정의는 다르지만 어느 한쪽이 옳다고 할 수는 없다. 각자의 입장과 이해관계가 다르므로 정의는 하나가 될 수 없다. 서로 다른 정의의 차이를 메우면서 최선의 판단을 내릴 수 있도록 만드는 것이 바로 커뮤니케이션이다.

모임에서 가장 수줍어하는 사람이 있다면 이 사람이 대화에 참여할 수 있도록 도와줘라. 대화에 열정적으로 참여하고 있는 사람은, 수줍음으로 대화에 잘 참여하지 않는 사람들을 잘 살펴야 한다. 예를 들어 왼쪽에 앉은 사람은 내향적이고 오른쪽 사람은 적극적이라면, 당신은 왼쪽 사람을 더 챙겨야 한다. 다른 사람이 말하고 있는 내용에 대해서도 왼쪽 사람과 눈을 맞추며 그에게 의견을 구해본다. 그의 생각이 무엇인지 묻는다면 내향적이고 수줍어하던 사람도 시나브로 대화에 참여하게 된다.

상대방을 문초하지 마라. 당신은 책을 쓰기 위해 저녁 식사 또는 작은 모임에 참석하고 있는 것은 아니다. 저녁 식사 자리에서 주고받은 이야기나 경험, 새로운 사람에 대해 당신은 다 알아야 한다고도 생각하지 말라. 저녁 식사 자리에서 기껏해야 한두 시간 이야기하는 것뿐이다. 혼자 계속해서 떠들 필요가 없듯이, 대화의 이것저것을 다 물어볼 필요도 없다. 식사가 끝난 후 저녁 식사나 모임을 복기할 필요도 없다. 하지만 말을 단답형으로 짧게 하면, 사람들은 당신을 불친절한 사람으로 생각할 수도 있다.

Summary

1. 대화의 시작은 상대방을 존중하고 공감하면서 하라.
2. 질문은 적절히, 취재가 아님을 명심해라.

“

2

칭찬을 잘하는 방법

오드리 헵번이 죽기 전에 아들에게 해줬던 말들은 우리에게 감동과 깨달음을 주곤 한다. 그중 말과 관계된 것으로 “아름다운 입술을 갖고 싶으면 친절한 말을 하라.”가 있다. 아름다운 대배우가 하는 말이니 더욱 우리에게 울림을 준다. 듣기와 말하기는 의사소통의 기본 기술이고, 칭찬하기는 기본 기술을 확장하는 고급기술이다. 상대방을 칭찬할 때는 칭찬받을 행동에 대해 즉각적이고 구체적으로 언급해주어야 한다. 칭찬은 앞으로 나아가게 하는 힘이 되어 상대에게 동기부여가 된다. 칭찬받으면 기쁘고, 의욕과 기운을 느끼게 된다. 칭찬을 잘하는 법에 대해 배워보자.

- 구체적인 내용 언급하기

칭찬받는 것을 싫어하는 사람이 있을까? 아리스토텔레스는 사람을 설득할 때 상대의 마음을 얻으라고 말했다. 칭찬만큼 좋은 것이 있을까 싶다. 그러나 칭찬이 지나치면 아부로 여겨질 수 있기 때문에 칭찬도 센스 있게 해야 한다. 이를테면, 본인이 중요하게 여기는 것을 칭찬한다. "영어 교재마케팅이 아주 훌륭했어요." 같은 간결하지만 중요한 것을 언급하는 칭찬이 상대를 기쁘게 한다.

칭찬 효과를 높이려면 구체적으로 해야 한다. "김 과장, 참 잘했어.", "이 부장, 정말 대단해."는 형식적으로 들릴 수 있다. "김 과장, 이번 달 프로젝트는 실행계획이 정말 획기적이야.", "이번 신사업 프로젝트는 이 대리 아이디어 덕분에 기대가 되는군."처럼 구체적으로 칭찬해야 한다. 이는 다른 사람들에게 동기부여가 되며 '나도 다음에는 저렇게 해야지.'라는 목표 의식도 생기게 만든다. 공개적인 칭찬은 효과적인데 특히 당사자가 없을 때 하는 칭찬은 효과가 배가 된다. "충고는 남이 모르게, 칭찬은 여러 사람 앞에서 해야 한다." 로마의 시인 푸블릴리우스 시루스Publilius Syrus의 말이다.

한때 〈칭찬합시다〉라는 프로그램이 방영될 정도로 우리는 칭찬에 인색한 나라에서 자라났다. 칭찬을 잘하려면 상대의 사소한 것이라도 진심 어린 칭찬을 할 수 있도록 연습하고 또 연습해야 한다. 상대가 편안하고 즐겁게 들을 수 있도록 칭찬이 자신의 생활이 되도록 하는 것이다. 칭찬이 생활이 된 사람은 아주 조그마한 일로도 상대를 칭찬할 수 있으며, 상대방은 이를 우호적으로 받아들이게 된다.

사회적 관계 속에서는 조언하거나 질책을 할 때도 있다. 이럴 때 칭찬이 좋은 바람잡이가 되어준다. 바로 칭찬을 섞은 샌드위치 화법이다. '칭찬+질책+격려'처럼, 질책을 가운데 두고 먼저 칭찬하고 격려의 말로 끝맺는 것이다. 이렇게 센스 있게 말하면 듣는 사람은 기분 나쁘지 않으면서 질책을 받아들이게 된다. 사람들은 자신을 인정해주고 칭찬해주는 사람에게 자연스럽게 마음을 연다. 충고는 마지막으로 사용하기를 추천한다. 충고를 해야 한다면, 예화를 들면서 비유로 일깨워주는 것이 좋다.

- 아부와 칭찬 구분하기

하버드대학 심리학자 에이브레햄 매슬로에 따르면 "칭찬은 긍정적인 교류 기술이고 사람 사이의 심리적 거리를 좁힐 수 있다." 고 한다. 하지만 사람들은 칭찬에 익숙하지 않아 다른 사람과의 긍정적 교류를 잘 못한다. 칭찬하는 법을 몰라서 소통과 교류가 즐겁지 않기 때문이다. 사실 칭찬을 정확히 잘하는 것은 말하기 능력에서 중요한 표현력이고, 사람 간의 교류에서 긍정적 감정을 향상시키는 중요한 원칙이다. 매슬로의 칭찬의 다섯 가지 원칙을 살펴보면 다음과 같다.

첫째는 상대방이 원하는 칭찬을 하는 것이다. 예를 들어 차 대접에 나온 귀하고 예쁜 찻잔 세트를 보고 상대방이 내게 보여주고 싶은 물건이구나를 빨리 알아채고 그 찻잔 세트에 대해 이모저모 물어봐 주는 것이다. 그러면서 상대방이 자부심을 갖도록 칭찬하는 것이다. 칭찬을 잘하기 위해서는 상대방에게 관심을 기울여야 하고, 상대방을 잘 관찰해야 한다.

두 번째는 진실한 마음으로 칭찬하는 것이다. 같은 칭찬을 과도하게 많이 하면 상대는 그 칭찬이 진짜인지 의심할 것이다. 칭찬은 진실이고 아부는 거짓이다. 칭찬은 진실한 마음에서 나오는 사심 없는 말이지만 아부는 칭찬의 말속에 자신을 위한 이익이 들어 있다. 루스벨트는 "적의 공격을 두려워하지 말고 친구의 아부를 경계하라."라고 말했다. 매슬로는 대부분의 사람들이 친구를 선택할 때 상대방이 진실한 사람인지를 보고 결정한다고 말했다. 좋은 인간관계를 맺으려면 교류에 진심을 담아야 한다. 따라서 진실과 사실에 근거한 칭찬이야말로 이상적인 효과를 얻을 수 있다.

세 번째는 같은 칭찬을 반복하지 않는 것이다. "좋은 이야기도 세 번이다."라는 말이 있다. 같은 사람을 칭찬할 때는 표현에 변화를 줘야 하고, 다른 각도에서 보이는 부분도 칭찬으로 언급해야 한다. "당신은 정말 아름다워요."라는 말을 몇십 번 들었을 때는 칭찬에 대한 감흥이 생겨나지 않을 것이다. 이것이 한계 효용의 감소이다. 게다가 상대방의 기분이 축 처져 있는 상태에서 과도한 칭찬을 듣게 되면 그는 당신이 말한 칭찬의 진정성을 의심하며, 진실하지 않다고 생각한다. 그래서 우리는 상대방의 감정도 잘 관찰해야 한다.

네 번째는 적절한 때에 적절하게 칭찬을 해야 효과적이다. 만약 당신이 같은 말로 이 사람 저 사람을 칭찬한다면 그들이 이 사실을 눈치채지 못하도록 해야 한다. 나만의 칭찬이 아닌 그 누구에게나 다 사용한 보편적인 말이 되기 때문이다.

다섯 번째는 눈에 보이는 것을 즉흥적으로 칭찬하지 않는 것이다. 상대방을 칭찬할 때는 상대방의 진짜 장점이 무엇인지 생각해 본 후에 칭찬해야 한다. 사람들은 듣기 좋은 말이라고 칭찬을 남발하는 경향이 있다. 결과적으로 상대와 감정적인 교류와 깊은 관계를 이어가려면 때에 맞게 정확하게 칭찬하는 법을 배워야 한다.

- 효과적인 칭찬 방법

중요한 사람이 되길 바라는 것은 인간의 본성이다. 상대가 스스로 중요한 사람이라고 느끼게 하는 가장 빠른 방법은 칭찬이다. 상대방의 경계심을 누그러뜨린 다음 때에 맞는 칭찬으로 말문을 열기를 원한다면, 반드시 성심성의껏 준비하고 상대에게 몰입해라. 동서고금을 살펴봐도 칭찬은 남녀노소를 불문하고 마음을 기쁘게 해준다. 물론 상대가 아부로 자신을 치켜 세우는지 알지만 내심 흐뭇해하는 경우도 있다. 인간의 본성은 이렇듯 칭찬에 약하다. 이 세상에 칭찬을 싫어하는 사람은 없기에 너무 과도하지 않게, 적절하게 칭찬을 하라.

처음 만난 사람과 지속적인 만남을 이어가고 싶다면 어떤 유형의 칭찬이 효과적일까? 가능하다면 상대방의 인품이나 성격을 논하지 말라. 대신에 그들의 성취나 소지품 등 눈에 보이는 구체적인 것들을 칭찬하는 것이 가장 바람직하고 안전하다. 만약 처음 만난 사람을 칭찬한다고 "당신은 참으로 좋은 사람이네요."라고 하면, 상대는 그 칭찬의 진정성을 의심해서 당신을 경계할 수도 있다. 상대방이 여성이라면 가방, 의상 등 돋보이는 패션 센스를 칭찬하라. 그러면 상대방은 진정한 마음으로 당신의 이야기에 귀 기울일 것이다.

뒤에서 들려오는 말 중에는 칭찬과 험담이 있는데 칭찬이 들려온다면 그 말의 향기가 더욱 진하게 느껴진다. 그만큼 배후에서 칭찬하는 것의 영향력은 매우 강하다. 칭찬의 달인들은 직접 자신의 입으로 상대를 칭찬하지 않고 간접적으로 다른 사람을 통해 칭찬의 메시지를 전한다. 전혀 기대하지 않고 있던 상태에서 뜻밖에도 누군가가 당신을 칭찬하더라는 말을 제3자에게 전해 들었을 때, 당신은 기쁘지 않겠는가? 칭찬한 그 사람에 대해 좋은 호감을 지니게 되고 기쁨도 훨씬 더 크다. 간접적인 칭찬의 신뢰도와 영향력은 강력하다. 독일의 어떤 장군은 자신에게 반발심을 갖고 있는 부하를 계획적으로 타인 앞에서 아낌없이 칭찬했고, 그 부하는 그 장군에게 충성을 다하는 사람이 되었다.

무뚝뚝하며 자존심이 강한 사람일수록 존경심을 강조하며 칭찬하는 게 좋다. 그런 사람일수록 자신을 존경하는 상대를 고맙게 생각한다. 그는 상대방이 자신에 대해 갖고 있는 존경심에 실망감을 주지 않기 위해, 최선을 다해 상대를 배려하려 애쓴다. 어렵게 느껴지는 사람일수록 진심으로 존경하는 느낌을 전달하라. 그러면 그 사람은 당신을 진실한 마음으로 도울 것이다.

[예시]

대기업에 근무하는 이 부장은 맺고 끊는 것이 칼처럼 딱딱 끊어지고 프로페셔널한 업무 처리에 부하 직원들도 늘 어려워하는 상사이다. 하루는 협력회사의 김 대리가 이 부장을 찾아왔다. 물론 김 대리는 이 부장의 성격에 대해 주변 사람들로부터 전해 들은 바가 있었다. 그는 이 부장을 만나자, 곧바로 사 온 커피를 마시며 안부 인사와 주변 이야기들로 분위기를 화기애애하게 만들었다. 그러면서 다음과 같이 인사를 건넸다.

"이 부장님이 호인이라는 말씀은 주변에서 이미 듣고 있었습니다. 부하 직원들을 각별히 챙기는 것은 물론이고 회사 바깥사람들까지도 꼼꼼하게 관리하신다고 들은 적이 있는데 역시 성공하는 사람은 뭔가 다르군요. 이 부장님과 같이 일할 수 있다면 참으로 행운이겠는데요."

서슬 퍼런 이 부장의 얼굴에 잔잔한 미소가 퍼지는가 싶더니, 김 대리에게 찾아온 용건을 물었다. 마침내 분위기가 부드럽게 풀리기 시작했으며, 그 결과 김 대리는 일을 순조롭게 진행시킬 수 있었다. 김 대리가 이 부장의 마음을 열 수 있었던 방법은, 순발력 있는 칭찬으로 분위기를 부드럽게 만들었던 대화 속의 첫인상 때문이다.

출처: 이창호, 『생산적 말하기』

Summary

칭찬은 가장 효과적이고 강력한 설득의 방법이다.
상대를 기분 좋게 하는 칭찬의 비결은 다음과 같다.

1. 구체적이고 즉각적으로 칭찬한다.
2. 실생활에서 칭찬하는 연습을 한다.
3. 샌드위치 화법으로 질책과 충고를 부드럽게 해서 상대방의 마음을 배려한다.
4. 상대를 잘 관찰한 후 듣고 싶어 하는 칭찬을 한다.
5. 배후에서 칭찬하는 제3자 칭찬은 설득의 효과가 매우 뛰어나다.

3
관계에 흠집을 내지 않는 거절의 기술

거절하지 못하는 성품을 타고나서 참 바삐 살아온 듯하다. 남들의 부탁과 남의 일을 어떻게 잘 도울 수 있을까를 고민하며 타인의 부탁을 더 확장해 일을 처리해준 경험이 왕왕 있다. 인간적으로 얽혀 있기도 하거니와 기질적으로 잘 거절하지 못하는 성격 탓이기도 하다. 착한 아이 콤플렉스가 내게 있는가 싶지만, 그것보다는 타인의 입장을 생각하는 것이다. 그러나 이제는 나만의 기준을 갖고 상대의 제안을 거절하려고 한다. 거절할 때 진심으로 미안한 마음을 전달하며 현명하게 거절하면 관계도 잘 유지될 것이라 생각한다. 거절의 방법을 살펴보자.

- 당당하게 거절하기

거절을 잘하면 상대와의 대화에서 내가 주도권을 쥘 수 있고, 상대의 부탁을 들어주는 대신 나의 시간을 충분히 사용할 수 있다. 상대의 부탁을 다 들어줄 수는 없다. 때때로 거절을 해야 상대가 나에 대해 좀 더 잘 알 것이고, 나의 특성도 파악할 수 있을 것이다. 인간관계에서 상대방의 부탁을 거절할 수 있는 사람은 대체로 영향력이 있고 거절을 유효 적절하게 사용한다는 연구 결과도 있다. 하지만 "생각해 볼게요."라는 말은 상대방에게 약간의 여지를 주는 것이다. 반반의 확률이지만 눈치가 빠른 사람은 마음을 접을 것이고, 기대하는 사람은 성공 확률이 높을 것이라고 생각한다. 상대방이 도움을 청하면 곧장 "네", "아니요"로 분명하게 대답해야 한다. 괜히 핑계를 대는 것처럼 보이지 않기 위해서다.

거절에도 요령이 있다. 상대방의 요구를 단칼에 거절하면 상대는 당신을 원망하게 될지도 모른다. 거절할 때는 상대의 절실함을 이해하면서 상대의 말에 긍정적으로 호응을 보여야 한다. 일단 부드러운 말씨로 내가 거절할 수밖에 없는 이유를 구체적이며 진정성 있게 전하라. 거절을 잘 못하면 상대방을 적으로 만들고 관계가 나빠져 교류가 끊기기도 한다. 사실 거절은 당신이 어떠한 사람이라는 것을 이해시키는 말하기이다. 거절할 때의 태도도 중요한데, 예의 있고 당당하게 이야기하면서 당신의 가치관이나 생각을 상대에게 알려주는 계기가 될 수 있다.

거절의 이유를 설명할 때 '왜냐하면'을 이용해 보자. '왜냐하면'이라는 단어는 다음에 이어질 말을 끌고 오는 접속사로서 놀랄 만한 힘을 가지고 있다는 연구 결과가 있다. 하버드대 블랑크 교수는 "'왜냐하면'이라는 단어는 자동적으로 합리적인 이유를 더해주기 때문"이라고 말했다. 덧붙여서 그는 "'왜냐하면'이라는 단어는 그것이 타당하다고 가정하게 만들어서 어떤 결정을 하는 데 많은 생각을 필요로 하지 않는다."고 했다. 그래서 거절할 때 곧바로 "아니요."라고 말하기보다는 "왜냐하면~"이라고 시작해서 뒤에 거절의 이유를 말하면 상대도 이를 수긍하고 관계가 서먹해지는 것을 막을 수 있다. 정말 상대의 부탁을 받아들이지 못할 때는 확실하게 거절해야 상대도 마음을 접고, 당신도 솔직한 사람으로 받아들여질 수 있다. 다른 사람에게 거절할 때는 예의 있게, 그리고 정확하게 말해야 한다.

거절할 때 상대의 이익을 생각하고 말하면 오히려 내 사정을 더 잘 이해시킬 수 있다. 내 입장을 그대로 전달할 게 아니라 상대의 이익을 생각하는 관점으로 변환해서 전달하는 것이다. 이는 회사에서뿐 아니라 가족이나 친구 관계에서 다양하게 활용할 수 있다. 어떻게 상대의 이익으로 변환하면 좋을까? 첫째, 자신의 머리에 떠오른 말을 그대로 전달하지 않는다. 둘째, 상대의 입장에서 이익과 불이익이 무엇인지를 생각한다. 셋째, 상대에게 우선순위가 높은 일에 이익이 되는(또는 불이익이 되지 않는) 방향으로 전환해 내용을 전달한다.

[예시: 회사에서 급한 업무를 선배에게 부탁받았을 때]

선배: 이 일, 급히 처리해야 하는데 지금 해 줄 수 있을까?

후배: 죄송하지만, 지금은 바빠서 못하겠습니다.

이처럼 직접적인 거절은 선배의 화를 불러일으킬 수 있다. 대신 아래와 같이 거절을 해 보자.

선배: 이 일, 급히 처리해야 하는데 지금 해 줄 수 있을까?

후배: 요즘 선배와 함께 진행하는 A 프로젝트의 성과를 내려고 그 일에 주력하고 있습니다. 그래서 죄송하지만 지금 당장은 짬이 나지 않아 어렵겠습니다.

A 프로젝트는 선배 역시 성공시키고 싶은 안건이다. 후배가 이렇게 의사를 전하면 선배는 후배가 지금 당장 그 일을 처리해줄 수 없다는 상황을 이해하게 된다.

출처: 가키우치 다카후미, 『말은 딱 깔끔하고 센스 있게』

- 부드럽게 거절하는 방법

거절할 때는 왠지 모르게 미안하고 죄책감도 든다. 물론 상대와 나의 인간적인 관계를 생각하는 것인데, 내가 이렇게 베풀면 나중에 상대도 내 부탁을 들어줄 때가 있을 것이라는 상호호혜의 원칙 같은 것 때문이다. 그래서 거절에는 용기가 필요하다. 특히 소개받은 위치에 있을 때 상대의 부탁을 거절하려면 정말 용기가 필요하다. 소개해 준 사람의 체면을 생각하기 때문이다. 예를 들어 강의 요청이 왔을 때, 일정 등 조건이 맞지 않으면 거절해야 하지만 어떻게든 요청을 받아들이는 차선을 선택하게 된다. No라고 말하면 상대는 상처받을까? 내 생각만큼 그렇게 상처받지 않는다. 대신에, 거절하지 못해 전전긍긍하며 그 요청에 끌려다니는 초라한 자신의 마음을 살피는 것은 어떨까.

밉지 않게 거절하는 방법 세 가지를 소개한다. 거절을 할 때도 미소 지으며 당당하게 하는 비결이다. 첫째, 재치 있고 겸손하게 거절하는 방법이다. 상대의 기분을 배려하면서 자신을 조금 낮춘다. 거절할 때 상대가 무안해하지 않도록 하는 것인데 예를 들어 "제가 운전할 때 예민한 편이어서 옆에 사람이 있으면 운전을 안전하게 못할 것 같아요.", "저도 집에 초대하고 싶은데 저희 집이 아직 누굴 초대하기에 좁아서 바깥에서 모이면 좋을 것 같습니다."라고 자신의 부족함을 함께 이야기하면 거절당한 상대도 수긍한다. 그런데 누가 봐도 주변 환경이나 자신의 운전 실력이 괜찮은데 여력이 없어 거절한다고 하면 핑계처럼 들린다. 거절할 때도 거짓말을 하지 않는 진정성이 필요하다.

둘째는 조건부 거절이다. 공공기관에 민원을 처리하러 갔을 때, 아무리 안내문을 읽어도 어디에서 내 민원을 처리해줄지 모를 때가 있다. 이럴 때 창구를 잘못 찾아가더라도 거기 있는 공무원이 "이 일은 여기서 처리하는 것이 아닌데 오늘은 제가 여기서 처리해 드릴게요. 다음에는 몇 번 창구로 가시면 됩니다."라고 이야기해주면 그렇게 고마울 수가 없다. 매몰차게 "이 업무는 저기 몇 번 창구에서 하니까 그쪽으로 가세요."라고 이야기하는 것보다 얼마나 인간적인가? 이는 거절을 위한 거절이 아님을 상대에게 알려주면서 의도치 않은 거절이 불편할 때 쓸 수 있다.

셋째는 보류의 거절이다. 빠른 거절은 상대의 기분을 상하게 하므로 잠시 생각하는 시간을 가지면 좋다. “골프 운동을 하러 같이 가자.”라는 요청을 받았을 때, “이번에는 좀 어려워.”라고 바로 이야기하기보다는 “생각해 볼게.”라거나 “음… 요즘… 우리 집에 아들이 휴가 와 있어서 좀 어려울 듯해.”라고 거절 이유를 미괄식으로 이야기하는 편이 좀 부드럽다. 거절해야 할 때, 내가 최대한 상대의 부탁을 들어주고 싶지만 여의치 않음을 보여주는 것이 긍정적으로 비칠 것이다. 그 자리에서 답변하기 어려운 중요한 일을 거절해야 할 때는 일단 생각하고 답변을 해주겠다고 말하는 것이 좋다. 대신에, 실례가 되지 않도록 너무 오래 지체하지 않는다. 상대도 나의 의사를 확실히 빨리 알아야 자신의 일을 진행하는 데 다른 대안을 찾을 수 있기 때문이다.

- 관계 유지 비결

우리가 거절을 연습해야 하는 이유는 우리에게 허락된 시간이 하루 24시간이라는 것이다. 누구나 똑같다. 남들이 부탁하는 대로 다 부탁을 들어주다가는 내게 허락된 24시간을 타인을 위해 봉사해야 할 경우가 많기 때문이다. 일일이 계산기를 두드려 살면 안 되겠지만 유독 거절에 약하다면 내게 주어진 시간을 떠올린다면 도움이 되지 않을까 한다. 시쳇말로 시간은 돈이다. 하루를 초로 환산하면 8만 6,400초이다. 거절하면서 생기는 시간을 확보하고 미안한 마음도 견뎌보자.

관계를 지키는 거절의 방법에는 다음과 같은 것들이 있다. 첫째, 지금 부탁받은 내용만 말한다. "며칠 전에도 이런 부탁을 받았는데요."라고 지난 일을 언급하면 안 된다. 다른 이야기까지 꺼내면 오히려 상대방의 감정을 상하게 할 수 있다. 둘째, 여지를 남기지 않는다. "가족들과 한번 상의해볼게.", "내가 한번 알아볼게." 이런 표현을 사용하면 안 된다. 관계가 나빠질까 봐 단호하게 거절하지 못하고 여지를 주는 말이다. 기대가 크면 실망도 큰 법, 결국 나중에 거절하게 됐을 때 상대는 더 큰 실망감을 갖는다.

셋째, 직접 통화하거나 대면하여 거절한다. 대면한 상태에서 말하기 어려워서 문자메시지로 "이번엔 어렵겠습니다."와 같이 보낸다면 불필요한 오해가 발생할 수 있거니와 예의가 아니다. 넷째, 솔직하게 거절한다. "도와드리고 싶은데 내일까지 제출해야 할 보고서가 있습니다." 혹시 미안한 마음에 상황을 무마하기 위해 거짓말이나 핑계를 대는 것은 삼가야 한다. 다섯째, 거절 이유를 분명히 설명한다. "내일은 한 달 전에 잡힌 모임의 선약이 있어서 어렵습니다." 상대방에게 이해를 구하면서 거절의 이유를 구체적으로 말하는 것이 바람직하다. 모호하게 말하지 않도록 한다.

여섯째, 정중하게 거절한다. "어렵게 부탁하셨는데 동행하지 못해 죄송합니다." 예의를 갖춰 상대방에게 공손하게 거절한다. 일곱째, 가능한 한 짧고 간결하게 거절한다. "사실, 이런 부탁을 많이 받아서 제가 너무 힘들어요", "그동안 거절하지 못한 일로 지금 너무 힘들어요." 미안한 마음에 과거의 이야기까지 꺼내서 길게 이야기하면 관계만 불편해진다. 여덟째, 자신감 있게 거절한다. "죄송하지만 이번에는 가지 못할 것 같습니다." 스스로 거절의 원칙이 있다면 감정이나 상황에 치우치지 말아야 한다. 거절의 판단이 서면 당당하게 말한다.

Summary

거절은 나쁜 것이 아니니 용기를 갖고 시도해보자.

1. '왜냐하면'을 이용해 구체적으로 거절 이유를 밝혀라.
2. 자신을 낮추면서 거절하기.
3. 조건부 거절하기.
4. 보류하면서 거절하기.
5. 거절하면서 관계를 당당하게 유지해보자.

"

4
감정적인 뱀파이어와의 대화법

말을 해도 굳이 관계를 나쁘게 할 말을 골라서 하는 사람의 심리는 무엇일까? 그렇게 말해야 본인이 우위에 서 있다고 착각하는 것일까? 미성숙의 극치이다. 말로 걱정해주는 척, 위해주는 척하지만 자신의 단점을 가리기 위해 상대의 마음에 상처를 주는 것이다. 그런 말을 하는 사람이 상사라면 부하 직원이 먹잇감이 되는 것이다. 이런 사람과는 일하고 싶지 않지만 만약 해야 한다면 무시 전략이 좋다. 감정적 뱀파이어를 무력화시킬 영리한 공부를 시작해보자.

- 객관적이고 세련된 감정적 거리 유지

상대방이 말하려는 의도를 파악하지 못하고, 단순히 말 자체에만 집중하면 말꼬리를 붙잡는 갈등의 대화를 하게 된다. 갈등과 오해의 대화에서 빠져나오기 위해서는 상대방이 그렇게 말하는 이유를 진심으로 이해해야 한다. 자신만의 포커스에서 빠져나와 전체 그림을 볼 줄 알아야 대화의 흐름을 이해하고 주도권을 쥘 수 있다. 단순히 내 상황, 내 주변, 내 생각에 매몰된 채 근시안적인 태도만 고수한다면 내 입장과 의견을 효과적으로 표현할 수 없다. 즉, 말하기의 베테랑이 되기 위해서는 말꼬리를 붙잡고 말할 것이 아니라 전체 상황을 이해하며 갈등이 일어나는 근본 이유를 파악할 줄 알아야 한다. 말에도 차원이 있는데, 1차원에만 머물면 상대의 입장을 헤아리지 못할뿐더러 내가 하고 싶은 말도 잘할 수 없다. 제3자의 눈으로 상황을 객관화할 수 있다면 인간관계에서 많은 갈등을 해결하고, 보다 성공적으로 커뮤니케이션할 수 있다.

상대의 의도를 파악하기 위해 관심을 가져야 할 것은 바로 관계이다. 내가 하는 말이 나의 가치관에서 나오듯 상대의 말도 상대의 가치관에서 나온다. 바로 거기서 시작해보는 것이다. 서로의 관계를 설정하면 의도를 파악할 수 있는데, 상대가 쓰는 단어나 문장을 유심히 듣고 질문을 하며 어떤 '말'에 반응하는지 살핀다. 상대가 쓰는 말을 듣다 보면 이 사람이 이성적인 것에 반응하는지, 감성적인 것에 반응하는지 알 수 있다. 이성이 발달하면 감정보다 이해를 원한다.

상대의 말은 내 마음에서 듣고 싶을 때 듣게 된다. 나는 말하고 상대는 듣기만을 원해서 내 말만 계속하면 상대는 아마 시끄럽다고 여겨 그 자리를 벗어날 것이다. 말하는 사람은 상대의 마음을 움직여 행동을 이끌어 내는 것이 바람직하다. 먼저 객관적 관찰 사실을 이야기하는 것이다. 예를 들어 "요즘 회사 업무에 실수가 보이네요."라는 말처럼 비판, 평가가 아닌 순수한 관찰로 문제를 제기하는 방식이다. 이때는 부사나 형용사의 사용을 지양하고, 있는 그대로 객관적인 사실만을 이야기해야 한다. '종종', '자주', '왜' 등 부정적인 느낌을 수반하는 부사와 '도', '나' 같은 조사도 삼가야 한다.

그다음 자신의 솔직한 느낌과 그 일에 대한 자신의 감정, 욕구, 필요를 이야기하는 것이다. 객관적 관찰과 느낌을 바탕으로 이야기하면 '자기'라는 '에고'가 강하게 드러나지 않는다. 앞으로 변화된 행동을 요구할 때는 긍정문이나 의문문으로 말해보자. "다음부터 설거지를 미루지 마!"보다는 "다음부터 설거지는 바로바로!"라는 긍정문이 낫다. 또는 "다음부터 설거지 바로 할 수 있겠어?"라는 청유형 의문문이 상대를 존중하는 느낌을 준다. 의문문은 상대의 답변을 기다리는 문장이기 때문에 상대방의 의지와 주관이 들어올 여지가 남아 있다. 그러면서 "당신은 부지런한 사람이잖아." 또는 "어때, 할 수 있지?"라는 말처럼 친밀감을 줄 수 있는 말이 첨가된다면 금상첨화일 것이다.

- 영리하게 대응하자

회의나 사전 미팅에서 별로 중요하지도 않은 사항을 꼬치꼬치 캐묻듯이 질문하는 사람이 있다. 핵심 주제에서 벗어나거나 아직 생각할 단계가 아닌데 지나치게 앞서간 내용으로 트집 잡는 유형이다. 만약 상대에게 확실히 말해도 문제가 없는 관계라면 이런 대응책은 어떨까? "이 질문은 오늘 회의 의제에서 벗어나 있으니 추후 검토하겠습니다.", "죄송하지만 제 얘기가 완전히 끝난 후에 대답해도 되겠습니까?"와 같이 이야기 중간에 끼어들지 못하도록 단호하게 제지하는 것이다. 가능한 한 상대를 부정하지 않는 선에서 우선 막아내는 것이 먼저이다. 논의가 본질에서 벗어나는 상황은 반드시 지양해야 한다. 그리고 상대의 감정과 입장을 고려한 답을 내놓는 것이 중요하다.

[예시: 회의 상황에서의 대응]

"지적해주셔서 감사합니다. 옳은 말씀입니다. 오늘 회의의 주목적이 ○○였으므로 세세한 부분은 아직 구체적으로 정해지지 않았습니다. 지적해주신 부분은 오늘 회의에서 1차적으로 승낙을 얻으면 바로 착수하겠습니다. 귀중한 의견 감사합니다."

출처: 가키우치 다카후미, 『말은 딱 깔끔하고 센스 있게』

언어폭력을 행사하는 사람은 자신이 문제가 있다는 상황을 잘 모른다. 그는 자신의 말 습관이 상대에게 상처를 준다거나 공격적이라는 것을 모르고, 인정하지도 않는다. 상대방이 폭력을 행사하고 있다는 사실을 자각하지 못할 때는 말을 돌려주는 방법이 유용하다. 누군가로부터 악담이나 상처가 되는 말을 들었을 때는 바로 반응하지 말고 냉정하게 이성을 잡아야 한다. 쉬운 일은 아니지만 자극에 반응만 할 수도 없는 노릇이다. "당신이 그렇게 말하는 것이 싫어!", "뭐라고? 그러는 당신은?", "왜 갑자기 큰소리야?" 이런 반응은 상대의 악담을 내가 받아들인 후에 나오는 말이고 이미 내 문제로 받아들여 불쾌한 감정만이 남는 공통된 특징이 있다. "나에 대해 그렇게 말하는 이유가 뭐야?", "너는 나에 대해 그렇게 생각하는구나."라고 대답하면서 공격적인 언어폭력을 상대의 문제로 옮겨놓아 이런 상처에서 자유로워지기를 바란다.

소통의 말에는 '정보'와 함께 말하고 듣는 사람의 '관계'가 들어 있다. 예를 들어서 상사가 "오늘 추운 것 같지?"라고 했다면 그건 좀 더 따뜻했으면 좋겠다는 정보 외에 부하 직원이 난방 온도를 높였으면 하는 의미도 담겨 있다. 의사소통의 내용 속에 상사와 부하 직원의 관계가 나타난다. 그래서 말과 관계는 같이 간다. 관계에서 제대로 내 의견을 표현하지 못하면서 어떻게 말로 내 마음을 정확히 이야기할 수 있겠는가. 내가 상사를 어떤 기준으로 응대할 것인가에 대한 분명한 기준을 먼저 세우길 바란다. 그렇게 되면 상사와 커뮤니케이션할 때의 전략도 쉽게 세울 수 있다.

드라마 〈미생〉의 오 과장처럼 직장 선배이자 멘토 같은 사람도 있지만 대부분 그런 상사를 만나지 못했다. 독불장군형, 책임회피형, 자화자찬형, 만사간섭형 등 다양한 인간 군상들한테 스트레스 받지 않는 좋은 방법은 먼저 그들의 욕구를 채워 만족감을 주는 것이다. 그다음 내가 원하는 것을 설득하는 것이다. 독불장군형은 상사의 지시가 옳다고 먼저 인정해주고, 책임회피형 상사는 부하 직원인 내가 잘못했을 경우에 무리하게 나에게 떠넘긴 상사도 유쾌하지 않은 상황이 올 수 있다는 것을 어필하라. 자화자찬형 상사는 자신의 능력을 과신하고 있기 때문에, 상사의 능력을 인정해주고 치켜세워 준 후에 업무를 조절하거나 도움을 받으면 좋다. 만사간섭형 상사는 남이 못 미더워 하나부터 열까지 간섭하고 결정하려는 욕구가 강하니 먼저 그 욕구를 채워주어라. 그래서 상사가 결정하고 선택하는 것처럼 느끼게 하는 것이 중요하다.

- 곤란한 상황에서 잘 대응하는 법

주변에 일상이 험담인 사람이 있다면 아주 피곤하다. 더구나 나와 좋은 관계의 사람들을 험담할 때는 어떤 입장을 취해야 할지 정말 난감하다. 그런 사람들의 특징은 자신이 그렇게 험담하는지 모른다는 것이다. 결국 그 사람 주변엔 사람이 잘 가지 않게 되고 그는 고립된다.

험담에 대응하는 3가지 단계가 있다. 1단계는 한쪽 귀로 듣고 한쪽 귀로 흘리는 전략이다. 이 경우 상대와 교류는 계속하지만 남을 비난하는 험담을 늘 들어줘야 하는 부담이 있다.

2단계는 '당신은 말하세요' 전략이다. 적극적으로 듣지 않겠다는 무시 전략으로 무반응으로 대한다. 상대의 말에 일절 반응하지 않음으로써 험담은 그만하라는 시그널을 줄 수 있다. 용기가 필요한 단계이지만 더 이상 내게 험담을 늘어놓지 않을 것이다. 하지만 관계에 거리감이 생긴다.

3단계는 대화 주제에 대해 내가 주도권을 갖는 전략이다. 상대가 흥미 있어 하는 이야기로 시작해서 분위기를 아예 바꿔버리는 것이다. 험담을 처음부터 원천 봉쇄하며 좋은 대화로 상대와 관계도 유지하는 긍정적인 전략인데, 내가 주도권을 놓치지 않기 위한 적극적인 노력이 필요하다.

예를 들면 다음과 같다. "아이들과 주말 텃밭에 다녀왔는데, 아이들이 흙과 자라나는 채소를 보며 그렇게 좋아할 수 없더라고요, 선배님도 아이들과 함께 저희 주말 텃밭에 와보실래요?", "부모님을 모시고 올여름에 여행을 가려고 하는데 어디 좋은 데 추천 좀 해주시겠어요?", "어제 월드컵 보셨어요? 심판이 너무 편파적이어서 정말 화가 나더라고요!!", "요즘 골프 몇 타 치세요? 다음에 저에게도 함께 라운딩하는 영광을 주시겠어요?" 이렇게 나와 상대의 공통 관심사로 대화를 적극적으로 유도하면 긍정적인 분위기로 바꿀 수 있다.

부정적인 의견만 내는 사람은 '부분 부정'의 특징을 갖고 있다. 대부분 '목적이나 목표를 향한 부정'은 아니고 '취향이나 착각에 바탕을 둔 부분 부정'이다. 이럴 때는 목표를 확인하면서 자연스럽게 화제를 바꿔보자. 의견과 생각이 목표 달성에 어떻게 연결되는지를 중심으로 이야기를 나누는 것이다. 목표를 공유할 때는 종이나 아이패드 또는 화이트보드를 활용하라. 무엇을 사용하든 중요한 점은 목표를 시각화하는 일이다. 화이트보드에 목표와 목표를 달성하기 위한 의견과 계획을 적으면서 그중에 부정만 하는 사람의 의견을 넣어보라. 그 사람이 지금 목표를 향해 있지 않다는 사실을 시각화하여 보여줄 수 있다.

Summary

감정을 지배하는 뱀파이어들을 상대하는 법

1. 자신이 처해있는 상황에서 빠져나와 전체적으로, 객관적으로 조망하라.
2. 행동 요청은 긍정문이나 청유형 의문문으로 하라.
3. 언어폭력을 하는 상대방의 말에 왜 그렇게 생각하는지 상대가 대답할 수 있도록, 폭력적으로 말한 문제를 상대에게 돌려놓으라.
4. 매사 부정적인 사람은 부분 부정을 목표와 대비되도록 화이트보드에 시각화하라.

“

5

나를 지혜롭게 변호하는 말하기 기술

나 자신을 변호하다니, 직장생활에서 엄청 당황스러운 일에 맞닥뜨린 상황이다. 살면서 내가 잘못하여 비난받는 것은 수긍할 수 있으나, 아무 잘못 없이 까마귀 날자 배 떨어지는 격으로 오해와 억측으로 억울하게 비난받을 때는 답답하기가 이루 말할 수 없다. 억울한 일을 당했을 때 바로잡기는 쉽지 않다. 자신은 무죄라는 것을 아무리 설득하고 증명해도 주변 사람들이 안 믿어준다. 그러니 이제는 감정에 휩쓸리지 말고 차분하게 나 자신을 변호할 수 있는 말하기에 기대보자. 인간관계에서 벌어질 수 있는 당황스러운 상황에서 똑똑하게 나 자신을 변호해보자.

- 당황하지 않기

앞, 뒤 다 자르고 다짜고짜 자기 할 말만 하는 사람들이 있다. 상대방은 맥락을 몰라 두 눈만 끔뻑끔뻑할 것이다. 상대방이 집중하여 내 말을 잘 이해할 수 있도록 선후 관계를 차근차근 설명해야 한다. 『말습관을 바꾸니 인정받기 시작했다』의 최미영 저자는 단계별로 관심을 고조시키면서 몰입을 끌어가는 방식을 '말의 시퀀스'라고 표현한다. 시퀀스란 서로 연관된 작은 사건들이 연달아 일어나면서 만들어지는 하나의 서사, 즉 흐름이 있는 이야기를 말한다. 이처럼 핵심을 더욱 돋보이게 하는 전개 방식이 '시퀀스'이다.

그러려면 시작부터 듣고 싶게 만들어야 한다. 직장에서 상사와 이야기를 나누는 경우라면 '왜'에 집중해 이 이야기를 듣는 상사의 입장에 맞춰 차근차근 관심을 유도하는 상황을 설명하라. '상황-문제-해결'의 전개 방식을 사용하면 좋다. 우선 '상황'은 우리가 지금, 왜, 이 주제에 대해 언급하는가를 이해시키는 부분이다. 일을 추진하는 배경이나 취지에 대해 설명하는 것으로 본론에 나올 주제가 중요하다는 것을 인식시키는 역할을 한다. '문제'는 장애물이 무엇인지를 제시하는 부분이다. '그래서 지금 우리가 뭘 해야 하지?'라는 것으로 궁금증과 호기심을 유발할 수 있다. 이렇게 상황과 문제에서 관심을 유발하고 기대감을 쌓은 후에 진짜 우리가 하고 싶은 말인 '어떻게 할 것인가?'를 임팩트 있게 전달하면 이것이 바로 '해결'이다.

[예시: 말의 시퀀스 대화]

상황	해야 할 일이 있다.	A사가 운영하는 몰의 매출이 지속적으로 증가하고 있습니다. 디지털 마케팅을 통한 충성고객 확보가 주효한 역할을 한 것으로 분석됩니다.
문제	장애물은 무엇인가?	우리 회사는 A사에 비해 디지털 마케팅 역량이 취약하며, 특히 SNS 구독자 수는 A사에 비해 70% 수준입니다.
해결	어떻게 할 것인가?	B 광고대행사와 계약을 통해 디지털 마케팅의 역량을 강화해서 충성고객을 확보해야 합니다.

출처: 최미영, 『말습관을 바꾸니 인정받기 시작했다』

직장 상사의 유형도 다양해서 이런 말의 시퀀스가 딱 들어맞는 상사가 있는 반면, "아 됐고, 그래서 핵심이 뭔데! 결론부터 말해!"라고 말하는 상사도 있다. 상사가 우리 말에 끝까지 집중하게 하려면 상사의 성향에 맞게 말의 구성을 다르게 할 줄도 알아야 한다. 이렇게 최적의 전개 방식을 선택하면 상사의 생각 흐름에 맞게 메시지가 전개되기 때문에 거부감 없이 자연스럽게 몰입할 수 있게 된다. '상황-문제-해결'의 순서를 바꿀 때마다 느낌이 어떻게 바뀌는지를 먼저 파악해 보고 상황에 맞게 유연하게 말의 순서를 바꿔 사용하라. 그러니 상사의 성향을 정확하게 파악하여 상황, 문제, 해결 중에서 어떤 정보를 가장 먼저 전달해야 효과적인지 미리 체크해볼 필요가 있다.

[예시: '상황-문제-해결'의 순서 바꿔서 말하기]

상황을 먼저 말하는 경우	상황: 내일까지 A 제품 500대를 출고해야 합니다. 문제: 생산 과정에서 불량이 발생했습니다. 해결: 비상 회의를 소집하겠습니다.
해결을 먼저 말하는 경우	해결: 비상 회의를 소집하겠습니다. 상황: 내일까지 A 제품 500대를 출고해야 합니다. 문제: 생산 과정에서 불량이 발생했습니다.
문제를 먼저 말하는 경우	문제: 생산 과정에서 불량이 발생했습니다. 상황: 내일까지 A 제품 500대를 출고해야 합니다. 해결: 비상 회의를 소집하겠습니다.

출처: 최미영, 『말습관을 바꾸니 인정받기 시작했다』

방송을 처음 시작할 즈음 내가 서술어를 흐린다는 사실을 알았다. 시청자에게 정보 전달을 해야 하는데, 서술어를 이렇게 처리하면 듣는 입장에서는 얼마나 답답할 것인지 명약관화한 일이었다. 그래서 종이에 말할 문장을 끝까지 써보고 입에 붙도록 연습했다. 그렇게 하니 뭔가 어색한 느낌이 들었는데 이유는 두 가지였다. 하나는 문어체여서 방송에 적합하지 않아서였고, 둘째는 이렇게 말을 끝까지 정확하게 해 본 습관이 없어서였다. 문장을 구어체로 고치고 서술어가 내 입에 제대로 붙을 때까지 연습했다. 이처럼 만약 자신이 서술어를 흐린다면 목적어와 결과에 맞는 서술어를 매칭한 후에 목적과 서술어를 묶어서 훈련한다. 보고 하거나 설득할 때 자주 쓰는 서술어를 종이 위에 나열해보고 거기서 즐겨 찾는 서술어를 3~4개만 기억해 두어도 어미 처리하는 데 어려움이 없어진다.

[예시]

Before	팀장님, 말씀하신 내용 정리해 봤는데…
After	팀장님, 말씀하신 내용 정리해 봤는데…, **지금 검토 가능할까요?**

출처: 최미영, 『말습관을 바꾸니 인정받기 시작했다』

- 자기 자신 변호하기

미국의 오바마 전 대통령은 까다로운 질문이 왔을 때 직접적인 답변을 하지 않고, 질문에 대해 상대방의 입장은 무엇인지를 먼저 물었다. 그렇게 되면 자극적인 질문을 하는 사람은 당황할 수밖에 없고 자승자박을 당하는 꼴이 된다. 만약 대답하기 까다로운 질문을 받았다면 이성적으로 방어하고 반문해라. 이 방법을 쓰면 자극적인 질문을 던진 사람이 자신의 질문이 합리적이라는 것을 계속 설명해야 하는 아이러니에 빠진다. 상대방이 파 놓은 질문의 함정에서 빠져나와 그가 왜 이런 질문을 하는지 물어봐라. 나쁜 의도를 가진 질문을 받을 때 "어떤 대답을 듣고 싶어요?"라고 되묻는다면 질문자는 당신에게 더 많은 단서가 제공되는 대답을 하게 될 뿐만 아니라 당신이 아니라 질문자 스스로가 답답함을 느끼게 되고 공격을 당하게 되는 것이다.

[예시]

질문: "당신은 업무 관련 경력이 거의 없네요."

답변 1: "저는 그 업무와 관련해서 이런 경력이 있어요. 뭐냐면…."

답변 2: "업무 관련 경력이라면 무엇을 말씀하시나요?"

1번 답변은 자기방어로 설계되기 때문에, 상대방은 당신의 대답에서 꼬치꼬치 시시비비를 가리고자 할 것이다. 따라서 이 질문에서 빠져나올 수 있는 대답은 질문을 살짝 비틀어 2번 답변처럼 반문하면 된다.

우위를 점하는 순간은 이렇게 질문의 시각을 바꿔서 상대의 설명을 들을 때 생긴다. 답변을 질문으로 하는 것이다. "무엇이 관련 업무인지 설명해주세요.", "그게 무슨 뜻이죠?" 이렇게 반문하면 질문자는 상대를 이해시키기 위해 다른 방법으로 질문을 하게 되고 그 질문에 맞춰 답변하면 된다. 원래의 까다로운 질문에 알맞은 답변을 하려고 애쓰지 마라. 상대방은 당신이 대답을 하기 위한 보충설명을 필요로 한다고 생각할 것이다. 이런 방식의 자기 변호 방법에서 중요한 점은 상대방은 당신이 답변하기 위해 노력한다고 생각하고, 질문을 회피하고 있다는 것을 몰라야 한다는 것이다. 예의 있게 대화의 초점을 옮기고, 자극적인 질문이 아닌 건설적인 대화 분위기를 이끌어야 한다.

사업팀에서 근무할 때 입찰 프레젠테이션을 많이 했다. 기본적으로 사업에 대해 완벽히 이해하고 기획하여 입찰 프레젠테이션을 준비한다. 늘 그런 것은 아니었지만 심사위원들이 참 추상적으로 질문들을 많이 했다. 프레젠테이션은 구체적으로 사실적으로 준비했는데, 훅 치고 들어오는 추상적이고 거시적인 질문에 당황스러웠다. 그렇다고 심사위원들과 논쟁할 수 없으니 내가 이해하고 준비한 범위 내에서 구체적으로 답변했다. 추상적인 질문은 해석의 갈래가 너무 많아서 알맞은 대답을 하기가 어렵다. 그래서인지 구체적이고 명확한 질문을 하지 않고 범위가 크고 애매한 질문을 하는 것이 아닐까 생각해본다. 당신을 자극하는 질문에 당하지 마라. 그런 질문에도 키워드, 핵심은 있으니 그것을 바탕으로 구체적으로 질문의 방향을 바꾸고 범위를 축소한 후 대답하라.

누구나 저지르는 잘못은 있다. 논쟁에서 중요한 원칙은 절대로 내 마음을 이야기하는 변명을 하면 안 되는 것이다. 변명을 선택한 순간부터 당신은 주도권 싸움에서 영향력을 잃게 된다. 변명에서 공격당할 수 있는 여러 실마리가 나와 결국, 상대방이 옳았다는 것을 증명한다. 논쟁에서는 변명하지 말고, 상대방이 어떤 논리로 말하는지 먼저 듣고 나서 그 논리를 근거로 반박하면 그 논쟁을 사그라들게 할 수 있다.

- 자기의 영향력 확대해 가기

사람을 앞에 두고 내가 정말 하고 싶은 말을 하는 사람이 얼마나 될까. 말을 듣는 상대가 민망해할까 봐 나의 불편한 마음을 인내하고 숨긴다. 그런데 이렇게 참는 내 마음도 몰라주고 상대는 나를 만만하게 보니 설상가상이다. 상대가 모른다면 나의 불편함을 알려서 서로 관계가 나빠지는 것을 예방하는 것이 더 좋다. 늘 처음이 두렵지만 나와 관계를 맺는 상대에게 기본적으로 알아주면 좋을 안내나 주의사항을 이야기할 필요가 있다. '깨지기 쉬우니 조심하세요.'라고 쓰여 있는 물건 사용 설명서 같은 것이다. 그렇지 않으면 민망한 농담을 해도 받아주는 사람, 막말해도 저항하지 못하는 사람, 늘 부탁해도 거절하지 못하는 사람이 되어 상대의 먹잇감이 될 수 있다. 의연하게 알려주자. "좀 따지고 까다로운 사람"이라고.

우리의 제스처, 시선, 손의 움직임 같은 비언어는 나를 표현하는 또 다른 도구이다. 자신감과 확신을 보여주며 상대를 설득할 때 아주 좋은 방법이다. 상대가 내 말을 가치 있게 들어주고 집중하길 원한다면 어깨를 쫙 펴고 자신감 있는 태도를 만들자. 하버드 대학교의 연구결과에 의하면 자신감은 몸을 크게 쫙 펼치는 것만으로도 얻을 수 있다고 한다. 상사와 동료를 설득하고 싶다면 눈빛을 통해 우리의 확신을 강력하게 전달해 보자. 눈을 똑바로 뜨고 대드는 것처럼 느껴질까 걱정된다면 상사의 눈을 계속 보기보다 상사의 눈과 자료를 7:3 정도의 비율로 바라보며 자연스러운 시선을 연출하는 것이 바람직하다. 손은 무의식중에 우리 감정에 대한 힌트를 제공한다. 확신 있는 사람으로 보이려면 손이 머리, 얼굴, 목으로 향하지 못하도록 손을 꼭 잡아두어야 한다. 앉아 있을 때는 두 손을 모아 무릎 위, 서서 이야기해야 한다면 단상에 손을 둔다.

타인과 토론하기를 좋아하는가? 아니면 시시비비를 가려 옳고 그름을 따지는 것을 즐겨 하는가? 논쟁을 즐기는 사람은 이길 수 있다는 자만심과 자존심이 세다. 이런 사람과는 논쟁을 피하는 것이 현명하다. 그럴 때는 그의 주장이 이치에 딱 맞는다고 인정해주어라. 그의 의견이 어리석고, 경박하고, 나와 다르더라도 예의 있게 반응하고, 찬성하고, 그의 지식과 현명함을 칭찬해라. 이런 사람은 자신의 의견이 옳다고 하는 사람만 인정하기 때문이다. 의견이 충돌하는 상황에 있다면 의견을 말하지 않는 것이 현명한 선택이다. 논쟁으로 타인의 관점을 변화시킬 수 있다는 것은 어쩌면 착각일 수도 있다. 이것이 즉시 논쟁을 멈춰야 하는 이유이다.

직장에서 상사가 나무라거나 지적할 때는 위축된다. 그래서 더욱더 당황스러워 이 상황을 빠르게 벗어나고 싶다는 생각에 자신도 모르게 말이 빨라진다. 이제부터는 멘탈을 관리해가며 예의 있고 자신 있게 대응해보자. 사실 말은 생각의 속도를 따라가지 못해 머릿속 단어와 내 입술의 말은 서로 꼬인 스텝으로 나온다. 말이 꼬인다 싶으면 '어', '그', '저' 같은 허사가 나오는 게 대부분이지만 그런 말은 꿀꺽 삼키고 마음속으로 2초를 세면서 다음 할 말을 차분히 하라. 또한 할 말을 생각하면서 최대한 천천히 말하라.

늦추는 연습을 하게 되면 호흡도 안정되고 생각도 정리되기 때문에 말을 차분하게 전달할 수 있게 된다.

Summary

자신을 변호하면서 영리하게 대응하는 기술

1. 까다로운 질문은 되치기 질문으로 공격하기.
2. 상사의 성향에 따라 상황-문제-해결의 말의 시퀀스를 달리 적용하기.
3. 어미 처리를 확실히 하기.
4. 어떠한 상황에서도 논쟁하지 말기.
5. 상대에게 나의 불편함을 알려 서로의 관계에 영향 주지 않기.

6
즉석 스피치를 잘하는 방법

처음 만나는 사람들에게 자기를 소개하는 자리가 있다. 이때 어떤 말을 해야 효과적이고 부드럽게 전달할 수 있을까? 대전충남아나운서협회에서 신입 아나운서들이 입회할 때 자기소개 3분 스피치를 했었다. 만약 나라면 무슨 말을 할 수 있을지 새삼 그 어려운 3분 스피치를 통과한 후배 아나운서들이 대단해 보였다. 무엇이든 그 자리에서 즉석으로 뚝딱 만들어 내는 것은 도깨비방망이가 아니고는 비결이 없다. 즉, 미리 준비하고 자신을 객관적으로 살펴보거나 상황을 잘 관찰해야 나올 수 있는 말이다. 요리도 미리 재료를 잘 다듬어 놓는 것처럼 즉석 스피치를 잘하기 위해서도 미리미리 준비해야 한다. 즉석은 말 그대로의 즉석이 아님을 명심하자.

- 미리 마음의 준비를 해두라

자기 자신을 다스릴 수 있는 능력을 갖춘 보편적인 사람이라면 누구나 그때그때 솜씨 있게 즉석 스피치를 해낼 수 있다. 여기서 문제가 되는 것은, 그때의 상황을 판단하고 짧은 시간 안에 무슨 이야기를 어떤 범위로 한정해 말할 것인지 결정하는 일이다. 이런 일에 익숙해지는 최상의 방법 중 한 가지는 이런 상황에 대해 미리 마음의 준비를 하는 것이다. 즉석 연사로서의 당신은 짧은 시간밖에 얘기할 수 없기 때문에 첫째, 화제의 어떤 면이 그 장소, 또는 그 모임에 가장 적합한 것인지를 정해 두어야 한다. 준비하지 못했다고 해서 사과할 필요는 없다. 그것은 당연한 일이기 때문이다. 둘째, 가능하면 빨리 화제의 본론을 언급하라.

화제를 현장의 상황에 빗대 예시를 들어 이야기하라. 처음 몇 초 동안이 승부를 결정한다. 실례를 이용하는 이유는 첫째, 실례를 이용하는 즉시 다음 말들을 찾아낼 필요성에서 해방될 수 있다. 왜냐하면 경험만 쌓으면 저절로 술술 말이 나오게 마련이기 때문이다. 둘째, 실례를 이용하면 이야기의 파도에 올라탈 수 있다. 그리고 처음의 두려움을 퇴치하고 화제를 워밍업 할 수 있는 여유마저 생기게 된다. 셋째, 실례를 이용하면 즉시 청중의 관심을 끌게 된다. 실례를 활용하는 것은 즉각적으로 청중의 관심을 사로잡을 수 있는 확실한 수단이기 때문이다.

당신이 얘기할 내용을 그 모임과 밀접하게 관계된 것에 국한하는 게 최선의 방법이다. 인간은 보통 자기 자신에게, 또는 자신들이 하고 있는 일에 관심을 갖는다. 다음 세 가지 방법을 활용할 수 있다.

첫째는, 청중 그 자체이다. 긴장하지 않고 얘기하기 위해서는 청중을 화제로 등장시키는 것이다. 그들이 어떤 특성을 가진 사람들인지, 무슨 일을 하고 있는지, 특히 그들이 지역사회에 대해서 또는 인류를 위해서 봉사하는 선행 등을 이끌어 내라. 둘째는, 그 장소의 분위기와 특수성을 고려하라. 그 모임이 열리게 된 취지에 대해 언급하는 것이 좋다. 감사를 위한 집회인지 연차 총회인지, 그것도 아니라면 정치적 또는 애국적인 집회인지 모임의 주제에 맞게 말하라. 셋째, 다른 연설자가 한 말에 찬성 의사를 표하는 동시에 그것을 확대할 수도 있다. 즉석 연설 중에서 가장 인기가 좋은 것은, 진정 즉석연설에 적합한 내용의 연설이다. 청중 또는 그 모임의 성격에 대해 연설자인 당신이 느끼고 있는 것을 그대로 솔직히 표현하면 된다. 그 스피치는 그 자리를 위해서 그리고 그 장소를 위해서만 만들어진 이야기이기 때문이다.

- 즉석스피치도 공감하며 말하기

즉석 스피치도 조리 있게 하라. 무엇보다 당신의 생각을 간결한 말로 간추리고 쉽게 얘기하라. 즉석이라 하더라도 그저 입에서 튀어나오는 대로 무의미한 내용을 전후 연결도 없이 마구 말해서는 아무런 가치가 없다. 청중과 통하는 요점을 중심으로 얘기하고, 부수적인 관념이나 생각을 논리적으로 끌어모으지 않으면 안 된다. 실례 또한 이러한 중심에서 벗어나면 안 된다. 열의를 가진 말이라면, 즉석 연설이라 해도 의외로 강한 펀치력을 지닐 수 있다는 점을 명심하라.

"스피치는 모임의 입장권과 같다."라는 말처럼, 참석자 누구나 즉석 스피치를 할 수 있다. 따라서 모임에 참석할 때는 내게도 스피치 기회가 올 수 있다는 생각을 해야 하고, 모임의 취지나 주요 참석자들의 인적 사항을 알아두는 것이 즉석 스피치라는 돌발 사태에 대처하는 지혜이다. 스피치 지명을 예측하고 충분히 준비해 놓았다고 해도, 스피치를 할 때는 아무런 준비도 하지 않은 것처럼 즉석에서 이야기하듯 엮어나가는 것이 요령이다. 그리고 첫머리와 끝마무리에 무슨 말을 할 것인가에 특히 공을 들여야 한다. 첫머리는 참석자의 관심을 끌어 '저 사람이 무슨 말을 하려나?' 하는 호기심을 불러일으킬 수 있어야 하고, 끝마무리는 딱딱해지지 않도록 뒤에 여운을 남겨 사람들에게 깊은 인상을 줄 수 있는 효과를 노려야 한다.

만약, 행사가 생일축하 파티나 은퇴식, 수상을 기념하는 자리 등 축하의 상황이라면 다음의 요소들을 잘 체크하면 도움이 될 것이다. 먼저, 가족관계를 살펴보고 이어서 고등학교, 대학교 그 밖의 연수교육 등 교육 관련 배경과 비즈니스를 시작한 사소한 예화나 개인적으로 회고할 수 있는 것들을 소개한다. 그리고 축하받을 사람의 경력을 부각하는데, 직장에서 이룩한 업적에 대해서 말한다. 수상자의 직업적이고 개인적인 특성인, 동료나 상관과의 관계, 고객이나 계약자들과의 사이, 창조적인 기여도를 소개한다. 스포츠나 클럽 활동, 사회봉사, 자선 활동과 취미 등을 소개하고, 배우자에 대한 감사의 말로 내조의 공을 칭찬한다. 그래서 비즈니스나 은퇴 후에도, 행복과 성공이 함께하기를 바라는 희망을 나타낸다. 스피치의 목적과 메시지에 관한 이런 중요 요소들을 잘 가려낸다면, 다른 종류의 비즈니스 스피치 준비에도 시간과 노력을 절약하게 될 것이다.

즉석 스피치 화제를 선택할 때는 주제를 잘 살리는 것으로 해야 한다. 주제를 받쳐주는 화제를 어떻게 잘 조합해서 진행하는가가 스피치의 성패를 좌우한다. 대개의 화제란 주제에 대한 평소의 생각이나 관련 경험, 드라마나 영화에서 보았던 인상적인 장면이나 에피소드 등을 들 수 있다. 그런데 아무리 찾아도 주제에 어울리는 적당한 재료를 찾지 못했을 때는 일단 노트에 주제와 연관된 화제나 시의적절한 토픽들을 적어서 검토하는 편이 손쉽다. 모임에서의 스피치는 인사말이 대부분이므로 시간 내에 간결하게 끝내자. 보통 3~5분 정도 핵심 키워드 중심으로 표현하면 효과가 좋다.

- 즉석 스피치를 연습하라

요즘에는 모임이나 행사에서 몇 마디 하는 즉석 스피치의 기회가 많아지고 있다. 이때 말을 얼마나 잘하느냐에 따라 자신의 이미지는 달라진다. 순발력과 통찰력을 가지고 상황에 가장 적절한 스피치를 할 수 있어야 한다. 일상에서의 연습은 눈에 보이는 물건이나, 시사를 테마로 잡아서 2~3분짜리 이야기를 만들어 내는 것이다. 서론, 본론, 결론으로 구성하여 이야기해보자. 그룹 훈련이 효과적인데 그룹을 짜고 그룹 내의 구성원 모두가 자신이 생각한 주제를 제출해, 무작위로 주제를 뽑아 바로 스피치를 하는 것이다. 처음엔 당황스럽겠지만 이런 훈련을 통해서 상황 대처 능력이 자연스럽게 향상된다.

좀 더 길게 7~10분간의 스피치 연습은 서론, 본론, 결론의 구조로 짜임새 있게 구성하되 사람들이 집중할 수 있는 관심 있는 내용으로 채워야 한다. 내용을 구상하고 마지막으로 스피치 개요서까지 작성해서 스피치를 해 보자. 3분 스피치는 짧은 시간 때문에 서론과 결론을 말하기가 어렵고 바로 본론을 이야기해야 한다. 대신 사람들을 집중시키는 첫 문장과 인상 깊게 마무리하는 끝 문장을 구성하는 데 각별히 신경 쓰자. 시간이 짧은 만큼 임팩트 있게 정보나 요점을 전달하는 방법으로 연습하면 된다. 이때 가장 중요한 것은 한두 가지 요점을 요약해 스피치를 하는 것이다. 그러면 짧은 시간 안에 자신이 말하고 싶은 내용을 무리 없이 전달할 수 있다.

생활 속에서의 일상적인 대화도 설득 스피치이다. 외식 메뉴 선택부터 대통령의 연설까지 우리는 일상생활 속에서 무수히 많은 설득 스피치의 필요성을 느낀다. 청중의 흥미를 충족하면서 자신의 생각을 뒷받침할 수 있는 예시는 설득에 매우 용이하다. 자신의 생각이 왜 타당한지를 논리적, 감성적 방법 등으로 다양하게 접근해야 한다. 스피치의 목적을 명확히 한 후에 스피치 내용을 결정해야 한다. 설득 스피치는 상대의 생각을 변화시켜야 하므로 자신의 생각이나 근거가 신뢰를 얻는 방향으로 연습을 해야 한다.

즉석 스피치의 감각을 익히는 방법은 많다. 종이에 아무 주제나 단어를 적어 그룹 회원들끼리 무작위로 그 종이를 뽑아 스피치 연습을 해 보는 방법이 있다. 뽑은 즉시 스피치를 할 수 있으면 좋겠지만, 어렵다면 스피치를 정리할 시간을 잠시 가진 뒤 1~3분 내의 스피치를 연습해볼 수 있다. 그리고 연결성 없는 단어 3개를 붙여놓고 그 단어로 스토리를 만들어 스피치를 해 보는 연습도 좋은 방법이다. 방송 신입 시절에 아나운서 선배께서 신문기사로 방송 시간 3분을 메우는 신기한 기술을 선보여 주셨다. 그 이후로 그 신문기사 소화해서 말하는 연습을 해 보았는데 의외로 재미있었고 아주 훌륭한 즉석 스피치 방법임을 알게 되었다.

Summary

즉석 스피치 요령

1. 미리 준비하고 가라.
2. 상황에 맞는 이야기를 실례를 들어 말하라.
3. 청중을 화제로 올려 말하라.
4. 축하의 상황 스피치도 목적과 메시지에 맞게 연습하라.
5. 그룹 내 즉석 스피치 연습에는 주제나 단어 스토리텔링과 신문기사 요약을 하라.

“

7

커뮤니케이션 감각을 키우는 자료 수집 비결

말을 잘하는 사람들을 보면 그러한 지혜가 어디서 샘솟는지 부러워한 적이 있다. 방송도 그렇지만 직장생활에서의 재치는 애드립Addlip이다. 적절한 말로 그 상황을 비유 천국으로 만들어가는 그 힘은 어디에서 올까? 그건 바로 충분한 준비에서 온다. 방송은 흔히 얇고 정확한 지식이 필요하다고 하는데 애드립은 거기에 삶의 지혜가 더해져야 한다. 말이 즐거우면 사람들이 모이고 그 말은 신뢰의 힘을 갖게 된다. 그것은 상대와의 소통이 주는 힘인데, 그러한 힘은 일상에서의 준비로 만들어진다.

- 활발한 대화 참여

직장생활이라고 딱딱한 말만 해야 한다는 생각은 버리자. 인간은 누구나 소통의 욕구가 있고, 서로 의견을 나누고 소통이 잘된다는 생각이 들 때 자신의 존재 가치에 대해 느끼고, 삶에 대한 즐거움도 커진다. 직장 상사나 동료도 그런 공감대를 형성할 수 있는 대상이 될 수 있다. 직장에서 일상적인 대화를 가장 많이 하는 자리는 식사 시간이 아닐까 한다. 다양한 주제로 대화를 계속하다 보면 자신도 모르는 사이에 사내 정보도 쌓여 간다. 동료에 대해서나 직장 상사에 대해 모르고 있던 새로운 사실을 알게 되고, 어떤 사람에 대해 가지고 있던 편견도 대화를 통해 바로잡아 나갈 수 있다. 그러면서 동료들과의 신뢰 관계도 만들어지게 된다.

평소 일상적인 주제에 말주변이 없다면 소재를 분류하여 미리 질문거리를 만들어 놓는 것도 좋은 방법이다. 직장생활에서뿐 아니라 낯선 사람을 만날 때 이런 준비 습관은 굉장히 유용하다. 신문과 뉴스를 통해 이야깃거리를 찾는다. 이야깃거리가 떨어지면 신문에서 본 사회 이슈들로 대화 물꼬를 트기도 한다. 이렇게 시작하면 대부분의 사람들은 내 말에 공감하고 자신의 생각을 덧붙인다. 쉽게 접근할 수 있는 날씨 주제로 이야기할 때도 내 이야기로 끝내는 것이 아니라 상대방의 반응을 들을 수 있도록 질문을 던지는 것이 좋다. 어제 날씨가 너무 더워 힘들었다고 한다면, "요즘 너무 덥네요."라고 말을 끝내기보다는 자신의 사례를 섞어서 "어제 너무 더워서 밤새 자다 깨다를 반복했어요. 팀장님은 잘 주무셨어요?"라는 식으로 질문하는 것이다. 서로 주고받을 수 있어야 대화가 이어지기 때문이다.

상대가 흥미를 느끼는 것에 대해 질문하는 방법도 커뮤니케이션 감각을 키우는 데 도움이 된다. '대화가 정말 재미있었다.', '속이 시원하다.', '나는 멋지게 살고 있는 사람이다.' 이런 느낌을 갖게 하려면 상대의 최대 관심사를 파악해 계속해서 질문해주어야 한다. 그래야 신이 나서 이야기하게 되고 대화하며 자신의 욕구도 채워진다. 그렇게 하려면 상대가 최근에 가장 흥미를 느끼는 주제가 무엇인지 먼저 알아내야 한다. 상대의 눈빛이 갑자기 반짝인다거나, 목소리 톤이 높아지거나, 말이 빨라지거나, 이야기하는 사람 쪽으로 자세를 숙인다면 그의 최대 관심사일 확률이 높다. 직접 물어봐서 관심사를 파악하는 것도 좋은 방법이다. 단, 이야기가 옆길로 빠지거나 너무 길어지면 적절한 질문을 던져주어 이야기의 속도를 조절하게 할 수 있다.

일상적인 대화를 나눌 때 서로의 생각이 다름을 인정하며 부드러운 분위기를 조성할 수 있는 태도가 중요하다. 첫째, 직장 동료나 상사의 사소한 변화에 관심을 갖고 칭찬해준다. 빈말이라도 칭찬을 들으면 기분이 좋아지고, 나아가 사무실 전체 분위기까지 좋아진다. 둘째, 말에 진정성을 담자. 남이 듣기 좋은 말을 하는 것도 좋지만, 진정성 없는 말은 듣는 사람이 금방 알아차린다. 셋째, 쓴소리도 가능한 한 부드럽게 한다. 어느 정도 친숙해지고 신뢰가 쌓인 사이가 되면 상대방에게 쓴소리를 해야 할 때도 있다. 쓴소리를 할 때도 가능한 한 상대가 상처받지 않도록 배려하면서 부드러운 말로 하는 것이 중요하다.

[예시: 상대의 감정을 배려하며 말하기]

> "너희 둘 하는 것을 보니 아주 똑같애!" → "가능하면 전에 말했던 것처럼 너희 둘이 신경 써 줬으면 좋겠다."
>
> "다시는 그렇게 하지 마!" → "그렇게 하면 보기 좋지 않잖아."

상대방의 입장을 배려해 부드럽게 말해 주면 같은 말이라도 어떻게 표현하느냐에 따라 고마운 말이 될 수도, 듣기 싫은 말이 될 수도 있다는 점을 기억하자. 상대의 감정을 배려하면서 말하다 보면 상대방의 마음을 움직이기도 쉬워지고, 어느덧 소통의 달인이 된 자신을 보게 될 수 있을 것이다.

- 데이터베이스 채우기 & 활용하기

스피치가 서툰 사람은 표현 기술보다 말할 재료가 없는 경우가 더 많다. 화제를 수집하는 방법에는 3가지가 있다. 우선 자신의 체험이 있다. 청중은 말하는 사람의 체험과 생각을 가장 듣고 싶어 하기 때문이다. 두 번째는 책이나 인터넷 등의 글에서 찾은 많은 사람들의 체험을 자기 것으로 만드는 방법이다. 자신의 체험이 직접 체험이라면 글로 읽은 것은 간접 체험이다.

세 번째는 다른 사람에게 들은 이야기에서 찾는 방법이다. 타인의 경험담이 좋은 화제가 되기 때문에 라디오나 TV 방송에 나온 이야기 중 감동적인 이야기가 있으면 반드시 자세하게 메모해 둔다. 그저 '재미있다', '감동적이다'라고만 해서는 필요할 때 정확하게 인용할 수 없다. 또한 전문 분야에 관한 의견은 인터뷰를 하는 것도 좋은 재료를 얻는 방법이다. 자기 주변에 있는 것 모두가 재료의 근원이다. 재료를 모아야겠다는 의욕을 갖는 것이 무엇보다 중요하다.

말 잘하는 사람이 되고 싶다면 평상시에 화제를 메모해두자. 하루하루 새로운 테마를 찾고 거기에 어울리는 화제를 매칭시켜보자. 화제는 휘발성이 강해서 사용 시기를 놓치기 쉽다. 평소 시간을 정해놓고 새로운 생각과 주제를 적어두고 시기가 지난 화제들은 삭제하자. 삭제된 빈칸에는 새롭게 발견한 내용을 넣어둔다면 언제 어디서나 당신이 사용할 화제는 넘칠 것이다. 마이클 샌델은 화제의 창고라고 부르는 기록 노트를 가지고 있다고 한다. 우리도 이런 핫한 기록 노트를 만든다면 말하기 고수가 될 수 있다.

[예시: 핫한 화제 창고 분류]

사람	가정 관계, 부모, 절친, 존경하는 사람, 반 친구, 자신, 이웃 관계 등
사건	잊지 못할 일, 여행, 인상 깊은 이야기, 흥미로운 이야기, 소망, 꿈, 휴일, 연애, 결혼, 옷이나 액세서리 등
생활	어릴 적 재미있었던 일, 학습 생활, 독서 생활, 직업, 여가 활동, 성장 과정, 고향의 변화, 고향 풍속, 친구나 동료와 어떻게 지내는지, 쇼핑 등
취미	좋아하는 영화, 영화 감상평, 음악, 책, 기타 취미, 이야기, 문예 활동, 동물, 자신 있는 음식, 스포츠, 맛있는 음식, 꿈꾸는 직장 등
사회적 이슈	친구 사귀기, 최신 뷰티 소식, 자녀 교육, 공중도덕, 사회 현상에 대한 관점, 개인적 수양, 외국어를 공부한 경험, 위생과 건강, 자연환경, 올림픽, 상품 소비, 과학기술 발전, 다이어트, 주식 재테크, 자동차, 게임, 군사 무기 등

출처: 류리나, 『하버드 100년 말하기 수업』

말을 잘하는 사람은 성공한다고 이야기한다. 대부분의 리더들은 말을 잘하는데, 그들은 말을 할 때 이미 이 대화를 어떻게 끌고 가야겠다는 연출이 되어 있다. 데이터베이스가 채워졌다면 그 데이터베이스를 '함께'와 '방향성'을 기준으로 잘 활용해야 한다. 왜냐하면 그들의 결정이 자기 자신만을 위한 것이 아니라 국가의 모든 국민 혹은 자신의 지지자 또는 모임의 구성원과 사원 전체의 미래에 직접적인 영향을 주는 중차대한 것이기 때문이다. 마이클 존 돕스는 미국 정치판의 음모와 술수를 다룬 정치드라마 〈하우스 오브 카드House of Cards〉의 원작자다. 그는 "연설문에서 마무리는 주춧돌과 같다. 연설문을 쓰기 전에 어떻게 끝내야 할지에 대해 반드시 알고 있어야 한다. 위대한 연설은 청중을 A라는 지점에서 B라는 지점으로 데리고 가는 것이다. B라는 지점으로 가기 위해 다양한 방법이 있을 수 있지만 목적지가 없다면 방법은 의미가 없다."라고 말했다. 결국 말이 설득적인 영향력을 발휘하기 위해서는 전체 상황을 머릿속으로 완벽하게 이해하고, 말이 진행되는 과정을 자기가 원하는 쪽으로 이끌어갈 줄 알아야 한다.

- 나만의 스크랩: 정보 저장 및 정리

자료 정리라고 하면 뭔가 거창하고 어려울 듯하지만 의외로 간단한 방법이 있다. 바로 자신만의 스크랩북을 만드는 것이다. 말을 잘한다는 강사나 주변 사람들 대부분은 이 스크랩을 수년간 꾸준히 해 오고 있다. 어떤 대표님은 매일 아침 20~30분 정도 조용히 신문을 읽고 인상 깊거나 좋은 내용의 기사는 손수 가위질하고 풀을 발라 스크랩한다고 했다. 그의 사무실 책장 한편에는 꽤 두꺼운 4절 스크랩북이 가득 꽂혀 있었는데, 자신이 회사 대표가 되고 나서부터 시작했다고 한다. 스크랩을 통해 자료화하고 정리하면 뇌리에 더 깊이 남는다. 아는 게 많아야 말을 잘할 수 있는데, 재료가 풍성하고 양념이 많아야 그때그때 요리의 맛을 낼 수 있는 것과 같다.

뉴스 스피치 실습을 진행할 때 자신이 가장 최근에 인상 깊게 본 신문, 뉴스(인터넷 포함), 책, 매거진의 한 부분을 준비한다. 그리고 그 내용에 대해 먼저 이야기하고 유독 와닿거나 인상 깊었던 이유, 생각이나 느낌, 경험 등을 이어서 이야기한다. 이 스피치 연습은 객관적 사실, 정보, 소식 등과 함께 나의 마음과 생각을 동시에 전할 수 있기에 보다 신뢰감이 생기고 중심 잡힌 스피치 능력 향상에 도움을 준다. 일상에서 다양한 소식을 가까이하고 정보를 얻을 수 있는 통로를 만든다는 것은 결국 스피치 재료이자 나만의 도서관이 된다. 감정, 감성, 생각, 느낌도 중요하지만 객관적 정보와 소식, 자료는 스피치의 객관성과 신뢰도를 주는 것이다. 평상시 꾸준한 스크랩은 스피치 기회와 준비에 큰 도움이 될 것이다.

평소 꾸준한 자료 수집은 말하기에 깊이를 더해준다. 만일 인상 깊고 좋은 내용의 기사가 있다면 보고 있는 화면을 휴대폰으로 스크랩하자. 나중에 분야별로 나눠서 폴더로 모아두면 나의 스피치 재료이자 정리의 창이 된다. 이틀에 한 번씩, 한 달만 해도 8개 이상의 자료가 모인다. 다시 말하지만 재료가 풍성하고 알고 있는 것이 많아야 스피치에도 깊이가 생긴다. 하루에 몇 개의 기사를 꾸준히 읽다 보면 그중 내용에 깊이가 있는 기사가 있다. 이럴 땐 휴대폰 메모장 등에 저장한다. 저장할 당시 생각이나 느낌, 아이디어를 같이 적으면 더욱 좋다.

방송을 할 때 많은 표현을 위해 밤새 씨름했다. 남들과 다른 말, 더 쉽게 다가갈 수 있는 표현을 찾는 공부를 게을리하지 않았다. 내가 자주 사용했던 방법은 신문의 헤드라인을 메모장에 써 보고 그 밑에 사실 관계를 요약한 문장을 써 놓는 것이었다. 방송 중에 그 헤드라인을 사용할 때가 종종 있었다. 같이 프로그램을 만드는 프로듀서 선배가 칭찬까지 해줘서 그 습관을 버리지 않았다. 종이신문의 헤드라인은 정말 여러모로 도움이 많이 된다. 한

줄 핵심 메시지를 만드는 데도, 상황에 딱 맞는 표현을 공부하는 데도 아주 좋았다.

Summary

일상에서 키우는 커뮤니케이션 감각

1. 말의 재료를 다양한 매체에서 얻자.
2. 직장인들의 식사 시간은 커뮤니케이션의 좋은 활용시간이 된다.
3. 자신의 직접 체험도 부지런히 갖춰놓자.
4. 핫한 나만의 화제 창고를 만들자.
5. 평소의 자료 수집은 말을 잘하는 데 필수조건이다.

말을 잘하기 위한 콘텐츠 설계법

PART 4

1

말의 설계도와 순서

우리는 언어가 가진 힘을 안다. "말 한마디로 천 냥 빚을 갚는다."는 속담은 언어의 위대한 힘을 간파한 경구다. 그래서 말을 잘하면 성공한다. 문제는 남들 앞에서 어떤 말을 해야 할지, 어떻게 해야 할지 난감하다는 것이다. 사장님이 부른다는 말에 마음이 두근거리고, 클라이언트 만나러 가면서 협상할 때 어떻게 말을 전개해 나갈지 땀 흘려 본 적이 있을 것이다. 스피치는 말을 어떻게 시작하고 어떻게 전개해 나가야 하는지를 알려준다. 내 앞에 개인이든 청중이든 누가 있든 간에 자신 있고 효과적으로 스피치해나가는 방법을 배워보자.

- 달변 스피치의 시작 조건 1

집을 지을 때 설계부터 생각한다. 설계가 훌륭해야 집을 다 짓고 나서 만족도가 비례할 것이다. 스피치는 대중 앞에서 하는 말하기, 즉 공적인 소통이자 일방적 말하기에 해당한다. 스피치가 달변이 되기 위한 세 가지 선행 조건이 있다. 첫째, 특정한 상황에서 특정 대상에게 할 말이 있어야 하고 둘째, 청중의 필요와 기대하는 바를 알아야 한다. 그래야 스피치로 만족을 주거나 청중의 반응 욕구를 불러일으킬 수 있다. 셋째, 평소에 쓰는 생활언어로 특별하게 표현하며 말하는 법을 알아야 한다. 스피치의 뼈대가 되는 문법, 발음, 어휘를 비롯해 다양한 패턴의 구조에 얹기만 하면 되는 강력한 표현 가능성을 두루 꿰고 있어야 한다.

고대 로마의 철학자이자 웅변가였던 마르쿠스 툴리우스 키케로Marcus Tullius Cicero는 "말주변은 없지만 하고 싶은 말을 품위 있게 해서 달변이라는 보상을 거둬들인 사람이 있는가 하면, 화려한 언변을 갖고도 발표를 어색하게 해서 별 볼 일 없는 사람 취급을 당한 경우도 많다."라고 했다. 또한 고대 그리스의 웅변가 데모스테네스Demosthenes가 수사학에서 가장 중요한 세 가지를 알려달라는 질문에는 "첫째도 발표, 둘째도 발표, 셋째도 발표."라고 대답했다.

결국, 가장 중요한 것은 발표delivery(말로 내용을 전달할 때 목소리, 몸짓, 표정을 연출하는 방식)다. 아무리 준비를 많이 하고 내용이 좋아도 발표를 제대로 하지 못하면 만회하기 어렵다. 스피치 실행의 5단계로 아리스토텔레스의 다섯 가지 수사적 표현 기술을 소개한다.

1단계는 아이디어 고안하기Invention이다. 내 생각 중 주제와 관련한 단어와 모든 아이디어를 기록, 즉 안의 것을 밖으로 표출시키는 것이다. 브레인 스토밍도 좋은 방법이다. 그런데 한 사람의 머릿속에서 나오는 내용은 다양하고 풍부하기 어렵다. 각자의 선입견과 가치관 때문에 다양한 시각을 갖지 못한다. 힐러리 클린턴에게는 남다른 수첩이 있다. 거기에는 인용문, 명언, 속담, 유명인의 말, 격언, 성경 구절 등이 정리되어 적혀 있다. 여기에 사회, 문화, 경제 등 여러 분야의 이슈들을 수첩에 적은 후 이를 활용해서 언제 어디서든 정곡을 찌르는 스피치를 한다.

2단계는 서론과 본론, 결론을 만들고 정리하는 배열의 단계이다. 아이디어를 어떻게 배치해야 논리적 흐름이 끊기지 않는지, 내용을 편집하고 배열한다. 서론에서는 청중에게 흥미를 유발시켜서 집중하게 만들고 전체 스피치에 대한 진행 순서를 안내한다. 본론은 청중의 흥미를 계속 유지하면서 정보 습득으로 이어질 수 있도록 주제의 일관성을 지킨다. 결론에서는 스피치 주제에 맞는 명언이나 문구 등을 제시하면서 자신의 인상을 강하게 전달하고 스피치 주제를 마무리한다. 결론의 목적은 주제를 다시 한번 요약하면서 청중의 행동이나 태도 변화를 유도하는 것이다. 스피치의 중요한 점은 청자의 행동 변화까지 연결되어야 한다.

- 달변 스피치의 시작 조건 2

3단계는 스타일Style 정하기이다. "스타일이 모든 것을 말한다."는 말은 지나치지 않다. 스피치에서 자신만의 스타일을 만들려면 먼저 자기 자신을 알아야 한다. 본인에 대한 사전 분석을 해 봐야 한다는 말이다. 자기 자신을 점검해야 하는데, 표현력이 부족하면 담백한 스피치가 효과적이고, 연기력이 부족하다면 유머나 이야기체를 자주 사용하지 않는 것이 좋다. 자신의 경력과 공신력을 바탕으로 스피치 주제를 명확히 준비하고 어떻게 다룰지 판단해야 한다. 현장 상황을 확인하고 청중을 파악하는 것은 필수이다. 지식을 전하는 정보 전달의 스피치라면 청자의 지식수준이 중요하고, 설득 스피치라면 주제에 대한 청중의 입장이나 태도를 먼저 알아야 한다. 연사에게 호의적이면 연사의 캐릭터를 극대화해도 좋으나 그렇지 않다면 주제의 부각에 중점을 두어야 한다.

4단계는 암기가 아닌 인지하기Cognition이다. 자신만의 스타일로 스피치를 준비하고 아이디어를 배열했다면 그 모든 진행 과정을 외우는 것이 아니라 이해하며 인지하는 것이 바람직하다. 4단계로 오기까지 체계적, 단계적으로 준비해온 모든 과정을 알아야 한다. 바로 여기에서 스피치 개요서를 사용하는 것이 좋다. 스피치 개요서란 이야기하고자 하는 큰 흐름 키워드를 적어 놓은 것을 말한다. 이것을 작성하면 청중과의 공감대를 넓힐 수 있는 양방향 스피치가 가능하다. 자기가 말할 스피치 전체를 적어보아야 한다. 초보자인 경우 다음의 순서로 정리하는 것도 좋은 방법이다.

> 주제 아이디어 도출 → 서론, 본론, 결론 순으로 배치 → 청중 및 상황 분석 → 스피치 펼칠 방법 결정 → 키워드 중심 스피치 개요서 작성 → 스피치 리허설 반복 연습 → 실제 스피치 → 피드백 평가

출처: 김은성, 『마음을 사로잡는 파워스피치』

마지막 5단계는 효과적으로 전달하기Delivery이다. 언어적 전달의 경우, 정확한 발음으로 정보를 잘 전달하고 발성은 멀리까지

잘 들리게 하며 말하기 속도의 완급 조절과 포즈pause로 주제를 전달한다. 비언어적 전달에서는, 자신 있는 시선 처리와 청중과 자연스럽게 눈 맞춤을 하고 미소 띤 얼굴 표정과 확실한 제스처, 걸어 나가고 들어오는 동작까지가 모두 스피치 전달의 중요한 구성 요소임을 잊지 말아야 한다. 발표하고 전달하는 모든 순간도 훈련이고 경험이다. 스피치 실력은 스피치를 많이 할수록 향상된다. 오늘 발표에서 어떤 부분이 부족했는지, 시간 조절을 위해 원고에서 줄일 부분은 어디인지, 나의 말하는 속도는 적절했는지 스스로 평가하고 다른 사람에게 피드백을 받는 과정을 통해 다음 무대에서는 더 나은 모습으로 스피치를 하게 된다. 중요한 것은 가장 임팩트 있는 전달 방법을 찾기 위해 수많은 연습과 전문가의 피드백을 받아야 한다는 것이다.

지금까지 스피치 실행의 5단계로 아리스토텔레스의 다섯 가지 수사적 표현 기술을 알아보았다. 이런 단계를 반복적으로 훈련한다면 장담하건대 스피치 실력이 일취월장할 것이다. 우리는 몇 마디의 연설만으로도 그 사람의 인격을 짐작할 수 있다. 연설문 안에 연사가 추구하는 생각이 집약돼 있기 때문이다. 그리고 오늘날의 스피치는 몇몇 유명인사의 전유물이 아니다. 평범한 사람도 크고 작은 모임에서 스피치 기회를 많이 가지게 되었다. 유머

있고 간결한 말하기는 누구나 갖추고 있으면 좋을 덕목이다. 스피치 훈련은 체계적이고 인지적 부분과 반복적 경험이 결합되었을 때 자신감이 더 많이 생겨 효과적인 훈련이 가능하다.

- 스피치 내용 조직의 중요성

스피치 내용은 청중이 듣고자 하는 내용이기 때문에 조직적으로 잘 준비해야 한다. 스피치를 구성할 때 무질서하게 짜면 청중이 내용을 제대로 이해하기 어렵고, 내용 사이의 체계를 파악할 수 없어 결국 청중이 연사에 대해 실망한다. 자기 이야기도 제대로 정리하지 못한다고 판단해 연사의 능력, 신뢰성, 정열까지도 깎아 내리며 연사의 공신력에 나쁜 영향력을 준다. 결국에는 스피치의 목적인 설득에 실패하게 된다. 청중이 연사의 스피치 목적에 대해 부정적인 태도를 갖고 있을 때, 스피치 조직 자체가 호의적인 청중을 상대로 할 때와 달라야 한다. 호의적인 청중을 상대로 할 때는 결론을 앞세우고 서서히 입증해 나가는 접근법을 펴야 하지만, 적의적인 청중을 상대할 때는 그들이 동의할 수 있는 가치관이나 전제에 기초한 입증 과정을 거친 다음에 서서히 결론을 유도해 나가는 접근법이 더 효과적이다.

스피치를 조직할 때 제일 우선적으로 할 일은 주요 아이디어들 사이의 구성체계를 잡아주는 일이다. 주요 아이디어란 스피치에서 꼭 다루고자 하는 중요한 포인트, 즉 요점들로서 스피치의 주요 설계 부분이다. 주요 설계 부분들이 어떤 아이디어들로 조직될지 먼저 결정해야 스피치의 기본 틀이 잡힌다. 주요 아이디어의 조직을 마치면 아이디어 각각의 세부 내용도 체계를 결정해야 한다. 세부 내용이란, 주요 아이디어를 받쳐주는 자료나 구체적인 설명을 가리킨다. 하나의 주요 아이디어는 몇 개의 세부 내용을 갖추게 되고 이들 사이의 체계가 잘 조직되어 있으면 스피치 주제가 명확히 드러난다.

주요 아이디어와 세부 내용의 뼈대와 배열 순서가 결정되면 스피치 주요부의 조직을 완성해야 한다. 스피치 주요부에는 주요 아이디어와 그것을 뒷받침하는 세부 내용, 스피치의 주제문이 들어가야 한다. 그리고 이 요소들 사이에서 관계를 명확하게 해 이해를 돕고 부드럽게 연결해 주는 예고preview, 중간 요약internal summaries, 문간 이동transitions 등이 들어가야 한다. 이 세 단계의 작업을 마치면 일단 스피치의 조직은 완성되는 셈이다. 이는 실제 스피치에서의 본론에 해당한다. 그리고 일반적으로 서두와 결론은 스피치의 조직이 완성된 후에 결정하는 것이 훨씬 더 효과적이다.

결론을 나중에 준비하는 것에는 동의해도 스피치의 시작인 서두조차 조직 완성 후 개발해야 한다는 말에 고개를 갸우뚱하는 사람이 있을 것이다. 스피치에서는 서두를 나중에 만드는 이유가 있다. 서두가 먼저 결정되면 이 서두를 염두에 두고 스피치를 준비하기 때문에 스피치 준비를 이끌어야 할 스피치의 세부 목적에 신경 쓸 시간이 없다는 것이다. 스피치의 목적에 맞게 준비되려면 세부 목적과 주제문이 스피치 준비를 주도해야 한다. 그러므로 서두는 본론의 조직이 끝난 후에 결정해도 늦지 않다.

Summary

설득력 있는 훌륭한 연설을 위한 다섯 가지 규칙

1. 착상(inventio, 인벤티오): 말하고 싶은 것을 생각해라.
2. 배열(dispositio, 디스포시티오): 말할 순서를 정하라.
3. 표현(elocutio, 엘로쿠티오): 어떻게 표현할 것인지 선택하라.
4. 암기(memoria, 메모리아): 말하고 싶은 것을 인지하고 모두 외워라.
5. 발표(pronuntiatio, 프로눈티아티오): 이제 말하라.

“

2
스피치의 성패를 좌우하는 청중

우리는 허공에 대고 말할 수는 없다. 들어주는 대상이 있어야 한다. 스피치는 대중을 앞에 두고 하는 연설이자 한정된 시간 내에 청중에게 맞춤형으로 정보나 사고를 정확하게 전달해 생각이나 태도 변화 등을 유도하는 것이다. 내 스피치를 받아 줄 청중에 대해 제대로 알아야 청중에게 맞춤형 스피치가 가능하지 않겠는가?

그래서 스피치 의뢰가 들어오면 가장 먼저, 청중이 누구인지를 물어보게 된다. 사실 스피치의 성공 요인은 바로 청중 분석이라고 할 수 있기 때문이다. 모든 스피치는 화자가 생각한 주제가 청중에게 어떠한 영향력을 끼치는지 그 관계를 긴밀히 따져보며 준비를 시작한다. 나의 전문성이 청중에게 영향력을 끼칠 수 있는지, 해당 주제가 청중에게 꼭 필요한 것인지 생각해 보아야 한다. 주제와 관련된 자신 또는 타인의 경험을 들려주거나 전문성을 표현하는 일, 청중을 따뜻하고 호의적으로 대하는 태도 등은 신뢰를 구축해준다. 스피치의 목적은 스피치를 들은 청중으로부터 주제가 의도한 효과를 거두는 데 있다. 스피치를 실행하는 사람은 연사지만 목적의 달성 여부는 청중에게 달려 있다. 따라서 청중의 속성인 태도, 지식수준, 욕구 그리고 감정 상태 등을 잘 분석해야 하며, 이것이 스피치의 성패에 직접적인 영향을 미친다.

- 청중 분석: 청중의 태도

청중의 태도 분석에서 가장 먼저 생각할 것은 '연사'에 대한 청중의 태도다. 크게 두 가지, 우호성과 존중심으로 나눌 수 있다. 우호성은 청중이 연사를 '얼마나 친근하게 느끼느냐'인데 우호성이 높은 청중에게는 우호적 감정을 더욱 고취하는 방향으로, 우호성이 낮은 청중에게는 이성적 측면으로 스피치를 이끌어 나가야 한다. 존중심이란 연사에 대한 청중의 '신뢰가 얼마나 높은가'를 말하는데 공신력과 밀접한 관련이 있다. 연사의 공신력이 높으면 청중으로부터 존중받지만, 낮으면 존중받기가 힘들다.

두 번째는 '주제'에 대한 청중의 태도를 파악해야 한다. 스피치 주제에 대한 태도가 연사와 비슷한지 아니면 상반되는지, 주제에 대한 흥미가 어느 정도인지를 말한다. 연사의 입장과 청중의 태도가 일치하는 경우에는 연사는 자신의 주장을 알리기 위해 많은 증거를 동원할 필요가 없다. 이와는 반대로 청중의 태도가 연사에 반대하는 입장이라면 연사는 자신의 관점을 조심스럽게 입증하기 위해 증거를 충분히 준비해야 한다. 예를 들어, '개발의 필요성'이라는 주제로 스피치를 하면 환경 보전을 최고의 가치로 둔 청중은 연사에게 반대되는 입장일 것이고, 개발로 경제가 활성화되기를 바라는 청중은 연사를 환영할 것이다. 따라서 환경 보호론자들을 상대로는 지역 개발 계획이 환경을 보존하면서 실행될 것이라고 설득해야 하며 지역 개발이 이루어지지 않는다면 경제난이 심화될 것이라고 논리적으로 설명해야 한다. 그러나 지역 경제를 우선시하는 청중에게는 지역 개발이 경제를 활성화의 밑바탕이 될 것이라는 사실만 납득시키면 된다.

세 번째는 스피치 '목적'에 대한 청중의 태도를 파악해야 한다. 스피치 목적이란 연사가 그 스피치를 통해서 궁극적으로 성취하고자 하는 바를 의미한다. 예를 들어, 선거 연설은 자신에게 투표하도록 하는 데 목적이 있고, 정치 토론은 자신의 지지층을 넓히려는 목적으로 하고, 강의 프레젠테이션은 자신이 가진 정보를 효과적으로 전달하려는 목적을 가진다. 스피치 목적을 대하는 태도에 의해서도 분류된다. 호의적이며 열정적인 집단에서부터 호의적이지만 차분한 집단, 상황에 관심 없는 집단, 비호의적이지만 관심 있는 집단, 적대적인 집단에 이르기까지 청중의 종류는 다양하다. 이에 따라 연사는 스피치 목적을 표현하는 방법을 다르게 강구해야 한다. 청중이 호의적일 때는 스피치 속도를 빠르게 진행하며 스피치 목적을 명확하게 언급하는 것이 효과적이다. 하지만 청중이 비호의적일 때는 많은 논의를 거친 후 동의하는 분위기가 되었을 때 스피치 목적을 언급하는 것이 좋고, 청중이 적대적일 때는 스피치 목적을 직접적으로 말하지 않는 것이 좋다.

- 청중 분석: 청중의 지식수준, 욕구, 정보 수집

스피치의 목적은 청중을 이해시키고 행동의 변화를 이끌어내는 것인데 청중이 이해하지 못하는 스피치는 아무런 쓸모가 없다. 청중의 지식수준은 스피치에 대한 청중의 이해 여부를 결정짓는 가장 중요한 요인이다. 일반적 지식이란 단어와 문장구조를 이해할 수 있는 언어적 능력과 논리 구조를 이해할 수 있는 사고력을 일컫는다. 즉, 다른 사람의 말을 이해할 수 있는 능력이다. 이런 지식은 대체로 교육 수준과 비례한다. 교육 수준이 낮은 청중일 때는 이해하기 쉬운 말과 짧은 문장, 단순한 논리로 그들의 이해를 돕는다. 반대로 청중의 교육 수준이 아주 높다면 전문용어나 복합적인 문장, 정교한 논리를 사용해서 말하는 것이 오히려 이해력을 높인다. 보통의 교육 수준을 가진 청중일 때는 보통의 성인들이 사용하는 일상언어와 문장, 논리 체계를 사용하면 효과적이다.

다음으로 청중의 주제에 대한 지식을 파악해야 한다. 스피치에서 다루려는 주제 및 소재에 대해 청중이 얼마나 알고 있는지 알아보는 예비 지식을 말한다. 예를 들어 '내각책임제'를 주제로 옹호 연설을 할 때, 내각책임제와 대통령책임제의 차이점과 장단점을 청중이 얼마나 알고 있는지 여부가 그 주제에 대한 청중의 지식수준을 대표한다. 주제에 대한 지식수준은 청중이 직접 또는 간접적으로 그 주제에 대해 누적된 경험이 어느 수준 정도인가에 따라서 결정된다. 직접적 경험은 그 주제와 관련된 일을 해 보았을 때 얻는 것이고 간접적 경험은 교육이나 시사 매체 등을 통해 생기게 된다. 주제에 대한 지식이 부족한 청중에게는 배경 설명을 해준 후에 본격적인 논의를 전개하는 것이 바람직하다. 주제에 대한 지식이 많은 청중에게는 배경 설명은 생략하고 바로 본론으로 들어가야 중요하지도 않은 이야기를 오래 했다는 비판을 받지 않는다.

아무런 욕구도 없다면 청중은 어떤 것도 들으러 오지 않을 것이다. 스피치를 듣는 청중의 욕구는 매우 다양하다. 연사의 비전이나 능력을 알고 싶어서, 새로운 것을 배우고 싶어서, 자신들의 정체성을 높이고자, 아니면 그냥 연사의 얼굴과 목소리를 보거나 듣고 싶어서 온다. 이러한 청중의 욕구는 좋은 스피치를 준비하는 데 필수적으로 고려해야 한다. 청중이 필요로 하는 것은 무엇이고, 흥미를 느끼는 것에는 어떤 것이 있는지, 스피치를 듣는 동기는 무엇인지를 파악한 후, 이를 만족시키는 방향으로 스피치를 준비해야 그들의 마음을 얻게 될 것이다. 청중의 욕구를 무시한 채 내가 하고 싶은 주제로 스피치를 하면 청중의 호응은 이미 사라지고 없을 것이다.

그리고 청중의 태도, 지식, 욕구, 감정 등을 파악하는 청중의 정보 수집 방법에는 세 가지가 있다. 첫 번째는 미리 청중을 만나서 그들의 태도와 지식, 욕구와 감정 상태 등에 대해 직접 인터뷰하는 직접적 정보 수집 방법이다. 두 번째는 청중에 대해 거의 아는 것이 없고 직접 정보를 수집할 여유도 없을 때 정보원을 통해 간접적으로 정보를 수집하는 방법이다. 세 번째는 청중의 성별, 나이, 경제 수준, 교육 수준, 주거지역, 직업, 소속집단, 출신 지역, 출신학교, 종교와 같이 쉽게 드러나는 집단적 속성에 근거하여 그들의 태도, 지식, 욕구, 감정 상태를 추론하는 방법이다. 이런 사회 인류학적 속성을 파악하여 집단의 특성을 분석하는 방법은 청중에 관한 유용한 정보를 편리하게 얻을 수 있다는 장점이 있다. 그러나 이 방법은 객관적인 사실에서 정보를 얻었지만 집단에 대한 고정관념이 강화되기 때문에 부정확한 결론을 가져다 줄 가능성도 배제할 수 없다.

- 청중과 교감하는 스피치

비대면 온라인 강좌에서 인기 강사들에게 청중과 어떻게 교감하는가를 물었을 때, 그들은 퀴즈를 낸다거나 관련 동영상을 보여준다고 했다. 좀 더 적극적인 강사들은 청중이 참여하는 실습을 실행하기도 한다고 했다. 청중과 눈 맞춤을 적극적으로 해서 저 멀리 있는 청중까지 시선을 골고루 나눈다고 했다. 나는 가끔 청중에게 따라 하기를 시킨다. 머릿속에 각인시키는 방법인데 효과적이다. 대부분 청중과 적극적으로 교감하는 방법을 사용했을 때 훨씬 강의 참여도가 좋았다. 이 모든 방법은 청중을 집중시키고 강의에 몰입할 수 있도록 만드는 데 좋다.

청중은 무미건조한 말투로 손에 든 원고를 읽는 연사를 매우 싫어한다. 최선을 다해 원고를 작성했더라도, 원고에 시선을 고정한 채 읽기만 한다면 청중에게 어떤 인상도 남기지 못한다. 따라서 연사는 무대에 오르기 전에 원고를 숙지하고 연설이 시작되면 원고에서 시선을 거두어야 한다. 그래야 청중과 시선을 맞추고 손짓과 몸짓을 섞어 교류할 수 있으며 감화력을 높일 수 있다. '공감대 형성'은 스피치에서 매우 중요하다. 강사의 이야기가 내 이야기라고 느낄 때 청중은 마음을 열고 동질감을 느낀다. 그러한 일체감, 비슷한 연대감을 느낄 수 있게 도와주는 매우 좋은 표현이 '우리'라는 단어다. 스피치를 할 때도 의도적으로 '우리'를 강조해보자. 청중에게 더욱 친근한 느낌으로 다가갈 수 있다.

주변에서 겪을 수 있는 경험담을 사례로 채택한다면 청중과 심리적 거리감을 좁힐 수 있다. 많은 연사들이 무대에서 자신의 이야기를 들려준다. 연사의 이야기가 마치 직접 겪은 것처럼 친근하게 느껴질 때, 청중은 연사의 말을 더 쉽게 이해하고 받아들인다. 연사가 주변에서 흔히 겪을 수 있는 경험담을 예로 들면 청중은 크게 공감하며 관심을 보인다. 이처럼 청중은 그들과 동떨어진 이야기보다 그들과 가까운 이야기가 사례로 나올 때 더 흥미를 느낀다. 연설은 소통을 기반으로 하는데, 청중과 공감대를 형성하지 못하면 어떡하겠는가? 따라서 연사는 청중의 경력과 학력, 취향, 종교, 문화 수준 등을 고려한 후 공통점을 찾아 심리적인 거리를 좁히기 위해 노력해야 한다.

프레젠테이션에서 '청중과의 소통'은 너무나 중요하다. 소통은 서로 간의 교감을 말하는데, 교감은 눈빛, 몸짓, 대화 등을 통해서 이루어진다. 청중을 향해 따뜻한 눈빛을 보내고 적극적인 제스처를 취해 보임으로써 청중을 대화 속으로 끌어당겨 올 수 있다. 청중과의 소통에서 질문은 청중과 자연스러운 대화를 시도할 수 있는 통로이다. 청중에게 질문할 때는 먼저 의미 있는 질문인지 따져본다. 딱딱한 분위기를 깨기 위해 간단한 대화를 할 때는 자유롭게 질문을 주고받는 식으로 한다. 청중을 발표에 집중케 만들고 싶다면 청중이 흥미를 가질 만한 의미 있는 질문을 준비하라.

Summary

청중 분석의 10가지 포인트 (커뮤니케이션의 효과는 청자에게 달려 있다.)

1. 청중의 이해 수준을 파악한다.
2. 청중이 왜 이야기를 듣는지 목적을 확인한다.
3. 청중의 지위, 경력 등 사회적인 배경을 체크한다.
4. 청중 규모를 파악한다.
5. 청중의 남녀 구성 비율을 파악한다.
6. 청중의 연령대를 알아둔다.
7. 청중 가운데 누가 중요 인물인지, 그 역할은 무엇인지 파악한다.
8. 스피치 할 시간대를 선택한다.
9. 어느 지역의 청중인지, 지역적 특성은 무엇이 있는지 미리 체크한다.
10. 청중의 역린은 무엇인지 파악해 주의해야 할 점을 메모해둔다.

3

스피치의 주제문과 아이디어 조직 기법

지인 중에 장황하게 말하는 것을 아주 싫어해서 항상 해야 할 말, 즉 핵심메시지를 먼저 말하는 습관을 갖고 있는 분이 있다. 스피치는 어려운 내용을 현학적으로 나열해 놓는 것이 아니다. 가장 쉽고 간결한 말로 임팩트를 주는 것이다. 그렇게 하기 위해서는 욕심을 버리고 핵심 주제만 뜰채에 올려 담고 나머지는 버려야 한다. 그래서 스피치 구성, 구조를 알고 거기에 메시지를 얹는 방법을 알아야 한다. 결국 상대방을 이해시키고 설득해서 동의를 얻어내는 것이다. 핵심메시지로 상대를 변화시킬 수 있는 확실한 스피치 방법을 알아보자.

- 주제(핵심메시지)를 선정하라

주제문은 연사가 스피치 주제를 한 문장으로 간결하게 표현한 것으로 스피치를 전체를 아우르는 아이디어이다. 스피치 준비는 주제문의 개발에서부터 시작된다. 주제문의 개발에서 제일 먼저 해야 할 일은 주제 선정이다. 이를 보다 정교하게 표현하면 곧 주제문이 된다. 스피치 주제 선정에도 원칙이 있는데, 연사 자신과 청중, 그리고 상황을 고려하여 세 요소 모두에 적절한 주제를 골라야 한다. 우선 연사 자신의 지식과 경험, 관심을 고려하고 다음으로는 청중의 지식과 태도 및 관심거리를 고려한 후, 마지막으로 행사의 목적과 상황의 특성을 고려해야 한다.

주제는 연사가 열정적으로 다룰 수 있는 것이 좋다. 그리고 청중에게 도움이 되고 청중이 관심을 느끼는 주제를 선정해야 한다. 사람마다 관심사는 서로 다른 것이어서 연사가 흥미를 느끼는 주제에 청중은 의외로 냉담할 수도 있다. 따라서 청중의 속성을 정확히 분석하여 연사 자신과 청중이 동시에 관심을 가지고 있는 주제를 선정하도록 노력해야 한다. 그리고 여러 가지로 노력했음에도 불구하고 청중의 관심을 파악할 길이 없거나 자신의 관심사와 청중의 관심사가 서로 일치하지 않는다고 판단되는 경우에는 청중에게 중요하다고 생각되는 주제를 선택해야 한다. 사람은 누구나 자기에게 중요한 일에는 관심을 가질 수밖에 없다. 청중이 애초에는 별로 관심이 없었다 하더라도 스피치의 도입부에서 그 주제가 왜 그들에게 중요한가를 밝혀준다면 그들의 관심을 불러일으킬 수 있다.

주제 선정이 중요하기 때문에 청중이 정말 잘 알고 있는 진부한 주제는 피해야 한다. 가수들도 너무 히트해서 유명한 곡을 부를 때는 부담을 느낀다고 한다. 대중들이 그 노래의 느낌을 이미 너무나 잘 알고 있기 때문이다. 마찬가지로 연사보다 청중이 잘 알고 있는 주제를 선정하는 것은 매우 위험하다. 자신이 익히 알고 있는 것에 대한 스피치를 듣는 경우, 청중은 "뻔한 이야기를 듣자고 괜히 시간 낭비만 했다."고 불평하거나 "어디 얼마나 잘하나 지켜보자."는 식으로 평가하려 든다. 따라서 청중이 이미 잘 알고 있는 주제는 '잘해야 본전'이고 잘 못하는 경우에는 공신력만 크게 실추시키는 결과를 낳게 된다.

주제가 쉽게 떠오르지 않는다면 백지 위에 자신의 경험, 관심, 취미, 기능, 신념 등 생각나는 것들을 모두 적어본다. 아무리 볼품없고 유치한 것이라도 좋으니 생각나는 대로 다 적은 후 이들 중에서 스피치 주제로 가장 적절한 것을 고른다. 그래도 안 되면 브레인 스토밍 방법을 사용해 보자. 백지를 세로로 10등분 하여 10개의 칼럼을 만든다. 각 칼럼에 '사람', '장소', '물건', '사건', '과정', '개념', '자연 현상', '초자연적 현상', '문제', '계획과 정책'이라고 제목을 붙인다. 각 칼럼마다 가장 먼저 생각나는 5~6개의 문항을 적어보고 나중에 이들 중에서 하나를 고른다. 그래도 좋은 주제를 찾지 못했다면 이 중에서 가장 관심 있는 3~4개의 문항을 골라 이들과 관계된 개념을 자유연상 방식으로 적어본다.

- 스피치 주요 아이디어의 조직 기법

주요 아이디어들이 시간적 속성이 있다면 연대기적 조직을 사용하는 것이 좋다. 즉, 주요 아이디어들이 역사의 전개 과정, 대상의 발전 과정, 사건의 진행 과정 또는 일의 수행 절차 등 각 단계를 대표하는 경우에는 시간 흐름에 따라 나열하여 정리하는 것이 효과적이다. 연대기 패턴을 따르는 방식이 가장 대표적이다. '○○년 ○○월 ○○일 ~~발생'과 같이 사건을 시간의 흐름에 따라 정리하거나, '10세기 이전…', '11~15세기…', '20세기 이후…' 등으로 연대별로 나눈 순서대로 배열하는 방식 등을 통칭하는 것이다. 이 외에도 '기승전결', '1단계, 2단계…', '준비 단계, 태동 단계, 탄생 단계, 성장 단계…', '배경, 현재 상태, 장래 예측' 등 순서대로 단계에 맞추어 나열하는 방식이 있다. 공간적 조직법은 주요 아이디어들이 공간적 속성이 있다면 지리적 분포에 따라 정리하는 것이다. 이를테면, 지역적인 분포에 따라 대륙 간 특성의 차이나 각국의 통치 제도 또는 사람이나 물건의 지역 특성을 설명할 때, 기점이 되는 중요한 지역을 필두로 해서 주변의 인접한 지역으로 차근히 옮겨 가는 기법을 사용하는 것이 효과적이다.

소재별 조직은 주요 아이디어의 조직 기법 중에서 가장 많이 사용된다. 대부분의 스피치에서 주요 아이디어는 개별적인 특성이 강한 소재들로 이루어져 있기 때문이다. 예를 들어, '태양광의 유해한 요소를 차단하는 오존층은 지구에 있는 동식물을 보호하는데, 이러한 오존층은 대기오염에 의해 파괴되고 있다.'라는 주제문의 스피치를 하는 경우, '유해 태양광을 차단하는 오존층은 지구에 있는 동식물을 보호한다.'라는 핵심과 '오존층은 대기오염에 의해 파괴된다.'라는 핵심을 논의해야 한다. 따라서 오존층의 구조, 기능, 유동성 그리고 대기오염이 오존층에 주는 영향, 대기오염 통제의 필요성 등이 주요 아이디어로 부각될 것이다. 이러한 주요 아이디어들 개별적으로 하나의 소재가 된다. 이들은 시간적, 공간적으로 연결된 것이 아니고 매우 개별적인 것이다.

그렇다고 이 소재들을 순서 없이 배열해서는 안 된다. 각각의 독립적인 소재일지라도 이들을 배열할 때는 자연적, 관습적 또는 논리적 순서로 해야 하기 때문이다. 그래서 먼저 소재들 사이의 질서를 잘 파악해야 한다. 위에서 예로 든 오존층에 대한 스피치의 경우, 가장 먼저 설명해야 할 것이 '오존층의 구조'이고, 이어서 '기능'을, 그리고 '유동성'을 소개해야 한다. 그 후에 '대기오염의 영향'과 '대기오염 통제의 필요성'을 개별적으로 논해야 한다. 왜냐하면, 기능을 이해하기 위해서는 구조를 알아야 하고, 유동성의 문제는 기능의 중요성을 절감하게 하고, 유동성 때문에 대기오염으로 영향을 받고, 이 영향을 알기 때문에 대기오염의 통제가 필요하다는 것을 깨닫기 때문이다. 소재의 순서를 정하는 방법은 무엇보다 기본적이고 다른 소재의 기초가 되는 소재를 앞에 둬야 한다. 그렇게 해야 다음 소재의 논의와 이해가 쉬워진다.

문제 해결식 조직은 문제를 심층분석하고 해결책을 제시한 후 장단점을 논의하는 기법이다. 구체적으로 문제를 집중 분석하는 부분과 해결책을 검토하는 부분으로 나뉜다. 문제 집중 분석 부분에서는 '문제의 역사, 문화적 배경, 문제의 본질, 문제의 원인, 문제의 결과'를 순서대로 검토한다. 해결책 부분에서는 '해결책 제시, 해결책이 나오게 된 과정 해설, 해결책의 실제성과 실용성,

해결책이 갖는 장점'을 순서대로 배열하면 된다. 대안 제시식 조직은 문제 해결식과 매우 비슷하다. 그러나 문제 해결식은 청중 모두가 현 상황에 문제가 있다는 것을 수용하는 경우에 사용하는 접근법인 반면, 대안 제시식은 현 상황에 문제가 있다는 것을 청중이 인지하지 못하는 경우에 사용한다는 것이 결정적인 차이점이다. 다르게 표현하면, 전자는 문제가 있을 때 해결책을 찾기 위해 사용하고, 후자는 연사가 문제의식을 갖고 시작한 경우에 사용해야 한다. 문제 해결식은 해결책의 장점을 강조하는 것이 매우 중요하지만, 대안 제시식은 대안 자체의 문제 여부를 세밀하게 검토해야 한다.

- 청중에게 스며드는 스피치 조직의 비결

인간은 기억 용량의 한계가 있어 들은 정보들을 하나의 덩어리로 뭉뚱그려 인식한다. 그래서 청중을 잘 이해시키려면 말할 내용을 잘 조직화해서 스피치 해야 한다. 그렇게 하지 않으면 청중은 들은 정보를 다루기 쉬운 덩어리 형태로 변형하고 그 과정에서 의미를 왜곡해 버릴 수 있다.

앞서 설명한 것처럼 아이디어를 잘 조식했나면, 이제는 연결

멘트를 이용해 아이디어와 아이디어를 연결해야 한다. 연결 멘트는 청중이 내용에 집중할 수 있게 하고, 윤활유가 되어 흐름을 부드럽게 한다. 연결 멘트의 종류는 내용 이정표, 이야기 전환, 중간 요약, 중간 예고 등이 있는데 주제가 바뀔 때 접속사를 활용해 이야기를 전환한다. '내용 이정표'는 연사가 말을 할 때 '첫째, 둘째, 셋째' 이렇게 내용을 구분하는 것으로 청중이 흐름을 놓치지 않고 스피치 내용을 효과적으로 기억하게 만든다. '중간 예고'는 앞으로 이야기할 내용을 미리 알려주는 기능을 한다. "지금까지는 ~을 살펴보았고요. 이제부터는 ~을 설명하겠습니다." 이렇게 사용한다. '중간 요약'은 스피치 중간중간마다 요약을 해주는 것으로 복잡하고 어려운 내용일수록 중간 요약을 해주는 게 좋다.

청중과의 커뮤니케이션을 가장 자연스럽고 원활하게 할 수 있는 방법은 스피치 개요서에 의한 것이다. 스피치를 준비하고 실행하는 과정에서 완성된 대본에 의존하지 않고 스피치 개요서를 작성한 후 이것에 의지해서 연습하고 실행하는 방법이다. 개요서Outline란 주요 아이디어와 세부 내용의 키워드만을 간결하게 적어둔 스피치 뼈대 대본이다. 개요서만을 가지고 연습하다 보면 자신의 아이디어를 다양한 방법으로 연출할 수 있다. 개요서에는 키워드만 나와 있기 때문에 연습할 때마다 다른 표현이 나오게 된다. 연습을 하면서는 하나의 키워드에 살을 붙여서 문장을 정리해둔다. 이런 상태에서 실제 스피치를 하면 연습할 때의 표현이 떠오르거나 또 다른 비슷한 표현이 쉽게 떠올라 즐겁게 스피치를 완료할 수 있다. 개요서는 말 그대로 개요만 적어 놓은 미완성 대본이기 때문에 내가 의도하는 목적에 따라 스피치를 자유자재로 표현할 수 있다.

Summary

1. 스피치는 알아듣기 쉬운 말하기 순서(스피치 조직)에 기초한다.
2. 스피치 주제문은 한마디로 전달하기.
3. 스피치 내용의 흐름을 만드는 주요 아이디어 조직 기법
4. 스피치 아이디어 조직으로 자신의 주장 잘 전달하기.
5. 스피치 개요서 작성으로 스피치 훈련하기.

4
청중을 내 편으로 만드는 오프닝 기술

예전에 경기도에서 서울로 들어오는 길목에는 검문소가 있었다. 검문소에서 헌병들은 버스에 올라 말 한마디 하지 않고 승객들을 검문했는데, 제복이 주는 근사함 때문에 호감이 컸다. 어느 날, 헌병이 버스에 오르더니 "잠시 검문이 있겠습니다." 하고 말했다. 중저음의 근사한 목소리를 상상했었는데 기대와 달리 그 헌병은 얇고 높은 톤의 빠른 음성으로 말을 했다. 나의 기대가 처참하게 무너진 것이다. 오프닝도 마찬가지다. 기대하며 연설을 기다렸는데 우리의 생각과 다른 오프닝은 연설에 대한 흥미와 관심마저 사라지게 한다. 연설에서 오프닝은 10~20%를 차지하지만 중요도는 90% 이상이다. 청중의 기대와 흥미를 집중시키는 오프닝에 대해 알아보자.

- 청중을 집중시키는 오프닝

연설에서 오프닝은 10~20%를 차지하지만 중요도는 90% 이상이다.스피치에서 오프닝은 연사의 첫인상이다. 연사가 무대에 오르는 순간부터 청중은 연사에게 한껏 기대를 갖게 된다. 훌륭한 연사는 주제를 먼저 공개하고 그 주제에 관심을 보이게 된 이유를 설명한다. 이것은 청중과의 거리를 빠르게 좁히는 비결이자, 특별한 기교 없이도 자연스럽게 연설을 시작하는 효과적인 방법이다. 일반적으로는 어떤 사건에 어떤 경험을 한 연사가 그것을 계기로 이러이러한 생각을 품게 되었다는 식으로 이야기가 전개된다. 그보다는 핵심 주제와 그 주제에 주목하게 된 이유를 일목요연하게 설명하는 것이 훨씬 낫다. 연설을 시작하면서 주제를 먼저 밝히면 연사가 일부러 에두르거나 과장할 필요가 없어진다.

연설 서두에 주제를 미리 얘기하면 즉시 본론으로 들어가기 때문에 청중의 집중력이 고조된다. 가장 간단한 서두는 "오늘 제가 말하려는 주제는…"으로 시작하는 것이다. 평범해 보이지만 청중의 시선을 단번에 사로잡는 것은 물론이고, 연설의 핵심을 일목요연하게 전달하는 데 아주 효과적인 방법이다. 흡입력이 떨어지는 주제의 연설은 서두에 주제를 밝힌다고 해도 청중의 흥미를 끌기 어렵다. 이때는 연설에서 가장 흥미로운 문장을 앞으로 배치하는 것이 유리하다. 예를 들어 '불평하지 않는 법'에 관한 연설이라면 "저는 지금부터 상대가 때려도 맞받아치지 않고 욕을 해도 대꾸하지 않는 법에 대해 이야기해볼까 합니다."라고 시작할 수 있다.

청중의 참여도가 가장 높을 때는 연설 초반 10~20초 또는 1~2분에 불과하다. 이때 청중의 시선을 붙잡지 못하면 그들의 집중력은 곧 분산되고 만다. 연사는 연설 도입부에서 이 연설을 왜 들어야 하는지 구체적인 이유를 제시해야 한다. 연설에서 얻어갈 이점에 대해 말해 주면 듣는 사람들의 자세가 달라진다. 그러기 위해서는 청중이 가지고 있는 '고민'이나 '문제점'을 먼저 이야기하며 공감과 자극을 유도하는 게 좋다. 그다음은 청중이 연설을 듣고 나서 자신의 고민이 해결된 멋진 모습을 상상하도록 만들어 준다.

처음 1분은 원고를 읽지 마라. 절대 손에 든 원고를 보지 않아야 하는데, 이유는 3가지이다. 먼저 원고를 읽게 되면 듣는 이와 눈을 마주칠 수 없고, 시선을 교환하지 못하면 상대는 자신에게 말을 걸고 있다는 느낌을 받지 못하기 때문에 듣는 척은 하지만 실제로는 다른 생각을 하거나 딴짓을 하게 된다. 두 번째 이유는 원고를 보게 되면 아무래도 딱딱하게 읽어 내려가기 때문에 듣는 이는 곧 지루함을 느끼고 집중하지 않는다. 현장 분위기를 파악하려면 처음엔 원고를 멀리하고 듣는 이를 관찰하는 것이 중요하다. 세 번째 이유는 본론에 집중할 수 있도록 처음 1분 동안 미세 조정을 하는 것이다. 청중의 표정이나 상태를 잘 관찰하면서 이때 발견한 것이나 순간적으로 떠오른 말을 덧붙이면 오늘 이 자리에서만 들을 수 있는 이야기를 만들어 낼 수도 있다.

- 시작은 이렇게

초반의 긴장감을 빠르게 누그러뜨리면서 청중을 스피치로 초대하는 좋은 방법은 질문을 던지는 것이다. 스피치 주제와 관련된 질문을 건네고 청중의 참여를 이끌어 내면서 호기심을 자극할 수 있다. 특히 소집단에서는 "이 문제에 대해서 어떻게 생각하십니까?"와 같은 질문은 소극적인 참여자를 적극적인 참여자로 바꿀 수 있다. 또 "여기에 의문 나는 점이 있으면 질문해주십시오." 하고 질문을 유도하는 것도 스피치의 효과를 높인다. 이때 주의할 점은 선생이 일방적으로 학생들에게 가르치듯이 하면 안 된다는 것이다. 청중과 함께 생각하고 고민하는 모습을 보여주는 게 중요하다. 연설 초반에 청중에게 적절한 질문을 던져 주목을 끌 수 있다면 연설의 절반은 성공한 셈이다.

유명인의 명언이나 책, 영화, 유머, 속담, 고사성어 등을 인용하면서 말문을 열 수도 있다. 스피치 주제에 대해 관심을 불러일으키고 주제 윤곽을 드러낼 수 있는 문구를 서두에 사용하면 인상적으로 오프닝을 할 수 있다. 인용할 때는 누구나 알고 있는 유명한 사람의 말을 인용하라. 청중이 잘 알지 못하는 사람의 말을 인용하면 효과가 크게 나타나지 않는다. 인용문을 간결한 것으로 준비하고, 스피치 주제와 맞는 적절한 인용문을 배치하라. 아무리 좋은 인용문이라고 하더라도 스피치 주제와 맞지 않으면 역효과가 나올 수 있다. 특히 인용 문구는 유명인의 말 중에서 명쾌하고 기억하기 쉬운 말이나 깊이 공감할 수 있는 문장이 좋다.

연설 초반에 청중의 시선을 사로잡고 싶다면 놀랄 만한 이야기로 시작하는 것도 좋다. 그러면 순식간에 분위기를 뜨겁게 달굴 수 있다. 자신의 이야기든, 주변 사람들의 이야기든, 대중매체를 통해 접한 이야기든 주제와 관련 있는 이야기로 스피치를 시작한다. 요리사 제이미 올리버의 연설을 예로 들 수 있다. "안타깝게도 제가 이야기할 18분 동안, 미국인 4명이 음식 때문에 목숨을 잃을 겁니다. 저는 의사가 아니라 요리사입니다. 저는 정보와 교육을 이용합니다. 저는 음식에 대한 확고한 믿음이 있습니다. 음식은 인생 최고의 순간들을 누리게 해줍니다." 올리버처럼 연설 초반에 청중의 시선을 단번에 사로잡기 위해, 평소 사람들이 종종 놓치는 객관적인 정보나 수치를 활용하는 것도 좋은 방법이다. PPT를 이용한다면 설득력을 더 높일 수 있다. "안타깝게도 앞으로 제가 이야기할 18분 동안 미국인 4명이 음식 때문에 목숨을 잃을 겁니다." 이 말을 들은 청중은 올리버의 말에 호기심을 느끼며 그가 잘못된 정보를 흘린 건 아닌지 의심하게 된다. 하지만 객관적인 수치와 근거로 그 말이 사실임이 입증되는 순간, 청중은 올리버의 이야기를 믿으며 집중한다.

최근의 이슈나 화제, 청중이 깜짝 놀랄 만한 이야기로 시작함으로써 긴장감을 높이고 궁금증을 유발한다. 흥미로운 에피소드를 곁들이면서 스피치를 시작하면 사람들은 그 주제에 쉽게 빠져들게 된다. tvN의 시사랭크쇼 〈열광〉에서 문화 심리학자 김정운 교수는 당시 이슈였던 '아침형 인간' 열풍과 쏠림 현상을 주제로 이야기를 시작한다. "얼마 전에 『아침형 인간』이라는 책이 50만 부, 60만 부 나갔어요. 비슷한 시기에 나온 제 책 『노는 만큼 성공한다』는 1만 부 나갔어요. 내용을 들여다보면 내 책이 훨씬 좋은 책이에요. 그런데 우리나라에 갑자기 아침형 인간 돌풍이 일어나서 새벽부터 일어나면 성공한다 이거예요. 왜 사람들이 『아침형 인간』에 열광했을까요? 사람들이 아침에 일어나면 성공한다고 하니까 그 책을 읽으면 성공하는 거처럼 다 읽은 거예요. 이것이 우리나라에 나타나는 아주 독특한 쏠림 현상입니다." 이처럼 단순한 사실도 자신의 독특한 생각이나 해석을 전하면서 말할 때 효과가 있다. 평소에 뉴스나 이슈를 바탕으로 사실과 느낌을 분류해 정리하는 습관을 갖자. 짧게 정리된 스토리텔링은 본론뿐만 아니라 서론에서도 가볍게 시작을 여는 역할을 한다. 특히 최근 뉴스나 시사 등은 공감대 형성에 좋은 재료로 청중과의 호흡에 도움이 된다.

- 서두를 이렇게 시작하면 손해

연설 도입부에서 주의해야 할 사항도 있다. 자기소개에 시간을 낭비하지 마라. 대다수 연사들의 고질병 중 하나가 무대에서 자기소개와 그 자리에 서게 된 구체적인 이유를 일일이 열거하려 한다는 점이다. "안녕하세요. 제 이름은 율두스입니다. 저는 러시아에서 온 사진 예술가입니다. 저는 6년 전부터 풍자적인 자화상을 통해 국가, 성별 그리고 사회 문제에 대한 수많은 편견을 공개해 왔습니다." 율두스는 자기소개를 간단히 한 뒤에 곧바로 청중에게 자신이 하는 일에 대해 설명해 줌으로써 연설 주제를 밝히고 본론으로 들어갔다. 율두스처럼 이름과 직업, 연설 주제 3가지만 소개한 뒤 바로 본론으로 들어가는 것이 좋다. 또한 적절한 유머는 좋지만, 썰렁한 농담은 금물이다.

겸손해하지 마라. "죄송합니다. 제가 연설은 처음이라서 잘할지 모르겠네요." 일부 연사들은 이런 말로 청중의 양해를 구한다. 물론 그런 말을 들은 청중은 연사를 이해하려고 노력할 것이다. 하지만 연설에 대한 흥미는 크게 떨어진다. 연사의 겸손한 말은 훌륭한 연설을 기대하고 온 청중에게 실망을 안겨줄 뿐이다. 처음으로 연설에 도전한다면 무대 아래에서 무수히 연습하며 준비했던 자신을 믿어야 한다. 무대에 올라서는 자신감 있는 모습을 보여주기 위해 최선을 다하고 초반 15초 안에 청중의 시선을 사로잡는다면 일단 성공이다.

모든 일이 그렇듯이 스피치도 첫 단추를 잘 잠가야 한다. 말에 자신 있는 사람도 청중의 태도와 반응에는 민감하다. 청중이 긍정적인 상태에서 스피치를 시작하는 것은 의미가 있다. 감정에는 긍정적 감정(평안, 행복, 성취 등)과 부정적 감정(화, 우울, 처짐 등)이 있다. 만약 청중이 부정적 감정을 가진 상태라면 스피치에 몰입하기가 힘들 것이다. 의도적으로 청중을 긍정적 상태로 만드는 것이 좋은데 그 방법은 YES라는 답변을 유도하는 것이다. 예를 들면 오후 교육일 경우 "여러분 점심 식사 맛있게 하시고 지금 초롱초롱하시죠?"라고 하면 점심 식사 후 가뜩이나 졸린데 강의까지 들어야 하는 부담이 있는 사람들은 "아니요."라고 말할 것이다. 차라리 "여러분 점심 드시고 조금 졸리시죠?"처럼 "예."를 유도하는 질문을 해야 한다. 즉, "머릿속 생각이 말로 바로 안 나와서 답답해 본 적 있으시죠?", "지금부터 머릿속 말을 바로 말로 만들 수 있는 방법을 알려 드릴까요?" 등 주제와 관련 있으면서 긍정 답변을 유도하는 질문을 하면 좋다.

우리도 누군가가 무표정하다고 지적하고 왜 웃지 않느냐고 강요하면 당황스러운데 청중도 마찬가지이다. 스피치를 듣는 청중들은 대부분 무표정이다. 무표정이라고 해서 스피치에 불만이 있는 것도 아니다. 오히려 무표정을 짓는 사람이 스피치에 더 집중하고 있는 것일지도 모른다. 스피치는 단순히 정보 전달만 하는 것이 아니라 그들을 변화시킬 에너지를 전달하는 일이다. 청중을 긍정적인 에너지가 차 있는 상태로 만들어 놓으면 소통이 즐거워진다. 청중을 거울이라고 생각하고 내가 먼저 웃는 모습을 보여주면 청중도 호의를 보이며 미소를 보내줄 것이다.

Summary

청중을 집중시키는 오프닝

1. 핵심 주제를 서두에 밝힌다.
2. 1분 안에 청중을 사로잡아라.
3. 오프닝 원고에 의존하지 말기 & 리허설 연습 많이 하기.
4. 청중의 호기심을 자극할 이야기, 인용, 최근의 뉴스, 화제 등의 장치를 활용한다.
5. Yes 반응을 유도하고 자기소개를 지루하지 않게 하기.

5
설득 스피치에 꼭 필요한 말하기의 구조화

모임에서 말을 길게 하면 기피 대상이 될 수 있다. 말을 간결하고 깔끔하게 표현하면 듣는 사람이 편하다. 나 또한 내가 전하는 말을 상대방이 알아듣지 못했을 때 한계를 느껴본 적이 있다. 말하기의 수준을 한 단계 높이기 위해서는 반드시 탄탄한 논리 구조를 갖추어야 한다. 그런 노력을 하는 과정에서 '어떻게 하면 나의 말에 논리 구조를 갖출 수 있을까?'라는 의문과 자연스럽게 만나게 된다. 일상적인 대화를 나누고, 발표를 하고, 연설을 하는 상황에서 필요한 말하기의 논리 구조를 배워보자.

- 아리스토텔레스 설득의 수사학

고대 그리스는 글이나 문자보다 말이 중시되던 시대였다. 청중을 설득하는 것은 그 시대 스피치의 가장 중요한 능력이었다. 당시에는 인간의 동기를 자극해 어떠한 사상이나 행동을 전환시키기 위한 설득이 스피치의 주요 목적이었다. 당시 설득을 위한 스피치에는 몇 가지 법칙이 있었다. 말이 사람의 깊이를 드러내는 것이어서 덕망부터 가르쳤고 대화를 통해 다른 의견을 가진 사람들과 토론하고 사유했다. 또한 그리스인들은 견문을 넓히고 말을 많이 해 본 사람이 스피치도 잘한다고 생각했기에 경험을 강조했다. 상황에 맞게 자유롭게 자신의 생각을 피력할 수 있는 적절한 스피치는 결국 경험의 힘이라고 할 수 있다.

스피치는 논리가 있어야 한다. 철저한 준비와 확실한 근거를 바탕으로 설득하고 메시지를 전달해야 한다. 논리적인 스피치는 설득에 효과적이다. 아리스토텔레스는 삼단논법과 사례를 바탕으로 한 추론 방법을 제시한다. 삼단논법은 보편적이며 일반적인 진리에서 결론을 도출하는 방법이다. 설득의 논리에는 연역법과 귀납법이 있는데 두 가지의 결론 추론 방식에 의해, 우리는 자연스럽게 결론을 진리처럼 받아들일 수 있다. 연역법은 대전제와 소전제를 통해 결론에 도달하고, 귀납법은 예시를 통해 보편적인 진리를 추론하는 방법이다.

* 연역법

- 대전제: 사람은 모두 죽는다.

- 소전제: A는 사람이다.

- 결론: 따라서 A는 죽는다.

* 귀납법

- 철수와 영희가 죽었다면, 사람인 A 역시 죽었을 것이다.

출처: 김은성, 『마음을 사로잡는 파워스피치』

감성적인 말은 힘이 세다. 아리스토텔레스는 누군가의 마음을 움직이게 하기 위해서는 공감, 경청, 유머, 공포나 연민 등의 감정적 측면이 반드시 필요하다고 강조했다. 한 방울의 눈물은 그 어떤 방법보다 파급력이 크다. 논리적이고 이성적인 사람도 감성에 호소하면 설득된다. 아리스토텔레스는 연령별 감성 스피치를 실행했다. 당시 젊은 층을 설득할 때는 야망과 실용성을 강조했고, 연령이 높아질수록 명예를 중시하는 스피치를 했다. 누군가를 설득하기 위해서는 상대방이나 청중을 분석하여 감성적인 방법으로 스피치를 할 수 있어야 한다.

말에는 화자의 인격이 들어 있다. 에토스는 윤리적으로 흠결이 없는 상태의 명성, 신뢰감, 호감 등 연사에 대한 인격적인 측면을 강조한다. 연사가 누구냐에 따라 스피치의 신뢰도가 달라진다. 신뢰가 있는 사람이라면 호감을 가질 수 있다. 상대에게 겸손하게 대하고, 진정성 있게 스피치를 해야 한다. 설득에 성공하고 싶다면 먼저 상대방에게 호감을 얻고(에토스), 감정에 호소하고(파토스), 논리적 근거를 제공해(로고스), 마지막에는 다시금 인격적인 호감(에토스)을 주는 순환 과정이 필요하다. 아리스토텔레스는 "현인처럼 생각하고 범인처럼 말하라."라고 말하며 논리적이면서 청중과 눈높이를 맞춰 말하는 스피치를 실행하라는 교훈을 남겼다.

- 설득에 필요한 논리적 구조화 기법

OBC는 Opening, Body, Closing의 약자로 쉽게 말해 서론, 본론, 결론이다. 어떤 말이라도 기본적으로 이 세 가지 순서에 맞춰서 이야기한다면 상대방에게 전달하고자 하는 말을 어렵지 않게 할 수 있다. OBC는 기초 단계에서의 말하기 방법으로 Opening의 O는 말의 도입 부분으로 우리가 무슨 이야기를 할 것인지 관심을 유도하고 공감을 이끌어내는 부분이다. Body의 B는 본격적으로 메시지를 담아내는 본론 부분으로 말하려고 하는 내용을 중요한 순서대로 '첫째, 둘째, 셋째'와 같이 일목요연하게 정리해 두고, 무엇을 할지(What) 생각하고, 왜 해야 하는지(Why) 설명하고, 그리고 구체적으로 어떻게 실행할 것인지(How)를 말해야 한다. Closing의 C는 내용을 정리해 주는 결론 부분이다. 이미 언급한 내용을 다시 한번 정리하거나 강조하고, 의미를 부여하며 방향을 제시하는 것이 좋다. 혹시 업무보고가 아닌 프레젠테이션이나 발표라면 감성적인 인사이트를 담아주면 메시지의 울림을 더 강력하게 만들어 설득력을 높일 수 있다.

말을 논리적으로 하려면 말의 구조화에도 주목해야 한다. SDS Summary, Detail, Summary 기법은 가장 기본적인 논리적 말하기이다. 처음 S는 Summary의 줄임말로서 말할 내용을 요약하는 것이다. D에서는 첫 단계 S에서 요약한 내용의 세부 사항을 구체적으로 묘사한다. 아래 예시를 보면, S 단계에서 닭 요리를 좋아한다고 밝힌 다음 D 단계에서 이유를 제시함으로써 앞의 내용을 부연 설명한다. 마지막 S 단계에서는 D 단계에서 다룬 세부 사항에 따른 결론을 내며 끝을 맺고 있다. 특히 D 단계에서 첫째, 둘째, 셋째로 나누어 근거와 사례를 어떻게 추가하느냐에 따라 말하기의 풍성함을 더할 수 있다. 공식적인 스피치나 프레젠테이션, 갑자기 즉석으로 이야기를 해야 할 때에도 SDS 기법을 활용할 수 있다.

[예시]

S: 저는 음식 중에서 닭 요리를 가장 좋아합니다.

D: 닭고기는 튀겨도 맛있고, 삶아도 맛있고, 훈제로 먹어도 맛있기 때문입니다.

S: 그래서 저는 닭으로 만든 요리를 가장 좋아하는데요, 회사 앞에 치킨집이 새로 생겼던데 같이 가보실래요?

출처: 손영주, 『최강의 말하기』

SDS가 말을 논리적으로 구조화 한 기본 방법이라면 PREP 기법은 SDS를 내용적인 측면에서 설명한 기법이다. 이 방법은 미국의 컨설팅 회사 맥킨지가 직원들의 설득력을 향상시키기 위해 생각해 낸 기법으로서 윈스턴 처칠 영국 전 수상이 즐겨 사용했다. PREP 기법은 Point(주제), Reason(이유), Example(예시), Point(다시, 주제 반복)의 약자로 앞 글자를 따서 '프렙'이라고 부른다. 프렙은 논리적 말하기의 대표적 방법이고, 두괄식으로 자신의 의견을 주장할 수 있다. 또한 예시가 들어가면서 구조가 더 탄탄해지며 SDS 기법에서 디테일에 해당하는 내용을 이유와 예시로 나누어 설명해 핵심을 구체적으로 드러낸다. 때문에 듣는 사람의 이해도를 높이는 한편 설득력을 배가하는 효과가 있다. 직장에서 보고나 회의 시 간결하게 설득할 수 있는 말하기 구조법이다.

Point - 결론부터 명확하게 말한다. (나의 주장)

Reason - 이유와 근거를 제시한다. (왜냐하면)

Example - 근거를 뒷받침하는 사례를 든다. (예를 들어)

Point - 다시 한번 결론을 강조한다. (결론적으로 다시 말하면)

상사를 설득할 때에는 SBE가 효과적이다. S는 Solution, B는 Benefit, E는 Evidence인데, 추진하려고 하는 업무가 있거나 아이디어를 제안할 때 이 방법을 추천한다. S는 해결책으로 문제를 해결하기 위해 '무엇을 할 것인지' 결론을 먼저 제시하는 단계이다. 그리고 해결책보다 중요한 건 B인데, 혜택에 해당한다. 상사의 입장을 고려한 말하기로 우리의 보고를 듣는 상사가 '아! 이건 정말 필요한 거다!' 또는 '이게 있으면 참 좋겠다.'라고 생각하게 해야 한다. 혜택과 이익이 없다면 선택받을 수 없다. 설득력을 높이기 위해서는 Solution에서 제시한 해결책, 전략이 얼마나 많은 이익을 우리에게 주는지를 상사나 회사 또는 고객의 입장에서 구체적으로 말해줘야 한다. 그런 다음, E에 해당하는 구체적인 증거로 우리가 주장하는 내용이 신뢰할 만하고 타당한지를 입증해야 한다.

- 논리 설계와 공감으로 하는 설득 스피치

설득이란 상대방의 태도, 신념, 가치, 행동 등을 바꾸기 위해 영향력을 행사하려는 시도이다. 설득을 위한 말하기는 듣는 사람이 행동이나 신념에 변화가 있기를 원하는 화자의 '주장', 이것을 입증하는 자료인 '근거', 주장과 근거 사이의 지지 관계인 '보장', 이 세 가지 구조로 이루어진다. 화자의 주장을 받아들인 후 설득의 방향은 크게 네 가지로 구분할 수 있다. 첫째, 화자가 제안한 행동을 함으로써 수용을 나타내는 '채택', 둘째, 어떤 행동을 마침으로써 주장을 수용하는 '중지', 셋째, 화자의 의견으로 어떤 일을 막거나 하지 않음으로써 수용하는 '저지와 방지', 넷째, 화자의 뜻대로 어떤 일을 계속 유지하고 수용하는 '지속'이다. 예를 들어 청년지원 계획의 채택, 탈원전 정책의 중지, 고금리 저지, 기업 민영화 정책의 지속 등의 주장에 들어있는 방향을 생각해보자. 설득의 네 가지 방향 중 내가 하려는 설득이 어디에 해당하는지 생각해보면 자신이 주장하려고 하는 것이 명료해지기 때문이다. 설득의 주제가 사실문제, 가치문제, 정책문제 중 무엇인지 구분해 보는 것도 필요하다.

가치의 문제는 어떤 것이 좋은지 나쁜지, 도덕적인지 비도덕적인지, 올바른지 그른지, 바람직한지 그렇지 않은지 등의 문제를 다루는 것이다. 가치에 대한 주장은 상대방의 판단에 호소해야 한다. 왜냐하면 이에 대한 답이 사실에 기초하는 것이 아니라 저마다 다른 가치관과 개인의 의견에 근거를 두고 있기 때문이다. 정책의 문제는 어떠한 조처가 취해져야 할지, 어떤 정책이 채택되어야 하는지, 어떤 법이 어떻게 바뀌어야 하는지를 다루는 것이다. 정책에 대한 주장을 펼치려면 자신이 주장하는 정책의 필요성과 계획, 그리고 그것의 적실성的實性을 제시해야 한다. 정책문제는 대개 사실과 가치를 논한 후에 설득에 들어가기 마련이다. 혹은 정책에 대한 주제를 다루면서 가치와 사실에 대한 주장들이 함께 언급된다. 그래서 하나의 스피치가 사실과 가치, 정책의 문제를 다 포괄하는 경우가 많다.

설득 스피치 설계의 일반적 유형 세 가지를 보면 첫째, 범주적 설계는 여러 가지 설득의 근거에 대한 범주화로 주장을 지지할 수 있고, 둘째, 비교적 설계는 정책이나 행동의 변화가 일어났을 때 얻어지는 혜택을 다른 경우와 비교하여 판단하는 데 이용할 수 있다. 셋째, 시간적 설계는 정책의 계획을 단계적으로 보여주면서 정책의 입안을 설득하는 데 적절히 이용할 수 있다. 이와

별도로 설득 스피치에서만 한정적으로 특화된 설계로는 3가지가 있다. 첫째, 문제와 해결방안을 제시하는 '문제-해결'의 설계로 청중에게 문제를 알게 한 후 자신이 제시하는 해결책이 어떻게 문제를 해결할 수 있는지 보여주는 설계이다. 둘째, 동기를 부여하는 시간적 설계는 문제-해결 설계를 자세히 설명하는 것이다. 설계의 순서는 '주의집중-변화의 결과에 대한 시각화-행동 촉구' 등의 순서이다. 셋째, 반박의 설계는 상대방이 펼치는 논제에 대해 의문을 제기함으로써 논리의 취약점과 비일관성을 드러내는 설계이다. 상대가 제시하는 논제와 증거를 확실하게 이해하고 있지 않으면 거꾸로 반박당하기 쉽다.

설득 스피치를 들은 청중이 한 번에 행동을 변화할 것이라고 기대하기보다는 납득할 수준에서 변화를 요구하는 것이 바람직하다. 이를 위해서는 일관성 있고 논리적인 주장이 필요하고 동시에 공감대를 형성하며 마음을 얻는 일도 중요하다. 신뢰성은 설득을 할 때 가장 기본적인 것이다. 신뢰는 크게 3가지 요소에 의해 구성된다. 첫째는 특정 주제에 대한 전문성과 지식을 가리키는 경쟁력, 둘째는 도덕성이나 정직성 등의 기본 인성이 주는 인격, 셋째는 말하는 사람에게서 느껴지는 열정, 에너지, 주제에 대한 꾸준한 노력 등이 솔직하고 힘 있게 분출되는 카리스마이다. 이 3가지 요소가 화자에 따라, 같은 화자라도 주제에 따라 조금씩 다르게 분포되면서 화자의 신뢰도를 구성하고 이 신뢰도는 듣는 사람에게 상당히 큰 영향을 줄 것이다.

Summary

설득 스피치의 말하기 구조화 스킬

1. OBC - 말하기 구조화의 기초 단계
2. SDS - 논리적 주장을 뒷받침하는 세부 내용으로 확장
3. PREP - 논리적 말하기의 대표
4. SBE - 보상, 혜택으로 설득하는 방법

6

공감도를 높이는 스토리텔링 말하기

우리 할머니는 정말 이야기를 재미있게 하셨던 분이다. 지금까지도 할머니의 이야기들이 생생히 떠오른다. 아침에는 화투로 재수를 점치시면서 그림만 그려져 있는 화투장을 가지고 어찌나 재미있는 이야기를 만들어 내시던지, 손녀인 나는 할머니 곁에 딱 붙어서 할머니의 이야기 속으로 빠져들며 재미있어했다. 그리고 타고난 스토리텔러였던 할머니의 손녀인 나는 누군가에게 이야기의 힘을 전해주는 일을 하고 있다. 우리 곁에는 이야기가 늘 존재하고 있다. 이야기는 감성적이지만 누구나 겪어봤음 직한 공감이 있기에, 그만큼 또 설득적이다. 스피치에 이야기 구조를 넣어 자연스럽게 논리를 녹여내면 그 누가 저항할 수 있을까. 브레네 브라운Brene Brown의 말에 의하면 이야기는 영혼이 담긴 데이터이기 때문이다.

- 성공하는 사람은 스토리로 말한다

두뇌 분석 결과에 따르면 이야기는 인간의 두뇌를 자극하고 사용한다. 말하는 이와 듣는 이를 연결하고, 청중이 연사의 주장에 훨씬 많이 공감하게끔 돕는다. TED에서 강연한 변호사 스티븐슨은 의도적으로 청중이 자신과 정서적으로 쉽게 이어질 만한 이야기를 고른다고 말했다. “먼저 상대방의 신뢰를 얻어야 하죠. 일반인의 삶에서 공감하기 쉬운 가족 얘기를 먼저 합니다. 그리고 약점을 극복했거나, 삶에서 자신의 환경을 딛고 일어난 아이나 어른에 관해 이야기합니다. 왜냐하면 제가 말하려는 내용에 대한 이해를 도우니까요.” 스티븐슨은 직업상 반감을 가진 상대의 마음을 바꾸어야 할 때가 많다. 그럴 때마다 그는 이야기를 도구로 사용해 상대방 마음의 벽을 허문다. 입장과 견해가 팽팽히 맞서는 판사와 배심원들의 공감을 얻기 위해 스티븐슨은 스토리텔링을 한다. 그는 이야기가 저항을 깨는 가장 강력한 방법임을 경험을 통해 알게 되었다.

“세상의 위대한 진실은 흔히 멋진 이야기에 담겨 온다.” 데일

카네기는 청중에게 영감을 주는 이야기의 힘을 믿었다. "내가 하는 이야기는 사실 내 것이 아니다. 소크라테스, 체스터필드 경, 예수님에게서 빌려오고 얻어온 것이고 훔쳐 온 것이다. 그걸 책으로 썼다." 효과적인 스피치를 위해서는 스피치 속에 서사 구조, 즉 이야기체story-telling 형식을 넣어주는 것이 좋다. 청중은 다른 사람의 삶을 들으며 자신의 삶과 비교하는 것을 즐긴다. 감정이입을 통한 몰입이 가능하여 이야기를 하는 동안 모든 청중이 연사에게 집중한다. 좋은 스피치란 흥미로운 이야기를 자연스럽게 스피치 속에 녹여내는 것이다. 특히 스피치를 재미있는 이야기로 시작하면 청중을 집중시킬 수 있다. 그러면 청중과의 마음의 거리는 훨씬 더 가까워질 것이다.

만달레이 엔터테인먼트Mandalay Entertainment의 회장 피터 구버Peter Guber는 자신의 성공적인 연예 사업 경력을 돌아보면서 성공의 상당 부분이 고객과 직원, 주주, 언론, 동업자들을 설득하는 능력에 있었음을 새삼 깨달았다고 했다. 그전에 그는 잠재적 투자자들을 정서적으로 동참시키지 않고 자료와 통계, 전망만을 제시해 커다란 사업 거래를 놓쳤다고 했다. "자신의 비전과 꿈, 동기를 다른 이가 뒷받침해주면 성공하기 쉽다. 임원, 주주, 언론 등을 내 편으로 끌어들이거나 내가 바라는 행동을 하게끔 하기 위해서는 분명한 메시지를 줘야 한다. 이야기는 감정이입을 만들고 당신의 목표가 그들의 머리뿐만 아니라 가슴에도 닿게 만든다. 이것이 이야기가 가진 성공의 힘이다." 상대방을 설득하려면 반드시 이야기를 포함해라. 공식 프레젠테이션이든, 편안한 대화든 말이다. 공감한다는 것은 타인이 경험한 감정을 알고 느끼는 능력이다. 일부 저명한 신경과학자들은 인간에게 공감이라는 행동양식이 내재되어 있다고 믿는다. 이것이 사회를 하나로 만드는 '사회적 풀'이라는 것이다. 강연이나 발표에서 자신이나 다른 사람에 대한 이야기를 하면 청중의 공감을 얻어 낼 것이다.

사람은 메시지가 아무리 논리적이더라도 내 마음에 들지 않으면 설득당하지 않는다. 우리는 때로 인간미에 더 끌리고 육감으로 움직이며 왠지 모를 끌림에 사로잡히는 감성적 동물이다. 듣는 이의 마음을 움직이게 하는 결정적 요소는 '파토스'를 건드리는 것이다. 스토리에는 사람의 심금을 울리고 감동을 주며 파토스를 자극하는 힘이 있다. 논리적, 추상적인 것을 구체적으로 만들어 주고 빤한 주장에 생기를 불어넣어 준다. 스토리를 들으면 머리가 아닌 가슴으로 이해하고 자연스럽게 말하는 이의 주장에 스며들게 된다. 사르트르는 "인간은 세상사 모든 것을 이야기를 통해 이해한다."라고 하였다. 당신이 사람의 마음을 얻는 스피치를 하고 싶다면 그 안에는 반드시 '스토리'가 담겨 있어야 하고, 청중의 귀와 마음에 이를 더욱 효과적으로 남길 수 있도록 '텔링'을 활용할 수 있어야 한다.

- 스토리텔링, 이야기와 소통의 기술

이야기는 유머나 음악과 마찬가지로 세계 공통으로 통용되며, 모든 사람들이 아주 오래전부터 좋아하며 사용해 온 커뮤니케이션의 정수精髓이다. 이야기는 몇 가지 이점이 있다. 이야기는 흥미로워 기억하기 쉽고, 체계적인 배열에 의한 사고의 구조를 제공하며, 복잡한 문제를 다루기 쉽게 해준다. 또한 일치감과 통일감을 만들어주고, 상상력을 자극하고, 주의력을 집중시킨다. 논리적이고 이론적인 스피치로 지루함을 주기보다는 쉽고 재미있고 감동적이며 오래 기억되도록 만드는 이야기가 훨씬 더 효과적이다.

삼단구성에서 가장 중요한 부분은 화제 전개, 즉 예화이다. 예화가 호기심을 불러일으키고, 이해를 도우며, 감동을 주기 때문이다. 결국 스피치는 예화가 성패를 좌우한다고 해도 과언이 아니다. 좋은 예화는 알기 쉬워야 한다. 대부분의 서투른 연사들이 자신의 수준에 맞춰서 예화를 선택한다. 특히 지식이 많은 사람일수록 고상하고 어려운 예화를 구사하려고 한다. 그러나 청중은 지적 수준이 높은 사람도 있지만 낮은 사람도 섞여 있다. 따라서 누가 듣더라도 알기 쉬운 예화를 선택하는 것이 바람직하다.

공감을 얻을 수 있는 이야기에는 역경을 극복한 주인공이 있다. 사람들은 주인공이 자기와 너무 동떨어진 특수한 인물이 아니라, 공감할 수 있을 때 더욱 관심을 갖는다. 예컨대 근로자들이 청중인 경우에는 사장이나 학자보다는 근로자 신분의 주인공이 좋고, 젊은 여성들이 청중이라면 중년보다는 젊은이, 그중에서도 여성이 주인공일 때 효과적이다. 가장 효과적인 것은 연사 자신이 주인공이 되는 것인데, 이는 청중에게 신뢰감을 주기 때문이다. 주인공이 온갖 어려운 일을 당하면서도 절망하거나 포기하지 않고, 그 고통의 멍에에서 벗어나면 청중은 손에 땀을 쥐며 안타까워하다가 후련함을 느끼고 희망을 갖게 된다. 단편 소설을 쓰듯이 당신의 스피치에 주인공이 살아 숨 쉬게 하는 것, 그것이 감동적인 스피치의 관건이다.

우리가 좋아하는 유명 강사들의 강의, 계속 듣게 되는 스피치, 집중되는 스피치의 대부분에는 스토리가 있다. 그 이야기 속에는 궁금함과 상상력이 있는데 이것은 드라마의 기본이다. 드라마는 '행동하다'라는 뜻을 가진 그리스어 드란Dran에서 비롯된 말로 '경험'을 말하는 것이다. 구체적으로는 경험 속의 장소, 사람 그리고 그때 당시의 내 느낌, 마음 상태, 그 당시의 생각을 이야기하는 것이다. 구조적으로 보면 동사, 형용사, 감탄사 등이 적절히 사용되며 거기에 자신의 느낌을 더하면서 드라마 스피치를 하는 것이다. 바로 자기 경험을 구체적으로 말하는 것이다. 에피소드가 스피치가 되려면 그 사건과 경험의 중심과 끝에 핵심 메시지가 있어야 한다. 에피소드에 핵심 주제와 말하고자 하는 메시지를 더하면 그것은 강의가 되고 재미와 의미가 있는 스피치가 된다.

- 스토리텔링의 방법과 기술

스토리를 만드는 방법 첫째는 디테일을 살리는 것이다. 영화 〈기생충〉의 성공 포인트 중 하나는 일명 '봉테일'로 불리는 봉준호 감독의 디테일한 표현력이다. 단순히 스토리를 요약하면 청중의 상상력을 불러일으키기 어렵다. 줄거리를 요약하되 부각할 부분에 장소, 날씨, 의상, 상황 등의 객관적인 디테일 묘사가 있어야 청중을 이야기 속으로 빠져들게 한다.

둘째, 친근한 표현이다. 연사와 청중이 같은 문제에 대해 고민하고 공감한다는 것만으로도 자기편으로 만들 수 있다. 청중이 내 편이 되면 마음이 너그러워져 연사의 사소한 실수에 관대해지고 이야기에 집중할 준비가 갖춰진다. '여러분'이나 '그들'이란 표현보다 '우리'라는 표현은 정서상 더욱 친근하게 다가갈 수 있는 표현이다.

셋째, 현장 분위기를 활용하는 것이다. 청중은 대개 수동적이고 경계심이 많다. 그래서 연사가 움츠러들기 쉽고 청중도 이성적인 잣대로 평가하려는 분위기가 조성된다. 이때 청중의 분위기를 부드럽게 풀어주기 위해서는 연사가 청중이 따라 할 수 있도록 기회를 주고 가장 먼저 반응을 보인 청중에게 기분 좋은 칭찬을 하면서 참여를 유도한다.

넷째, 매력적인 스토리 소재가 있어야 한다. 흔한 소재는 아니지만 나와 같은 평범한 사람이 드라마틱한 위기를 겪는 과정에서 느낄 수 있는 희로애락喜怒哀樂이다. 스토리의 세 가지 요소는 '인물, 배경, 사건'이고 기본 구성은 기승전결이다. 이 중 '기'에서 가장 중요한 것이 인물인데 캐릭터의 성격과 배경을 충분히 설명해야 '사건'이 힘을 받아 스토리가 잘 풀린다.

[예시: 스토리를 만드는 4가지 방법]

1. 디테일한 묘사	"1994년 여름이었어요. 그 해 여름은 폭염이 일상이 되고 일사병 사망자가 속출했고 아스팔트바닥에서 계란 프라이가 가능할 정도로…."
2. 친근한 표현	"건강의 중요성이 강조되면서 다이어트는 미용의 기능도 중요하지만 성인병 예방책으로 365일 노력해야하는데 정말 힘듭니다. 저만 그럴까요?"
3. 현장 스토리	"성인 문해학교에 오셔서 글자를 배우고 의미를 배우신 여러분~! 정말 훌륭하십니다. 우리 어르신분들께 박수로 격려를 드려볼까요?"
4. 매력적인 이야기	"한 곡을 완전히 연주하는 데, 7년의 시간이 걸리지만 지금은 병원이나 학교에 음악봉사를 다니는 장애인들로 이뤄진 얼쑤, 음악단입니다."

좋은 스토리는 해석이 어렵지 않고 '직관적'으로 이해되어야 한다. 필요하다면 어떤 상황이나 감정을 세부적으로 묘사할 수 있겠으나 지나칠 정도로 모든 부분을 구구절절 상세하게 풀거나 하나의 스토리가 길어지기 시작하면 청중은 금세 지치게 마련이다. 스피치에서의 스토리는 가능하면 짤막하면서도 해석이 너무 어렵지 않고 직관적으로 이해되는 것이 좋다. 특히 젊은 세대는 짧고 간결한 것을 선호한다. 하나의 스토리는 3~5분 이내로 전달할 수 있으며 때에 따라 10~20초 안에 전달하는 것도 가능하다. 스피치 스토리는 간결하면서도 임팩트 있게 전달하기를 권한다.

그리고 중요한 내용은 구체적으로 그림을 그리듯이 묘사해야 한다. 유능한 연사는 사람들의 머릿속에서 영상이 떠오르도록 만드는 사람이다. 이를 위해서는 동영상을 보여준다거나 사진이나 현물 등을 통하여 청중들이 생생하게 느끼도록 하라.

Summary

1. 스토리에는 메시지가 있어야 한다.
2. 스토리는 간결해야 한다.
3. 스토리는 재미있어야 한다.
4. 스토리는 디테일을 살려야 한다.
5. 스토리에는 역경을 극복한 주인공이 있어야 한다.

“

7
설득력을 높이는 표현법

의미를 풀어주는 비유를 잘 쓰면, 그 말은 완전히 뇌리에 각인된다. 말을 하거나 글을 쓸 때 주제를 최대한 알아듣기 쉽게 설명하자. 듣는 사람 입장에서 알아듣기 쉬우면 계속 듣고 싶어지고, 그 주제에 대해서도 더 많은 관심이 생긴다. 쉬운 글은 문장이 짧으면서 쉬운 단어들로 구성되어 있다. 무겁고 어려운 이야기로 청중을 힘들게 하지 말고 세련되고 설득적인 표현을 찾아보자.

- 구체적으로 보여주듯이 말을 하라

복잡한 말을 어렵게 쓴다고 그 사람의 지적 능력이 돋보이는 것은 아니다. 자신의 생각에 동의하게 만들고 사람들의 기억에도 남기고 싶다면, 쉬운 표현으로 말하는 훈련을 하라. 어렵지 않지만 곰곰이 생각해보게 만드는 말, 현학적인 표현 없이 어려운 내용을 쉽게 설명해주는 친절한 말이 오래도록 기억에 남는다. 말을 쉽고 간결하게 하려면 쉬운 단어를 사용하는 것 외에 염두에 두어야 할 것이 있다. 바로 짧은 문장을 쓰는 것이다. 문장이 너무 길어지면 비문이 되기 쉽듯이 말할 때도 길어지면 중언부언이 되기 쉽다.

비유와 예시를 통한 쉬운 설명도 중요하다. 문어체가 아닌 구어체로 말해야 한다. 평소 대화할 때 잘 안 쓰는 단어들은 사용하지 마라. 예를 들어 '본', '및', '혼재', '등', '~되어'와 같은 단어들이 반복되면 자연스럽게 들리지 않는다. 친구와 대화할 때 "남경아, 본 식당은 삼계탕 및 짜장면 메뉴가 혼재되어 맛을 예측할 수가 없을 듯하다."라고 말하는 사람은 없다. 평소 쓰는 단어로 말하는 것이 중요하다. 물론 그렇다고 하더라도 비속어나 지나친 줄임말은 피해야 한다.

구체적이고 생생한 단어를 사용하는 것도 좋은 훈련 방법이다. 앞서 설명했듯이 숫자를 넣으면 내용이 보다 구체적으로 다가온다. 또한 "모처럼 산에 올라갔더니 기분이 좋아졌어."라고 말하기보다 "올라가는 동안 무릎이 뻐근하고 땀이 났지만, 산꼭대기에서 바람을 쐬니까 성취감도 들고 정말 시원했어."라고 말하면 듣는 사람에게도 그 장면이 확연하게 그려진다. 이렇게 색다르고 가슴에 확 와닿는 신선한 표현을 집중적으로 찾아볼 수 있는 좋은 교과서가 우리에게는 이미 있다. 바로 시집이다. 어휘력과 생생한 표현력 습득은 물론 의식을 확장해 마음을 평안하게 만드는 데도 시집 읽기가 도움이 된다. 시인들이 짧은 시구에 하고자 하는 말을 고르고 골라 선택한 단어들이 빼곡히 들어 있는 시집이야말로 훌륭한 말하기 훈련 교과서라고 할 수 있다.

쉽고 구체적인 표현을 위해 텔레비전이든 책이든, 언제 어디서나 기막힌 표현을 만나면 이를 반드시 적어야 한다. 기억은 기록을 따라가지 못한다. 요즘은 휴대폰 메모장에 바로 내용을 입력할 수 있고, 카메라로 즉시 찍어 보관할 수도 있으니 얼마나 편리한가. 이렇게 기록해둔 정보를 주기적으로 꺼내 입으로 훈련을 하라. 언제 어디서든 사용 가능한 유용한 스피치 자산이 된다.

- 설득의 기법

스피치는 일단 우리 뇌 속에 '기억'되어야 한다. 특히 30분 이상의 긴 스피치는 하나의 커다란 주제 아래에 핵심 내용을 여러 개 담게 되는 데, 인간의 뇌는 정보량이 너무 많으면 이를 효율적으로 구분하고 보관하는 데 어려움을 느낀다. 그래서 스피치를 오래 기억하도록 만들어야 하는데, 그중 하나가 핵심을 반복해서 말하는 'Repeat' 화법이다. 청중이 꼭 기억했으면 하는 중요한 단어나 내용을 소리 내어 따라 하게 하는 것이다. 쉬운 내용을 다 같이 합창하듯 반복하게 하라. 특히 어려운 용어를 설명하거나 꼭 기억시키고 싶을 때 활용하면 좋다. 매우 단순하고 쉬운 방법이지만 청중의 집중도를 높이고 기억력을 향상하는 데 그 몫을 톡톡히 한다.

비유법은 연설을 훨씬 매력적으로 만들어 준다. 청중의 머릿속에 그림이 그려지도록 하는 대표적 비유법으로는 직유법, 은유법이 있다. 직유법은 '~처럼', '마치~같이', '~인 양', '~듯이'와 같은 연결어를 사용해 표현하려는 대상을 보다 구체적으로 나타내기 위해 다른 대상에 빗대어 말하는 방법이다. 은유법은 "A는 B이다."(A=B)와 같은 간결한 형식을 취한다. '~처럼', '~같이' 등의 연결어 없이 아주 간결하기 때문에 청중에게 훨씬 풍부한 뜻과 강한 인상을 줄 수 있다. 직유법이 직설적이라면 은유법은 은근하게 풍기는 맛이 있다. 비유법은 이야기에 자기만의 독특한 비유로 생동감을 불어넣어서 평범한 연설도 특별하게 만들어 준다. 또한 비유는 통속적이고 구체적이며 쉽게 이해할 수 있는 것이어야 한다.

[예시: 비유법]

* 직유법 - 유명한 골프선수의 옷은 마치 광고판 같아. - 마법처럼 달라지는 나의 말하기 스킬 - 키다리 아저씨 같은 당신 * 은유법 - 시간은 돈이다. - 인생은 타이밍이다. - 내 마음은 호수다.

연설에서 청중과의 거리를 좁히기 위한 가장 좋은 방법은 명언이나 격언을 인용하는 것이다. 연사에 대한 정보가 전혀 없는 청중이라면 그들에게 익숙한 사람들의 이야기를 들려줌으로써 친근감을 불러일으키고 연설로 시선을 끌 수 있다. 다만 인용문이 너무 길면 청중이 연설 내용을 잊을 수 있으니 주의해야 한다. 연사 자신의 경험담이라면 상관없지만 타인의 이야기라면 천 자

가 넘지 않는 선으로 제한한다. 시나 속담, 고전 등을 인용하고 싶다면 짧고 간단하게 한다. 인용문이 너무 짧아 효과가 미미해 보인다면 인용문을 여러 개 사용할 수 있다.

대구법은 공통점과 차이점을 두드러지게 함으로써 열정적인 연설에서 자주 사용되는 기법이다. 대구법은 다양한 형식과 리듬감, 서정적인 분위기로 청중의 흥미와 공감을 쉽게 이끌어 낸다. 어떤 사건을 호소하고 싶다면 대구문을 반복적으로 외치며 분위기를 형성할 수 있다. 마틴 루터 킹은 '나에게는 꿈이 있습니다'라는 연설에서 대구법을 잘 이용했다. 루터 킹의 연설을 소리 내어 읽어보면 대구 문장이 주는 감동을 고스란히 느낄 수 있다. 대구법 유사한 문장 서너 개를 사용하는 것이 일반적이며, 연설에서는 한두 차례 사용하면 충분하다. 비교하는 단락이나 문구가 순서대로 배치되어 운율이 살고 어조가 점진적으로 강해지는 효과를 기대할 수 있다.

[예시: 대구법]

"산은 산뜻함으로 윤기가 돌고, 강물은 세차게 흘러가고, 태양은 붉게 물들어 가네."

- 중국 시인 주쯔칭의「봄」

출처: 쉬정,『사람들이 듣고 싶게 만드는 말하기의 기술』

- 남다른 표현력을 갖춘 말하기

우리가 하루에 사용하는 단어의 종류는 얼마나 될까? 실제로 평소 사용하는 단어의 수는 얼마 되지 않는다. 진부하지 않은 새로운 단어를 사용하면 말하기 능력을 좀 더 향상시킬 수 있다. 국어사전을 책상에 놓고 틈날 때마다 아무 페이지나 뒤적거리는 습관을 갖는 것도 좋다. 스마트폰에 국어사전 앱을 깔아 출퇴근 시간에 찾아보는 것도 좋은 방법이다. 새롭게 알게 된 뜻이나 표현을 일상의 대화 속에서 사용해보라. 남다른 표현력과 남다른 말솜씨는 이렇게 사소한 훈련을 통해서도 길러질 수 있다.

추상적인 이야기는 시시한 이야기, 따분하고 졸리게 한다. 재미없는 교수의 수업이라도 짬짬이 "이건 여담인데 말이야~" 하고 에피소드라든가 비밀스러운 이야기를 하면 학생들이 갑자기 관심을 갖고 이야기에 집중한다. 비밀스러운 이야기나 에피소드는 구체적이기 때문에 재미있는 것이다. 그리고 가짓수는 많은데 먹을 것이 없다는 말이 있듯이, 이것저것 다 말하려고 욕심을 부리다가는 어느 것 한 가지도 제대로 전달하지 못한다. 따라서 자기가 하고 싶은 말 가운데 이것만은 꼭 들려주고 싶다는 이야기를 찾아야 한다.

문장의 마무리도 다양하게 한다. 문장의 어미를 모두 '~입니다.'로 끝내는 것보다 '~죠.', '~요.'라고 어미를 끝내면 생동감이 느껴져서 좋다. 스피치를 잘하는 사람은 일대일로 상대방과 대화하듯이 말한다. 어색하게 들리면 사람들은 귀를 닫는다. 닫고 싶어서 닫는 것이 아니라 잘 들리지 않으니까 저절로 닫히는 것이다. 청중이 집중하지 않는다고 불만을 갖는 대신 자신의 스피치를 청중의 입장에서 들어보는 자세가 필요하다.

Summary

설득을 위한 표현법

1. 쉽고, 구체적이고, 눈에 보이듯 말하라.
2. 문장을 짧은 문장으로 만들라. 복문이 아닌 단문으로!
3. 나만의 어휘 노트 만들기 - TV, 라디오, 인터넷, 책, 신문, 드라마 등 좋은 표현 채집
4. 반복, 비유, 인용, 대구를 사용해 청중과 교감하라.
5. 욕심을 버리고 말하려는 주제는 한 가지로, 어미 처리는 다양하게~!

말을 잘하기 위한 비언어적인 요소

PART 5

“

1

목소리가 다르면 말도 다르게 와닿는다

목소리에는 말하는 사람의 지적 수준, 태도, 마음 등이 다 담겨 있다. 그래서 나는 “마이크 앞에서는 고운 마음으로”라는 내 나름의 자세를 가지고 방송했다. 목소리는 타고나기도 하지만 후천적인 노력을 통해 좋아지기도 하고, 계속 훈련을 하면 전문가적인 목소리를 얻기도 한다. 지인 중에 서평을 정말 잘하는 분이 있는데, 오디오 채널까지 여셨다. 열고 나서는 본인의 부족함을 채우려고 성우 수업도 받으셨다. 처음보다 많이 나아지셔서 박수를 많이 보내드렸다. 도움이 되는 이야기에 좋은 음성까지 더해진다면 이보다 무엇이 더 좋으랴~!

- 목소리도 관리가 필요하다

"목소리가 크면 이긴다."라는 말이 있어선지 너 나 할 것 없이 목소리를 크게 내지르며 얼굴을 붉힌다. 인어공주는 사랑하는 왕자를 만나기 위해 두 다리를 얻는 대신 예쁜 목소리를 잃었다. 화도 마찬가지다. 화를 냄으로써 통쾌한 감정을 얻었을지는 몰라도 성대에 심한 무리가 가고 점차 고운 목소리를 잃어버린다. 자주 화를 내는 사람은 불리한 상황이 되면 무조건 화부터 내서 분위기를 어색하게 만드는데, 이건 습관이다. 승용차가 아무리 아름답고 엔진이나 타이어가 우수할지라도 그 차에 브레이크 장치가 없다면 사고의 원인이 될 수 있다. 사람에게는 브레이크 역할을 하는 자제력이 필요하고, 좋은 음성을 얻기 위해서도 화는 내지 않기를 바란다.

목을 무리해서 사용하거나 발성을 잘못하는지도 모르고 습관으로 굳어 성대결절이 오기도 하는데 이를 우습게 보면 안 된다. 초기에 반드시 치료하고 꼼꼼하게 사후관리를 해야 오랫동안 건강한 목소리를 유지할 수 있다. 과다하게 웃거나 우는 것, 계속 말하는 것, 심한 소음이 있는 장소에서 의사소통을 하기 위해 큰 소리로 말하는 것, 고함을 지르는 것 등은 모두 후두 기능에 해가 된다. 또 의도적으로 낮은 음을 내기 위해 지속적으로 목을 누르며 말하는 것, 흡연이나 음주 등도 성대결절의 원인이 된다. 평소 성대에 부담되는 상황을 피하고 대추도라지차, 유자차, 오미자차, 배 등 목에 좋은 식품을 먹는 것도 목소리 관리에 효과가 있다. 목을 편하게 이완시키는 연습도 틈틈이 하면 좋은데 숨을 한 번에 내쉬지 말고 들숨 상태에서 3초간 멈추었다가 날숨을 여러 번으로 나눠서 천천히 내뱉는다. 그다음 상체를 바로 세우고 정면을 바라보면서 허밍을 하듯 "음~" 소리를 내며 몸의 울림을 느끼도록 훈련하면 된다.

사람의 목소리는 평생 두 번의 변성기를 거치게 된다. 제1변성기는 사춘기를 맞이하면서 아이 목소리에서 어른의 목소리로 바뀌는 시기이고, 제2변성기는 성대의 폭이 좁아지는 50대 이후 성대 주위에서 점액 분비가 줄어들어 성대가 건조해지면서 깔깔한 노인 목소리로 변하는 시기이다. 보통 15살 전후로 성대의 길이가 어른의 크기로 커지는데, 남자는 보통 60% 정도 길어지고 여자는 34% 정도 길어진다. 이때 지나치게 큰 소리를 내거나 고함, 높은 소리 등은 성대 질환을 일으켜 목소리를 갈라지게 만든다. 따라서 절대로 과격하게 소리를 지르거나 높은음의 노래는 하지 말아야 하며 어쩔 수 없이 무리하게 목을 사용했다면 며칠 동안은 목을 아껴야 한다. 변성기는 약 1~2년 정도 지속되는데, 이 기간 동안의 목 관리가 평생 어떤 목소리의 주인공으로 살아가느냐를 결정하므로 부모가 옆에서 잘 관리해주는 것이 중요하다. 가능하면 소리 지르지 말고 물을 많이 마시며 자극적인 음식과 음료는 피하는 일반적인 방법이 가장 좋다.

사람들은 녹음한 본인의 목소리를 처음 들으면 당황하는데, 평소 알고 있던 자신의 목소리와 다르기 때문이다. 다른 사람들이 듣는 소리는 녹음기를 통해 듣는 내 목소리에 가깝다. 목소리는 다른 소리와 마찬가지로 파형을 가지고 있다. 목소리는 폐에서 나온 공기가 후두 안의 성대를 통과하면서 발생한다. 내가 낸 음성은 공기 중 진동 형태로 퍼지면서 상대방에게 전달돼 고막을 울리고 뇌로 신호를 보내 소리를 듣게 한다. 반면 내게 익숙한 내 목소리는 성대에서 울린 소리가 내 뼈와 근육을 통한 반사와 흡수를 거쳐 내 몸의 내이로 전달되기 때문에 훨씬 더 울림이 있고 안정감이 느껴진다. 우리가 소리를 낼 때는 입과 뼈, 그리고 여러 장기 등이 함께 울리기 때문에 저음부가 강조되어 들리지만, 성대의 진동을 통해 만들어져 밖으로 퍼져나간 목소리를 듣는 상대방은 중음과 고음 위주로 듣게 된다.

- 타고난 목소리도 바꿀 수 있을까?

성별도 같고 비슷한 주파수를 가졌다고 해서 목소리가 같지는 않다. 사람에 따라 비강, 구강, 인두 등의 생김새가 미묘하게 달라 같은 음이라도 소리의 파형에 차이가 난다. 그래서 사람마다 목소리가 다 다르게 느껴진다. 아무리 성대모사를 잘하는 사람이라도 목소리의 후천적인 부분이나 음성의 특징을 흉내 낼 뿐 선천적인 부분까지 똑같이 따라 할 수 없다. 즉, 사람들의 목소리는 우리 손의 지문처럼 고유의 특징을 지니고 있어 개인적으로 식별이 가능하다. 좋은 목소리는 훌륭한 연주가에 의해 오랫동안 잘 길들여진 명품 바이올린과 같다. 사람의 성대가 바이올린의 현이라면 우리 몸 상태와 발성법은 바이올린의 본체에 좌우된다고 볼 수 있다. 즉, 공명감이 관건이라 몸의 울림, 발성 기관의 울림이 있어야 한다.

청중을 집중시키려면 좋은 음색을 내야 한다. 듣기에 기분 좋은 목소리는 스피치의 중요한 덕목이다. 이는 곱고 맑은 음성을 뜻하는 것이 아니며, 편안하고 기분 좋은 음성이면 충분하다. 청중은 상황을 장악할 줄 알고 자신감 있는 연사를 존중하고 신뢰한다. 연사는 자신의 음성을 통해 자신감 있고 안정적인 상태임을 청중에게 알려줘야 한다. 선천적으로 음성이 약하다면 복식 발성을 해 보자. 몸을 똑바로 세우고 아랫배에 힘을 주면서 소리를 내면 자신감 있는 목소리를 낼 수 있다.

내용만큼이나 중요한 것이 말을 담는 틀, 즉 '바른 소리'와 '바른 언어'이다. 바른 소리는 올바른 발성으로부터, 바른 언어는 제대로 된 언어교육을 통해 얻을 수 있다. 타고난 음색은 사람마다 다 다른데, 편안한 소리와 진성은 발성 훈련으로 찾을 수 있다. 일단 소리를 낼 때 온몸의 힘을 빼야 한다. 앉아 있을 땐 발을 한 발짝 앞으로 내밀어 공명강(소리가 울리는 공간)을 넓혀 주고, 서 있을 때는 발 앞쪽에 무게중심을 두고 발성하는 것이 바른 자세이다. 발성할 때 턱을 당기고 아랫배에 숨을 가득 들이마신 후 배에 힘을 주면서 "아~~~"라고 낮은 음으로 단전이 울리도록 크고 길게 소리를 낸다. 호흡이 달려서 더 이상 소리가 나오지 않으면 그 소리에 다시 한번 호흡을 실어 소리를 내면 된다. 이 훈련을 반복한 후에 문장을 읽어보고, 다시 발성 연습을 하고 다른 문장을 읽어본다. 이런 반복 훈련을 하다 보면 자신의 소리가 좋은 소리로 변하는 것을 느낄 수 있다.

아나운서 준비 기간에 부단히도 녹음을 많이 했다. 정말 이것이 내 목소리인지 머리털 나고 처음 들어본지라 그 괴리감에 얼떨떨한 표정을 지었던 적이 있다. 무엇이 부족한지 모니터링을 하고 (필요하다면 전문가 피드백을 받자.) 스스로 고쳐나가는 시간을 가졌고, 결과는 성공이었다. 발음과 발성, 목소리를 교정하려면 자신의 목소리를 녹음해서 자주 들어보라. 반복해서 듣다 보면 스스로 어떤 부분을 고쳐야 하는지 깨닫게 되고 그러면 교정하는 게 더욱 수월해진다. 매일 녹음해서 보완하고 이를 약 3~4개월 동안 반복해 훈련하고 교정하다 보면 처음 녹음했던 목소리와 확연히 달라진 것을 느낄 수 있을 것이다. '녹음해서 자기 목소리 듣기'는 목소리 교정에 아주 좋은 방법이 된다.

- 신뢰감을 주는 목소리 만들기

음성은 스피치의 출발이다. 올바른 음성과 호흡은 윤택한 소리를 만든다. 흉식호흡은 호흡을 짧게 하게 되고 목소리가 얇아 힘없는 목소리가 나오고, 목도 자주 쉬게 되어 아나운서에게는 치명적일 수 있다. 복식호흡을 하면 소리가 깊고 울림 있어 윤택하고 공명감이 살아 전달력 좋은 목소리가 나오며 신뢰감도 줄 수 있다. 가장 좋은 호흡은 흉식과 복식을 유기적으로 조화롭게 하는 호흡이다. 음성을 전달할 때 호흡을 길게 해서 자신감 있는 발성으로 하면 메시지 전달에 효과적이다.

자신감은 기적의 도구이다. 목소리는 뇌의 지시를 받는다. 밝은 표정을 지으면서 말하면 음색도 밝아지고, 반대로 어두운 표정에서는 어두운 목소리가 나온다. 밝고 환하게 웃는 표정으로 말해야 목소리에 생기가 묻어나올 것이고, 여기에 발음까지 정확하면 금상첨화다. 나는 다른 사람의 말을 들을 때 남을 배려하는 마음이나 긍정의 기운이 흐르는지 살펴본다. 여러분에게 좋은 목소리는 무엇인가? 대개 밝은 미소와 친절이 배어나는 목소리, 자신감과 확신을 표현하는 힘 있는 목소리, 음의 고저, 강약 등의 리드미컬하게 표현되는 목소리를 꼽을 수 있다. 둔탁하고 부정확한 발음을 보였던 할리우드 스타 아놀드 슈왈츠제네거는 트레이닝을 통해 자기 목소리의 단점을 성공적으로 개선했고, 링컨이나 케네디도 젊은 시절부터 목소리를 위해 끊임없이 노력했다.

스피치를 할 때는 발음을 더욱 정확하게 해야 한다. 문장이 완전히 끝나는 어미까지 분명한 발음으로 처리해야 한다. 문장의 끝에 힘을 주라는 것이 아닌 확실한 발음으로 어미 처리를 하는 것이다. 억양은 말하는 것처럼 편하게 하면서 문장 끝까지 정확한 발음을 해야 정보 전달에 효과적이다. 발음을 급하게 하거나,

콧소리를 내거나, 뛰어와서 말하는 것처럼 숨차서 이야기를 하면 정확한 발음이 나오지 않는다. 따라서 평안한 마음으로 배 깊은 곳에서 소리를 내면서 차분하게 이야기하는 습관을 길러두자.

좋은 목소리는 타고나는 음색 외에도 후천적인 발성에 의해 결정된다. 즉 목소리는 충분히 변할 수 있으며 신뢰감을 주는 음성을 만들 수 있다. 첫째, 톤이 너무 높아 불안한 음성은 고저장단으로 음의 변화를 주면서 목소리 톤을 중음(미톤)이나 중저음(자연스러운 톤)으로 바꾸어 말의 분위기에 변화를 주자. 둘째, 저음으로 너무 낮게 깔리는 음성은 화자가 기분이 좋지 않은 느낌을 주거나 권위적으로 들릴 수 있기 때문에 좀 더 편안한 톤으로 분명하게 말하되 속도감 있게 말하는 연습을 해야 한다. 셋째, 쉿소리가 나고 허스키한 탁성은 청중에게 거북함을 줄 수 있고 전달이 잘되지 않는 대표적인 음성이다. 여기에 발음까지 부정확할 경우 스피치 이해에 지장을 초래할 수도 있다. 따라서 목에 무리를 주지 않는 선에서 입안의 공간을 많이 확보해 공명과 발음을 풍성하게 하고 간결하고 정확하게 말한다면 허스키 보이스도 매력적으로 들리게 할 수 있다.

Summary

자신감 있는 스피치를 위한 목소리 관리

1. 목소리 관리를 위해 평소 성대에 해로운 음식 섭취하지 않기.
2. 녹음해서 자신의 목소리를 자주 들어보고 모니터링 후 다시 보완해서 또 녹음해보기.
3. 변성기 때 평생의 목소리가 결정되니 이 시기 목 관리에 더욱 신경 쓰기.
4. 성대에 무리 주는 큰 소리 내는 것, 화내는 것 자제하기.
5. 자신의 톤을 체크받고 톤을 보완해서 좋은 음성 만들기.

2

힘 있고 안정된 목소리를 만들어주는 호흡과 발성

복식호흡은 실제로 해 보면 너무나 편안하고 마음까지 차분해진다. 복식호흡을 하다 보면 음성에 에너지가 실리고, 나의 말을 끝까지 든든하게 받쳐준다. 게다가 목도 안 쉬니 참으로 보물 같은 호흡법이다. 호흡은 발성과 발음을 담는 그릇이다. 목소리는 호흡 없이 만들어지지 않는다. 힘 있는 목소리가 나오려면 펌프의 압력과 같은 에너지가 있어야 한다. 복식호흡으로 그 에너지를 키울 수 있다.

- 복식호흡 하는 법

호흡이란 들숨과 날숨의 균형이다. 숨을 들이마실 때는 코로,

내쉴 때는 입으로 말을 내뱉는다. 코로 공기가 들어오면 폐가 커져 부풀어 오르면서 횡격막을 밀어내 배가 빵빵해지는데 이것을 들숨이라고 하고, 날숨은 반대로 숨을 충분히 내뱉으면서 배가 다시 들어가는 것을 말한다. 깊은 호흡을 통해 횡격막은 수축과 이완을 하는데 이때 근육이 유연해지면서 근육으로 이루어진 장기들도 같이 활동하게 돼 신진대사도 원활해진다. 따라서 흉식호흡보다 복식호흡이 목, 가슴, 어깨 근육의 긴장을 더 많이 풀어줄 수 있고 체내 공급되는 산소 또한 훨씬 많아지게 한다. 결론적으로 흉식호흡보다는 복식호흡이 말하기에 훨씬 도움이 된다. 복식호흡의 안정감은 심적 부담을 덜어 주는데, 폐 안에 공기 저장량이 많아져 호흡을 길게 할 수 있기 때문에 말의 흐름을 뚝뚝 끊지 않고 자연스럽게 이어 갈 수 있도록 해 준다.

흉식호흡 자체가 문제는 아니며 스피치에도 적절히 활용될 수 있지만, 힘 있고 전달력 있는 목소리를 내기에는 한계가 있다. 몇 마디만 해도 목이 금세 아프다면 복식 발성을 연습하자. 복식호흡은 어깨너비만큼 다리를 벌리고 반듯하게 서는데, 무엇보다 중요한 것은 몸에 힘을 완전히 빼야 한다는 것이다. 또한 숨을 들이마실 때 가슴이나 어깨가 올라가지 않도록 주의한다. 코로 천천히 숨을 들이마시고 최대한 입으로 내쉬는데, 한 손은 가슴 위에,

한 손은 배 위에 올려놓고 숨을 들이마실 때 배 위에 얹은 손만 움직인다면 제대로 하고 있는 것이다. 하복부에 집중하면서 "후~" 하면서 숨을 천천히 내쉬며 배 속의 모든 공기를 다 뱉어낸다는 생각으로 호흡을 최대한 내뱉는다. 이때 배가 등 쪽으로 쑤욱 당겨지는 게 느껴져야 한다.

"후우~~~~후우~~~~후우~~~" 3번 반복한 후, 이 호흡에 소리를 실어보자. 공기가 풍부해서 처음 나오는 소리의 세기는 힘 있고 나중에 나오는 호흡에 실린 음성은 점차 희미해질 것이다. 아랫배로부터 쑥 올라온 공기가 성대를 통과한 후, 입안에서 공명해 앞으로 시원하게 뻗어 나가야 한다. 저 멀리 가상의 점을 하나 찍고, 그 점에 내 소리를 쭉 내보낸다는 상상을 하면서 길게 발성해보자. 일관된 크기의 소리가 안정적으로 나올 수 있도록 말이다.

[예시]

"후우~~~~~~" (10초 발성 3번 반복)

"후우~~~~~~~~~~~~~~~~~~~~~~~~~~~~~~~~~"(15초 발성 3번 반복)

발성은 음악과 아주 밀접하다. 음악 악보를 생각하면서 나의 톤을 찾아보자. 한 옥타브에 8음계가 있으니, 낮은 도부터 높은 도까지 차례대로 허밍을 하면서 편안하게 느껴지는 톤을 찾으면 된다. 그 톤이 자신의 발성 구조에서 나올 수 있는 최적의 목소리 톤이다. 그런 후 그 목소리 톤에 복식호흡으로 에너지를 가득 채운 후 복식 발성을 해 보자. 부드러우면서도 멀리까지 잘 전달되는 소리를 내려면 발성을 할 때 10미터 거리의 점을 향해 포물선을 그린다고 생각하며 목소리를 쭈욱 던져라. 목소리의 안정된 톤과 울림이 "하~~~~아~~~~" 발성으로 그대로 이어지는 것이 핵심이다. 중간에 끊김 없이 쭈욱 포물선을 그리며 가상의 점에 닿겠다는 상상을 하면서 목소리를 던지는 것이 중요하다.

- 호흡과 발성으로 달라지는 목소리

말하기에 있어서 성우처럼 탁월하게 근사한 음색보다는 신뢰감 있는 목소리의 깊은 울림과 상황에 맞는 편안한 중저음 톤에 집중할 필요가 있다. 호흡을 내쉬는 대신 "아~~~~" 하고 소리를 내는데 입을 크게 벌리고 목구멍을 동그랗게 만들어 얇고 가는 소리 대신 울림 있고 풍성한 소리를 내도록 한다. 소리는 성대에서 나오는 것이다. 공기가 나갈 공간이 없으면 풍성한 소리가 나올 수 없다. 입을 위아래, 양옆으로 크게 벌리자. 하품을 하면 혀뿌리가 바닥에 닿으며 목이 열리는 느낌이 난다. 목구멍이 동그

랗게 만들어지는 것이다. 이때 가슴이 움직이지 않도록 고정하고 배만 움직여 성대를 자극하지 않고 입 밖으로 소리가 나오도록 해야 한다.

복식호흡을 하면 첫째, 목소리에 탄력과 윤기가 생긴다. 목소리가 낮으면서도 힘이 있고 높은음을 내도 거칠어지지 않는다. 둘째, 성격이 급한 사람도 평온한 마음을 갖게 되고 화가 누그러지고 마음이 차분해진다. 특히 숲속에 있는 피톤치트가 몸에 좋으니 자연 속에서 복식호흡 훈련을 하게 되면 산소량도 늘어나고 에너지도 차오르게 된다. 셋째, 스피치 속도의 완급 조절을 잘할 수 있게 된다. 나 역시 아나운서 준비 기간부터 신입 시절까지 꾸준히 호흡을 연습했더니 이제는 긴 문장이 나와도 호흡이 달리지 않게 소화할 수 있고 오랫동안 강의를 해도 목이 잘 쉬지 않는다. 복식호흡을 잊지 않고 하루 10분씩이라도 꾸준하게 발성 연습과 같이하면 목소리 연출과 긴 호흡에 많은 도움이 될 것이다.

발성이란 호흡을 통해 들숨과 날숨이 이루어질 때 성대를 이용해 나는 소리를 말한다. 발성은 호흡의 양에 따라 달라지며 성대의 움직임과 조절로 높낮이도 만들 수 있다. 발성 연구는 음악교육에서부터 시작되었다. 17~19세기 이탈리아에서 시작된 성악

교육에서 활용하던 벨칸토 발성이 지금까지도 널리 쓰인다. 발성 훈련에서 가장 중요한 것은 얼마나 좋은 목소리를 만들어 내느냐의 문제인데 성대를 너무 조이면 목이 긴장되면서 톤이 높아지고 생소리가 나오게 된다. 그러면 성대는 쉽게 피곤해져 목소리가 변할 수 있다. 올바른 발성을 익혀서 목소리를 내면 성대의 부담을 줄일 수 있다.

도 - 사과할 때, 뉴스의 종결어미 음

레 - 권유나 청유할 때, 남자 발성음

미 - 가장 편한 목소리로 대화할 때, 뉴스 음, 여자 발성음

파 - 강연, 판매할 때, 쇼호스트, 리포터 음

솔 - 처음 만날 때 인사, 현장 리포팅 음

라 - 칭찬이나 감탄, 놀라움을 나타낼 때

시 - 위험을 알리거나 급박한 상황일 때

도 - 최고 음, '살려주세요!'를 외칠 때

출처: 우설리, 김미라, 『스피치 앤 커뮤니케이션』

- 스타카토와 레가토 발성

음악 시간에 배웠던 악보를 다시 소환해보자. 악보에는 음의 표현을 기호로 표시해둔 것이 있는데, 발성에서 사용하는 것은 스타카토 발성과 레가토 발성이다. 스타카토 발성은 똑똑똑 짧게 끊어서 음을 치는 것이고 레가토는 음 위에 표시되어 있는 길이만큼 쭉 이어서 연주하는 것이다. 발성에 이것을 그대로 차용하면, 스타카토 발성은 복식호흡에 음을 실어 짧고 강하게 내뱉으면 되는데, 주의할 점은 소리가 나올 때 배가 들어가야 하며 배의 움직임이 눈으로 보여야 한다. 어깨가 올라가거나 가슴이 앞으로 나오지 않도록 주의해야 한다. 스타카토 연습은 다른 발성법보다 복식의 힘을 길러주는 데 효과적이다. 목소리에 힘이 없거나 소리의 크기가 약한 사람이 꾸준히 연습하면 목소리가 커지고 힘도 강해져 전달력이 좋아진다.

[예시: 스타카토 발성]

> 보문산은 대전 도심의 허파역할을 하는 공간입니다.
>
> 아리스토텔레스가 강조했던 것은 에토스(Ethos)입니다.

레가토 발성은 말하는 사람이 맥락에 대한 이해를 바탕으로 단어와 단어 사이를 이어지도록 길게 늘여서 말한다. 때에 따라 문장 내에서 덩어리로 이해되는 어구를 레가토 발성으로 이어 말할 수 있다. 이어서 발성을 해야 하기 때문에 복식호흡으로 폐에 공기가 풍성히 저장되어 있으면 좋다. 레가토 발성은 앞선 발성에서 포물선으로 발성했던 것을 기억하고 그 포물선대로 그려 발성하면 쉽다.

[예시: 레가토 발성]

이를 위해 대사동에서 오월드 사이에 곤돌라나 케이블카를 연결해야 합니다. (레가토 기법)

말을 천천히 하는 습관은 좋은 발성을 내기 위한 방법이다. 말을 빨리하면 발음이 흐를 가능성이 있고, 말 속도를 뇌가 따라가지 못해 말이 논리적이지 않을 수 있다. 발성을 한다고 목소리에 힘을 주지 말고 편안하게 말하도록 하자. 힘을 주어 말하면 말을 오래 할 수 없다. 될 수 있는 한 여유를 가지고 말을 하며 조음기관인 입술, 혀, 턱을 가볍게 움직여보자. 그리고 불필요한 군더더기의 나쁜 동작들을 다듬어 보자. 음성이 떨리거나, 발음이 부정확한 것을 감추기 위해 눈을 깜빡거린다든지, 손으로 입을 막는다든지, 입술을 옆으로 죽 당기는 등의 동작은 이제 멈추고 산뜻

한 습관을 가져보자.

기본발성 훈련 방법으로는 턱과 입을 크게 벌리는 것으로부터 시작한다. "아, 에, 이, 오, 우"를 발음할 때 입술과 턱의 모양을 최대한으로 벌려보자. 또한 복식호흡을 하면서 스타카토식 발성으로 뚝뚝 끊어서 큰 소리로 내뱉는다. 호흡이 엉기지 않도록 자연스럽게 호흡하면서 깊은 소리가 나올 수 있도록 아랫배에서 끌어올려 보자. 목이 아닌 아랫배에 힘을 주면서 자연스럽게 소리를 낸다. 입술과 턱의 모양에 신경을 쓰면서 소리를 삼키지 말고 자신 있게 깊고 길게 내뱉도록 하자.

Summary

복식호흡으로 음성을 풍성하고 윤택하게 만들기

1. 코로 숨을 들이쉬며, 입으로 "후~~~~" 하고 내뱉는다.
2. 코로 숨을 천천히 들이마시고 아랫배가 불룩하게 나오도록 숨을 채운다.
3. 입으로 내뱉을 때 아랫배를 등 쪽으로 잡아당기면서 호흡을 내보낸다.
4. 스타카토와 레가토 발성으로 음의 변화를 줘 다양한 변주를 하자.
5. 매일 10분씩~! 3개월간 해 보면 늘어난 호흡량을 만날 수 있다.

“

3

이미지까지 좌우하는 발음

발음을 정확히 하면 품위가 느껴지고 신뢰감이 생긴다. 상대가 한 말을 알아들을 수 있을 때 서로 커뮤니케이션이 이루어진다. 발음은 발음기관을 이용해 말소리를 내는 것이다. 아무리 잘 조직된 내용일지라도 발음을 잘못하면 듣는 사람이 내용을 제대로 이해하기 어렵다. 자음, 모음을 제대로 발음해줘야 하는데, 보통 사람들은 편하게 발음하는 데 익숙해서 입과 혀, 턱을 제대로 움직이지 않는다. 모든 정보와 감동, 공감을 불러오고 의미를 결정하는 발음, 스피치에서 그 중요성을 어찌 간과하랴!

- 좋은 발음을 내기 위한 방법

우리의 몸은 소리를 내는 악기와도 같아서 '울림통(공명강)'이 있다. 자연적으로 만들어진 몸의 울림통을 십분 활용할 수 있다면 목소리의 매력이 한껏 살아날 것이다. 폐에서 출발한 공기는 성대를 울리며 소리를 낸다. 이어서 입이나 코로 나오기 전에 울림통을 거치게 된다.

우리 몸의 울림통으로 '인두강'이 있는데, 성대의 바로 위에서 시작하여 구강과 비강으로 연결되는 파이프 모양의 공명강이다. 성대를 지난 공기가 반드시 통과하는 공간이다. '비강'은 콧속 공간으로 콧구멍과 코뼈 속에 비어 있는 공간에서 날숨이 부딪히며 음색을 만들어 낸다. ㅁ, ㄴ, ㅇ이 비강에서 발음된다. '구강'은 입안의 공간으로 자음과 모음 등 말의 소리를 분화시키는 중요한 구실도 한다. 사람들은 누구나 이 공명강을 모두 사용하고 있다. 우리가 할 것은 이미 쓰고 있는 울림통의 활용을 극대화하는 것이다. 음색이 너무 단조로우면 청각적으로 피로할 수도 있기 때문에, 공명강을 다양하게 활용하여 상황에 맞는 소리를 연출하면 표현력을 넓힐 수 있다.

정확한 발음을 내기 위한 기본요령은 먼저 조음기관인 혀와 아래턱의 움직임을 부드럽게 만들어야 한다. 그렇게 하기 위해서는 혀와 턱 운동을 해야 한다. 처음엔 입을 다물고 턱을 전후, 좌우로 움직인다. 그리고 운동 범위를 넓히기 위해 입을 벌린 채 턱을 전후, 좌우로 크게 움직인다. 크게 입을 벌리며 발음 연습을 해야 실제 스피치에서는 70~80%가 발휘되어 제 발음이 나온다. 호흡을 충분히 하고 목에 힘을 주지 않는다. 머리와 목구멍, 가슴의 공명을 적당한 비례로 하고 입술과 혀와 턱을 빨리 움직여야 한다.

주변에서 놀림을 받더라도 아나운서처럼 말하라. 안 되는 발음은 차 안에서, 화장실에서 자투리 시간을 이용하여 연습한다. 녹음기를 활용하여 자신의 목소리를 듣고 냉정히 평가하라. 자주 녹음하여 모니터를 받고 수정하면서 '동력과 독력'을 키운다. 동력은 일정한 힘과 속도로 읽을 수 있는 능력이며, 독력은 글을 이해하는 능력이다. 발음 연습을 한다고 신문을 무턱대고 읽기 시작하는 것이 아니라 한번 눈으로 읽어 뜻을 이해한 다음 소리 내어 읽는다. 행간에 숨겨진 의미를 알고 읽는 것과 무작정 글자만 읽는 것은 전달력에 명확한 차이가 있다. 한 원고를 계속 연습하는 것보다 다양한 원고를 많이 읽는 것이 동력(읽는 힘)을 키우는데 효과적이다.

- 전달력을 높이는 발음

한글 발음은 모음에 따라 혀의 높낮이가 달라지는 '자고저字高低'가 있는데, 이는 한글의 역사적, 과학적 우수성을 입증하는 요소이다. 올바른 모음의 발음은 댄스 스텝처럼 정확한 조음점에 찍어주면 된다. 입의 앞부분에 혀를 위치시키는 전설모음은 아래에서부터 ㅏ, ㅐ, ㅔ, ㅣ 순서로 높이 올라온다. 아래로 내려갈수록 턱을 점점 크게 벌린다. ㅐ와 ㅔ 발음 구분이 잘 안 되는 사람들은 턱을 아래로 내리면서 옆으로 벌리는 ㅐ를 정확히 찍는 연습을 하면 도움이 된다. 후설모음은 아래에서부터 ㅓ, ㅗ, ㅜ 순서로 올라간다.

혀를 찍는 위치가 높으면 고모음, 낮으면 저모음이다. 단음이면서 저모음인 'ㅓ, ㅕ, ㅝ'는 장음이 될 때 고모음으로 변하는데, 조음점이 높아지며 혀를 조금 위쪽에 위치시켜서 발음하게 된다. 단음 'ㅓ'가 장음 'ㅓ:'로 바뀌면서 혀를 위쪽으로 보내게 되면, 중설모음의 최고점에 있는 'ㅡ' 발음의 조음점에 가까워져서 '금-찰', '으-른', '증-확' 등으로 들린다. 이런 모음 발음법은 우리말의 격을 표현해 주는데, 중후하면서 장음과 함께 고상한 분위기를 연출해 준다. 상대적으로 단음과 저모음에선 식물성의 산뜻한

담백함을 느낄 수 있다. 발음 중 모음 발음은 말의 리듬을 준다. 이러한 고저장단은 문장 속에서 교차하며 멜로디와 리듬을 가진 노래처럼, 듣는 사람에게 편안한 음성으로 들린다.

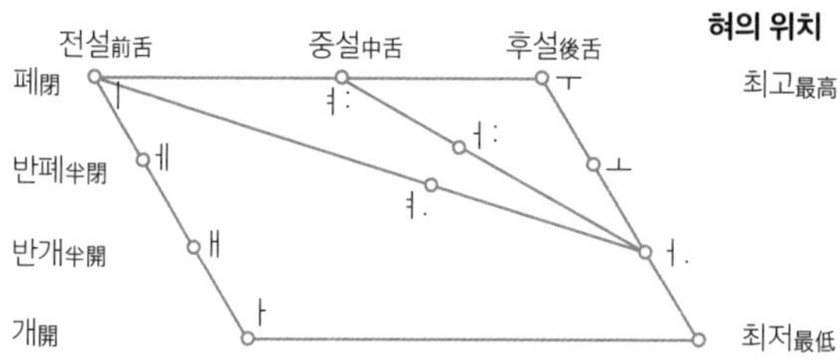

모음사각도

출처: 유정아, 『유정아의 서울대 말하기 강의』

발음이 정확한 사람들은 입을 크게 벌리면서 말한다는 공통점이 있다. 성우나 아나운서 역시 정확한 발음과 발성을 위해 입을 크게 벌린다. 입을 위아래로 크게 벌리고 혀는 빠르고 활발하게 움직이면서 말해 보자. 신문이나 책을 읽어도 상관없고 인터넷에서 뉴스 기사를 출력해서 읽어보면 더욱 시사 감각을 키울 수 있을 것이다. 이때 천천히, 서두르지 말고 한 자 한 자 글자가 가진 장단의 음운을 살려서 읽어보자. 여러 번 읽은 후에는 이제 정확히 오독 없이 읽어보자. 정확하게 이야기한다는 생각으로 하면 된다.

받침이 있는 문장은 발음하기에 좀 까다롭다. 예를 들어 "간장 공장 공장장" 문장은 발음하기 어려운데 이유는 받침에 있다. ㄴ과 ㅇ까지 정확히 발음해야 한다. 받침만 잘 챙겨도 발음은 한층 정확해진다. 받침을 정확하게 발음하고 싶다면 받침이 온전히 하나의 음절인 것처럼 신경 써야 한다. '간'의 경우 '가'+'안' 이렇게 받침을 별도의 음절로 분리해 각각의 음가를 정확하게 발음해 본다.

[예시]

간=가+안 / 장=자+앙 / 공=고+옹 / 장=자+앙

출처: 최미영, 『말습관을 바꾸니 인정받기 시작했다』

- 세련된 발음을 하는 요령

발음의 기본적인 역할인 '메시지 전달'보다 더 중요한 역할이 있다. 바로 듣는 사람의 '몰입'이다. 정확히 발음하면 제대로 메시지가 전달되기 때문에 상대는 쉽게 집중하고 오래 경청할 수 있다. 하지만 발음이 부정확하면 무슨 내용을 말하는지 이해하기 위해 듣는 사람은 많은 노력을 기울여야 한다. 발음에서 중요한 곳은 혀, 입술, 아래턱이다. 정확한 발음은 그 사람의 '이미지' 측면에서도 중요하다. 단정한 발음은 내용을 제대로 전달할 수 있을 뿐만 아니라 똑 부러지게 일을 잘하는 믿음직한 이미지까지 연출할 수 있다.

발음이 명료해지는 또 하나의 방법은 첫음절에 힘을 실어주는 것이다. 첫 음에 강세를 주면 리듬을 타기도 수월하다. 말에 리듬이 생기면 평소 발음하기 어려웠던 단어도 매끄럽게 발음할 수 있다. 더 좋은 것은 리듬감 덕분에 한층 역동적으로 들린다는 것이다. 발음도 좋아지고 활기찬 이미지까지 만들어 주는 일석이조의 방법이니 중요한 보고나 발표를 할 때 꼭 활용해보자.

한국어에는 소리의 길이 즉 장음과 단음에 따라 뜻이 달라지는 말들이 있다. 하늘에서 내리는 '눈[눈:]'과 얼굴에 있는 '눈[눈]', 먹는 '밤[밤:]'과 한낮의 반대인 '밤[밤]'을 비롯해 몸 부분의 '배[배]', 열매인 '배[배]' 어떤 양을 두 번 합한 수인 '배[배:] 등이다. 장음을 지키면 말이 유려해진다. 한국어에서 장단음에 따라 단어의 뜻이 구별된다고 어려워할 필요는 없다. 장음의 규칙은 장음이 연달아 있을 때, 두 번째 장음은 발음하지 않으며 첫음절의 장음만 지키면 되기 때문에 국어사전에서 단어의 장단음을 찾는 노력을 조금만 기울이면 금세 장단 구별을 쉽게 할 수 있다. 특히 연설문을 낭독할 때 자꾸 오독이 생기고 버벅거린다면 장음 단어를 찾아 표시하고 이를 지키면 오독이 사라진다. 발음의 길이는 단음에 비해 조금만 길게 하면 되는데 살짝 길게만 발음해도 상큼하고 정확하게 들린다.

[예시]

'이승만 전 대통령과 이명박 전 대통령'은

[이:승만 전 대:통령과 이:명박 전 대:통령]

성씨의 발음 길이는 다음과 같다.

정(鄭)[정:] / 정(丁)[정]

임(林)[임] / 임(任)[임:]

송(宋), 심(沈), 채(蔡), 공(孔), 변(卞), 신(愼), 맹(猛) → 이 성씨들은 장음으로 발음한다.

출처: 김진숙, 『선택받는 리더의 미디어 스피치』

발음이 불명확한 이유는 각양각색이며, 발음에 대한 해법도 여러 가지다. 먼저, 속도가 빨라 발음이 뭉개지는 경우는 극도의 긴장감으로 심박수가 빨라졌거나, 호흡 자체가 짧기 때문이다.

이런 경우는, 말을 시작하기 전에 충분히 호흡을 가다듬는 것이 중요하다. 성급하게 말을 시작하는 것은 금물이다. 또한 말하는 중에도 틈틈이 포즈를 주며 여유 있게 이야기를 풀어나가야 한다. 포즈는 점점 빨라지는 현상을 방지해 주고, 심리적 안정감에도 도움을 준다. 포즈의 위치는 주로 주어 뒤, 키워드 앞, 숫자 앞, 까다로운 발음 앞이 적당하다. 끊어 말하기(/), 짧은 쉼(v) 등을 원고에 미리 표시해 두도록 하자.

Summary

세련되고 편안하게 발음하자~!

1. 공명강을 이용하는 비음 발음들은 정확히 조음점을 찍어주면 맑게 들린다.
2. 발음에 중요한 조음기관 혀, 입술, 턱을 크게 움직이며 근육 운동 및 미리 풀어주기.
3. 천천히 뜻을 알고 읽는 연습을 해야 오독이 없어진다.
4. 발음이 정확하면 메시지 전달과 함께 이미지가 좋아진다.
5. 장단, 포즈 등을 활용해 음의 리듬을 살리면서 발음해 보자.

4

스피치의 맛을 살리는 유사언어

같은 영화를 보고 이야기를 전해도 누구는 밋밋하게 이야기해서 영화에 별 기대를 안 하게 만들고, 어떤 사람은 실감 나는 이야기로 쏙 빠져들게 만든다. 후자의 경우 자신만의 이야기로 재탄생시킬 줄 아는 재치가 있어서 가능하다. 센스가 있고 말을 재미있게 전하는 사람들은 재미 포인트를 알고 그것을 잘 묘사한다. 양념 같은 유사언어 때문에 완급 조절도 되고 음에 변화가 생긴다. 변화가 있어야 말에도 노래와 같은 리듬감, 활력, 생동감이 생긴다. 유사언어에는 목소리의 톤, 강약, 속도 등 다양하게 있는데 이것을 변화시켜 강조하고 싶은 것을 효과적으로 조절한다. 낭독과 연설 등에서 가장 기초적이며 말맛을 주는 유사언어를 만나보자.

- 유사언어의 종류와 활용

스피치의 내용을 풍부하게 만들어주는 유사언어에는 빠르기rate, 크기volume, 억양intonation, 장단duration, 쉬기phrasing, 강조emphasis가 있다. 이 6요소를 자유자재로 사용할 줄 알아야 열정적이며 리듬감 있는 스피치를 할 수 있다. 유사언어를 통해 같은 메시지라도 어떤 사람은 무미건조하게, 어떤 사람은 리듬감 있고 재미있게 말할 수 있다. 목소리의 크기는 소리가 닿는 범위를 결정하는 것으로 유사언어 중에서 변화를 가장 많이 추구해야 할 요소이다. 목소리의 크기를 적절히 조절하면 청자는 무엇을 기억해야 하고 어디에서 웃어야 하는지 정확히 알 수 있다. 목소리를 갑자기 크게 내는 것은 내용에 집중시켜야 할 때이다. 이때는 콘텐츠와 소리의 크기가 서로 시너지 효과를 낼 수 있어야 한다.

[예시: 유사언어 중 목소리의 크기(volume)]

- 포르테(forte): 갑자기 크게
- 포르티시모(fortissimo): 매우 크게
- 피아노(piano): 갑자기 작게
- 피아니시모(pianissimo): 매우 작게
- 크레센도(crescendo): 점점 크게

• 디미누엔도(diminuendo): 점점 작게

출처: 데이비드 크리스털, 『힘 있는 말하기』

말하는 속도에는 완급 조절의 변화가 있어야 한다. 빠르기는 얼마나 많은 양의 말을 주어진 시간 내에 하느냐를 결정한다. 말의 속도가 빨라지면 듣는 사람이 생각하고 이해할 여유를 갖지 못한다. 반대로 너무 느려지면 시간적 틈이 많이 생겨 듣는 사람이 집중하지 못하고 딴생각을 한다. 그러니까 말을 할 때는 적절한 속도와 완급 조절이 필요하다. 다 아는 내용이나 별로 중요하지 않은 내용은 빠른 속도로 말하고, 중요하거나 지명, 인명, 숫자, 연대, 어렵고 복잡한 내용은 천천히 강조하면서 읽어야 한다.

다음으로 목소리의 높낮이는 억양intonation을 만들어 낸다. 목소리의 크기는 강함을 나타내고, 높낮이는 억양을 가리킨다. 다소 고음이라도 다양한 어조로 힘 있게 말하면 호감을 느끼고, 말하는 사람이 실력 있는 사람으로 보이기도 한다. 낮은 목소리는 대체로 자신감 없어 보이고 내성적인 사람으로 보이기 쉽지만 시끄러운 많은 사람들 사이에서 낮은 음으로 말하면 사람들을 주목시키는 효과가 크다. 어떤 사람의 말이 단조롭다면 그것은 높낮이, 즉 억양을 구사하지 못하기 때문이다. 그러니까 이제부터 음악의 멜로디를 표현한다고 생각하면서 억양을 구사해보라. "~했어?"(높은 도)와 "~했구나…!"(낮은 도)는 마지막 음가가 다르게 찍히면서 말에 멜로디가 생기게 된다.

목소리의 장단을 구분해서 발음하면 리듬감이 생긴다. 앞서 설명했듯이 같은 단어라도 소리의 장단에 따라 뜻이 구별되어지기 때문에 정확한 의미를 표현하기 위해서는 긴소리와 짧은소리를 분별해서 발음해야 한다. 또한 이를 잘 살리면 스피치에서는 말의 리듬감이 자연스럽게 생긴다.

- 유사언어로 생동감과 명료성 만들기

복식호흡과 발성으로 목소리를 개선한 다음 글자 하나하나의 정확한 발음을 훈련했으면 이제는 문장 안에서 낱말과 어절을 제대로 말하는 훈련을 해야 한다. 강세로 낱말에 변화를 주고, 문장 내에서는 강약과 속도, 억양과 포즈의 변화로 말맛을 살리고, 여러 문장을 소화할 때는 포즈와 어조 변화를 적절히 구사해야 한다. 문장 안에는 강하게 말할 부분과 약하게 말할 부분이 있다. 문장에서 주어 목적어, 서술어와 어간이 잘 들리게 말하고, 부속성분과 어미, 조사, 접속사 등은 특별히 강조하지 않아도 된다. 자신이 강조하려는 의도가 있는 중요한 단어와 구에 강세를 준다. 유사언어는 말하는 사람의 의도가 표현되기 때문에 인간 심리를 더 정확히 반영한다고 할 수 있다. 유사언어를 포함한 음성적 요인을 잘 활용해 보다 명확한 스피치를 전달하자.

쉬기란 목소리를 내지 않고 잠깐 멈추는 것인데, 이때 숨을 쉬면 된다. 문장 안에서도 어미 처리 후에, 단락과 단락 사이에 호흡을 하면서 짧게 쉰다. 일반적으로 문장이 이어지며 계속 말하고 있기 때문에 여유 있게 길게 쉬는 것은 아니다. 쉬기는 말의 빠르기와 스피치의 속도를 결정한다. 쉼이 보통보다 길어지면 스피치가 늘어지고 보통보다 짧아지면 호흡이 급박해지고 엉키면서 생각할 여유를 잃게 된다. 일반적으로 경험이 부족한 연사들은 빨리 정보를 전달하고자 하는 마음 때문에 목소리가 빨라지는데, 쉬어야 할 부분에서는 여유를 갖고 쉬어주는 것이 좋다.

아나운서들은 뉴스를 잘하면 기본기가 탄탄하다고 여겨서 다른 프로그램을 맡겨도 대체로 잘한다. 그만큼 뉴스를 읽는 연습은 호흡과 발성, 발음과 억양, 단어의 장단, 의미 단위로 끊어 읽기 등 전달력의 기본이 다 들어 있어 많은 도움이 된다. 그래서 아나운서들은 뉴스 연습을 말하기의 기본으로 생각하고 날마다 연습한다. 속도를 조절하면 말의 느낌도 달라지고, 빠르게 읽어야 할 부분과 좀 느리게 읽어서 강조해야 할 부분까지 연습되기 때문에 호흡 조절에도 도움이 많이 된다. 문장에 있는 낱말들을 의미가 있는 맥락으로 이해하고 어디에서 끊어 읽을지, 빠르고 느리게 말할 부분은 어디인지, 강조하기 위해 강세와 억양의 변화를 어디에 두어야 할지 사선과 포즈 표시로 표현해주길 바란다. 발음하기 어려운 단어나 숫자, 외래어 등은 천천히 읽으면 실수를 덜하게 된다. 강조하고 싶은 부분이나 숫자, 인명, 지명 등 사실을 나열할 때 역시 천천히 말하고, 어려운 내용은 느리게 말하면서 포즈를 잘 활용하면 좋다.

[예시]

서울/대운동장에서/펼쳐진다. 서울대/운동장에서/펼쳐진다. 이 새끼/손가락 걸고/약속하자. 이 /새끼손가락 걸고/약속하자.

출처: 박진영, 『아나운서처럼 매력 있게 말하기』

지금까지 낭독의 표현기교라 할 수 있는 말의 강세와 속도, 포즈, 어조 변화 등을 이야기했다. 강력하게 호소해야 할 때, 잔잔하게 감동을 줘야 할 때, 익살스럽게 이야기할 때를 알고, 그 상황에 맞게 목소리를 연출해야 한다. 발성, 발음, 속도 등이 전달력에 있어 중요하다면, 유사언어를 통한 감정 표현은 스피치의 생동감을 결정짓는다. 이러한 언어적 요인과 비언어적 요인을 적절히 사용하길 바란다. 하지만 기교는 기교일 뿐, 타인의 말을 전하거나 자신의 말을 할 때 진실한 마음이 드러난다면 그 모든 완급 조절로 인한 변화는 저절로 말에 녹아들 수 있다. 내 앞에 있는 사람에게 어떤 말을 전달하려는 진정한 마음이야말로 살아있는 말, '좋은 말하기'의 기본 조건이기 때문이다.

- 연설 의도를 잘 살리는 원고 준비 방법

만약 연설을 해야 한다면 원고를 미리 받아서 문장도 짧은 문장으로 고치고, 말의 속도와 억양, 강조하고자 하는 단어에 밑줄을 그어두는 준비를 하라. 말을 잘하지 못해도 청중의 마음에 남는 연설은 가능하다. 요점만을 말하는 경우에도, 미리 강조하고 싶은 구절이나 생각에는 표시를 해두길 바란다. 이렇게 하면 2가지 좋은 점을 챙길 수 있다. 첫째는, 의도한 대로 강조할 곳을 잊지 않을 수 있다. 둘째는, 문단별로 어조와 억양에 변화를 줌으로

써 연설의 단조로움을 피할 수 있게 된다. 만약, 식사 시간 직후 연설을 하기로 되어 있다면 단조로운 목소리의 연설을 버리고 리드미컬한 연설로 청중들의 눈빛을 초롱초롱하게 만들어 보자.

말을 생동감 있게 표현하는 첫 번째 방법은 '끊어서 말하기'이다. 말을 할 때 문장 중간에서 잠시 호흡을 하면서 쉬어 간다. 포인트를 잘 살려 끊어주면 말에 리듬감이 생겨서 경쾌해지고 말의 맥락과 의도도 정확하게 전달된다. 그럼 어디서 어떻게 끊으면 좋을까? 우선 주어 뒤에서 끊는다. '은, 는, 이, 가, 께서'처럼 주어의 조사 뒤에서 한 호흡을 쉰다. 그다음은 부사 뒤에서 끊는데, '이제', '바로' 같은 부사 뒤에서 한 호흡을 쉬어주면 주의를 집중시키는 효과가 생긴다.

멜로디를 더하면 말이 노래처럼 들린다. 멜로디는 높낮이, 속도, 세기의 변화에 따라 다양하게 만들어지는데, 높고 낮음, 빠르고 느림, 크고 작음의 대비를 강하게 줄수록 멜로디는 더욱 생생하게 살아난다. 멜로디를 잘 만들어 내면 말의 내용 중 어떤 부분이 중요한지도 효과적으로 전달할 수 있다. 인지심리학자 대니얼 윌링햄은 그의 책 『리딩 마인드』에서 "멜로디는 중요한 것과 사소한 것, 잊어버려도 좋을 것과 기억해야 할 것을 구분하게 도와줄 뿐만 아니라 우리가 글을 읽으면서 꼭 이해해야 하지만 재미없는 일, 곧 문법의 역할을 자연스럽게 대신한다."라고 말한다. 즉, 말의 멜로디가 내용의 전달력을 높이고 이해를 돕는다. 말에 멜로디를 만들어 내는 방법은 아주 간단하다. 꼭 강조하고 싶은 핵심적인 부분에서 목소리의 톤을 높여 크고 천천히 말하면 그 부분만 더욱 선명하게 귀에 들리는데, 목소리를 통해 '중요한 것과 사소한 것'을 구분해주기 때문에 듣는 사람이 훨씬 쉽게 핵심과 맥락을 파악할 수 있다.

결국 말에서 권태로움을 날리기 위해서는 다양한 변화를 통해 '새로움'을 느끼게 해주는 것이 중요하다. 말끝의 어조(높낮이)를 다양하게 표현하는 것도 좋은 방법이다. 어조는 높은음, 중간 음, 낮은음으로 분류할 수 있는데, 같은 음이 3번 이상 반복되면 우리는 로봇이 말하는 것 같은 느낌을 받게 되고 집중하기가 어렵다. 그래서 높은음, 중간 음, 낮은음을 번갈아 사용하며 자유자재로 변화를 주는 것이 좋다. 예를 들어, 가능하면 높은음보다는 중간 음과 낮은음을 번갈아 가면 사용하면 좋다. 그러다 너무 분위기가 가라앉는다는 느낌이 들 때 한 번씩 높은음을 사용해보라. 이렇게 말끝의 높낮이를 3단으로 조절해 사용하면 말의 멜로디가 다양해진다.

Summary

스피치의 맛과 의도를 살리는 유사언어

1. 목소리의 속도 조절로 스피치 속도와 강조점을 챙겨보자.
2. 목소리의 크기로 청중의 집중을 끌어올려보자.
3. 목소리의 억양으로 지루함을 날려보자.
4. 단어의 장단 구별로 말의 멜로디를 챙겨보자.
5. 원고를 미리 챙겨, 나의 연설 의도를 연출해보자.

5
의미를 강조하고 청중을 집중시키는 포즈

방송을 할 때나 원고를 낭독할 때 포즈는 정말 도움이 많이 된다. 내가 강조하고자 한 말 앞에서 사용하면 효과가 좋다. 포즈는 숨을 쉬는 것이 아니고 한 호흡 안에서 호흡을 누르면서 말하는 것이다. 원고에 포즈를 표시해놓고 읽는 것과 그렇지 않을 때의 효과는 천지 차이다. 말의 효과와 문장의 느낌을 감칠맛 나게 전하는 포즈를 잘 사용하면 내레이션이나 낭독 시에 도움을 많이 받을 수 있고 리드미컬한 연설을 할 수 있다.

- 순간 멈춤으로 강조하라

학생 때 선배님들로부터 전수받은 아나운서의 세계는 신비의 세계였다. 나와 아나운서 동기들은 말을 해서 정보를 전달한다는 기본적인 마인드를 장착하고 발성, 낭독, 연기, 더빙 연습 등을 했다. 몇 달의 수습 기간 동안 수업이 끝나고 우리는 연극배우들처럼 방과 후 학교 방송실에 모여 발성과 복식호흡 훈련을 받았다. "가! 갸! 거! 겨! 고! 교! 구! 규! 나! 냐! 너! 녀!" 여럿이서 단전에 힘을 주고 쩌렁쩌렁 울리도록 연습했다. 이렇게 먼저 복식호흡과 발성을 하고 원고 실습을 하면 목소리가 트여서 목소리 내기도 편안하고 다른 친구의 음성을 듣는 것도 좋았다. 나는 특히 내레이션 연습을 좋아했는데 말맛을 살리는 간결하고 지적인 목소리에 끌렸다.

내레이션 실습을 하면서 포즈의 세계에 빠져들어 잠깐 멈추는 그 매력으로 낭독을 즐겁게 할 수 있었다. 포즈는 말이 가진 매력과 의미를 더욱 집중하게 도와줬는데 문장 안에서 의미 맥락에 따라 사용할 수 있다. 말을 매력적으로 의미 있게 하는 사람들의 낭독을 들어보면 어디서 말을 끊고 포즈를 두는지 알 수 있다. 낭독을 연출하기 위해서는 문장을 의미로 이해할 수 있는 능력과 이를 구현해낼 수 있는 언어 감각적인 타이밍도 중요하다. 낭독 연습을 꾸준히 한다면 포즈를 사용하는 감각적인 기교도 장착할 수 있다. 듣는 사람들을 순간 집중시킬 수 있는 것은 포즈가 가진 힘이다.

포즈는 말을 세련되고 전문적인 느낌으로 만들어 주는 가장 중요한 스피치 기법 중 하나다. 포즈를 사용하는 것은 바로 뒤의 내용을 강조하기 위해서다. 포즈의 길이에 따라서 1/2 포즈와 긴 포즈가 있다. 단어 하나를 강조하고 싶을 때는 그 단어 앞에서 잠깐 숨을 멈춘다. 그러면 짧은 침묵의 시간 동안 청중이 주목하는 효과가 있으며, 동시에 뒤에 오는 단어에 집중하며 훨씬 강조되며 잘 들린다. 이런 포즈를 글로 설명하기에는 분명 한계가 있어 보인다. 낭독 연습을 꾸준히 하다 보면 짧게 스쳐 지나가듯 하는 1/2 포즈를 할 수도 있고, 정말 강조하는 의미를 강하게 주기 위해서 긴 포즈를 사용할 수도 있다.

[예시]

나는 /너를 사랑해.

말을 할 때 / 천천히 해라.

부자 되기는 /금융교육을 /받느냐, 받지 않느냐의 차이로 결정된다.

포즈가 없는 스피치는 여유가 없기에 읽기에 급급해 보이고 내용을 제대로 숙지하지 못했다는 느낌을 줄 수 있다. 청중에게 효과적인 의미 전달을 하기도 어렵다. 포즈를 적절히 활용하면 청중은 그 시간에 여유를 갖고 지금까지 들은 내용을 정리하며,

다음 말에 집중을 하게 된다. 긴 포즈는 말하는 사람의 의도에 따라 사용 길이가 길어지는 것을 말한다. 질문을 한 후, 메시지를 강조하기 위해, 명언이나 격언을 인용하기 전후 등 다양하게 활용할 수 있다. 1~3초 정도로 긴 포즈를 사용하지만, 포즈의 길이가 딱히 정해져 있는 것은 아니다. 청중을 집중시키고 싶을 때, 긴장감을 조성하고 싶을 때 자유롭게 활용하면 된다.

[예시]

행복한 마을 조성을 위해 /// 시민참여예산 삭감에 /반대합니다.

마틴 루터 킹목사는 이런 말을 했습니다. /// "나는 꿈이 있다."라고요.

말을 잘하면 /// 당신의 미래가 바뀝니다.

- 낭독할 때 원고에서 주의할 점

원고에서 눈을 들어 청중을 둘러본 후에 원래 읽고 있던 대목으로 돌아갈 수 있도록 방법을 강구해야 한다. 가장 흔한 것이 두 손을 강연 대 위에 가볍게 올린 상태에서 해당 위치를 손가락으로 짚는 것이다. 그런데 더 중요한 것은 무엇이 어디에 있는지 금방 알아볼 수 있도록 원고를 레이아웃 하는 것이다. 원고의 배치가 중요한 이유는 연사의 언어적 자질들을 원고에 반영할 수 있어서다. 그래야 하는 가장 큰 원인은 기억 처리 과정의 한계 때문인데, 복잡한 스피치는 다섯 개 정도의 정보 단위로 이루어진 의미 덩이에 억양과 리듬을 실었을 때 처리가 가장 용이하다. 연설을 할 때도 마찬가지다. 비슷한 길이의 의미 덩이를 만들어 발표하는 것이 가장 편안하다.

실제로 뉴스 기사를 받으면 아나운서들은 방송하기 전에 소리 내서 읽어본다. 뉴스 기사는 구어체로 써 있어 대체로 간결하지만, 연설 원고들은 복문으로 쓰인 경우가 많다. 텍스트를 말할 때 의미 덩이 안에 정보가 너무 많으면 리듬이 불안정해지고 호흡 조절이 제대로 되지 않는다. 그런 일을 방지할 수 있는 가장 간단한 방법은 원고를 리듬 단위로 끊어서 표시하거나 리듬 단위가 확실히 눈에 들어오도록 재배치한 다음에 단위들 중 길이가 너무 긴 것이 있으면 문장을 고쳐 쓰는 것이다. 나도 문장이 너무 복잡할 때는 이렇게 한다. 표기법은 사람마다 다른데, 나는 끊어 말할 때는 사선(/)을, 잠시 포즈를 두거나 짧게 쉬어가는 곳에서는 부호(V)를 사용하는데 색색의 형광펜을 쓰거나 밑줄을 긋는 사람, 레이아웃을 사용하는 사람도 있다. 여기서 더 나아가 강조할 단어에 밑줄을 긋고 소리의 높낮이까지 표시하는 강연자들도 있다.

미스 큐란 원고가 배열된 모습에 속아 넘어가 엉뚱하게 읽는 것이다. 미스 큐가 발생하는 가장 흔한 이유는 줄 바꿈 오류, 즉 사실은 뒤에 계속되는 문장인데 줄의 끝부분에서 종결되는 것처럼 보이는 경우다. 미스 큐는 원고 전체를 미리 낭독해보면 대개 피할 수 있다. 반드시 소리 내서 읽어야 한다. 예행연습 과정에서 레이아웃의 또 다른 문제가 드러날 수 있다. 이를테면 의미상 아주 중요한 대목인데 페이지를 넘기느라 맥이 끊어진다든지 페이지 순서가 잘못되어 있다든지 하는 것이다. 그래서 반드시 페이지마다 번호를 매겨놓아야 한다. 또한 페이지의 맨 마지막 줄에서 새 단락을 시작하는 것도 결코 바람직한 일이 아니다.

스피치 원고에서 발표의 기본 단위는 문장이 아니라 단락이다. 따라서 원고를 낭독할 때도 단락별 주제가 인지되어야 한다. 청각적으로 단락을 인지한다는 것은 단락의 시작을 알리는 첫 문장의 언어적 자질과 단락의 끝을 알리는 마지막 문장의 어미 처리 시 언어적 자질이 모두 다르다는 것을 아는 것이다. 시작을 알리는 신호는 대체로 음조의 상승에서 시작되고 문단의 끝을 알리는 신호는 각 문장보다 긴 휴지를 사용한다. 음조가 올라가면 단락이 시작된다는 뜻이므로 단락 안에서는 그와 비슷하게 음조를 높이지 말아야 한다. 비슷하게 음조를 높이면 듣는 사람들에게 청각적으로 미스 큐를 줄 수 있다. 단락이 진행될수록 음조가 떨어지다가 마지막 문장에서 가장 낮아지고 자연스럽게 휴지로 이어지면서 마무리되어야 한다.

- 리드미컬한 스피치

듣는 사람에게 울림을 주기 위한 또 하나의 포인트는 말할 때 강조점을 주는 것이다. 3P를 잘 활용하면 말할 때 편안하다. 바로 빠르기Pace와 멈춤Pause, 그리고 강조점Power이다. 이 세 가지 요소를 통해 듣는 사람의 집중도를 더 올릴 수 있다. 대표적인 예로 프레젠테이션의 모범이자 PT의 신으로까지 추앙받았던 애플의 전 CEO 스티브 잡스의 PT를 들 수 있다. 그는 프레젠테이션 중간중간 가끔씩 아무 말도 하지 않고 가만히 있곤 했다. 잡스가 갑자기 말을 하지 않고 짧은 침묵을 한 이유가 있다. 제아무리 훌륭하고 멋진 연설과 발표라 하더라도 듣는 사람들의 집중력은 계속될 수 없기 때문에, 중간중간 해이해지는 청중들의 집중도와 관심을 끌어올리기 위해서 일부러 침묵의 순간을 만든 것이다. 말이 아닌 침묵의 순간도 말을 더 효과적으로 전달할 수 있는 방법이다.

안정된 호흡과 발성을 통해 신뢰감을 주는 목소리로 어떻게 말을 강조할 수 있는지 관심을 기울여야 한다. 때로는 빠르게, 때로는 느릿느릿 흘러가는 시냇물처럼 완급을 조절하는 것이 중요하다. 쉼표를 두어야 할 곳이나, 중요한 키워드를 말하기 전 그리고 청중들에게 질문을 할 때 잠깐씩 포즈해 보자. 강조하려는 말 앞에서 마음속으로 '하나'를 세고 말한다. 강약 연습은 톤을 높이거나 낮추기, 소리를 크게 하거나 작게 하는 것으로 강조가 가능하다. 집에 있는 책을 하나 꺼내 빠르기와 포즈, 강약을 표시하고 연습해봐도 좋다.

[예시: 키워드 강조법]

다음 문장을 직접 소리 내어 읽어보자.

* 높임 강조와 낮춤 강조: 강조하고 싶은 단어는 한 톤을 높이거나 낮춘다.

- 남들은 외면하지만 나는 매일 진심으로 말한다.
(높임) (낮춤) (높임) (높임)

* 멈춤 강조: 강조하고 싶은 단어 직전에 반 포즈를 둔다.

- 남들은 외면하지만 V 나는 매일 V 진심으로 말한다.
(멈춤) (멈춤)

* 느림 강조: 강조할 단어를 천천히 끌면서 말한다.

- 남들은 외면하지만 나는 매 - 일 진심으로 말한다.
(느림)

남들은 외면하지만, V 나는 매-일 V 진심으로 말한다.
(높임) (낮춤) (멈춤)(높임)(느림)(멈춤)

마틴 루터 킹 목사의 연설 "I Have a Dream(나에게는 꿈이 있습니다)"로 긴 문장을 따라 읽어보자.

저에게는 꿈(높임)이 있습니다. 모든 인간은 / 평등(멈춤)하게 태어났다는 진리를 / 우리 모 - 두(느림)가 진실로 받아들이는 날이 오리라는 꿈입니다. 저에게는 꿈(낮춤)이 있습니다. 저의 네 자식들이 / 피부색(멈춤)이 아니라 / 인격(멈춤)에 따라 평가받는 나라에서 살게 되는 날이 / 언 - 젠 - 가(느림) 오리라는 꿈입니다.

출처: 김진숙, 『대한민국 리더의 말하기 교과서』

Summary

스피치의 의미를 강조하고 청중을 집중시키는 포즈

1. 문장을 읽을 때 강조 단어 앞에서 포즈로 순간 멈춤을 해 보자.
2. 문장을 의미 단위로 묶어보고 그 묶음 안에서 강조 단어를 찾아 포즈 주는 연습을 해 보자.
3. 포즈의 길이를 긴 포즈, 1/2포즈로 연출해 낭독의 리듬을 살려보자.
4. 문단의 첫 문장의 어두를 높은 억양으로 시작하고, 어미 처리는 안정감 있게 낮은 음으로 처리하자.
5. 문장을 읽을 때, 포즈로 강조할 말을 미리 정해놓고 자신만의 포즈 연출을 해 보자.

6
TPO에 맞는 첫인상 만들기

미국의 저명한 목회자이며, 인생에 있어 제일 중요한 요소로 태도를 강조한 찰스 스윈돌은 "첫인상은 절대 두 번의 기회를 주지 않는다."라고 했다. 첫인상에서 호감을 얻지 못하면 되돌리기가 쉽지 않다는 이야기다. 그렇다면 첫인상이 중요한 이유는 무엇일까? 첫인상 효과 때문이다. 먼저 제시된 정보가 추후에 알게 된 어떤 정보보다 더 강력한 영향을 미치기 때문에 인상 형성에 첫인상이 중요하다. 이렇게 굳어진 첫인상은 나중에 뒤집는 것이 매우 어렵고 기억에 오래 남아서 인간관계 형성에도 영향을 미친다. 연사로서 무대에 올랐을 때나 타인을 처음 만날 때, 우리는 첫인상 관리에 공을 들여야 한다.

- 무대를 장악하라

무대를 장악하는 매력적인 말하기는 내용과 전달력, 변화력 모두를 갖춘 것이다. 즉 분명한 메시지, 생생한 이미지, 그리고 부드러운 공감 능력이라고 할 수 있다. 무대 위에서 폭발적인 무대 매너를 선보이는 가수나 명연설가 중에는 실제로 낯을 가리는 조용한 성격이 많다. 성격이 내향적이라서 발표나 프레젠테이션 등을 두려워하는 것은 기우杞憂일 뿐이다. 무대에 서 있는 나와 평소 내 성격은 분리해야 한다. 자신의 성격이나 실패의 경험은 잊어버리고 무대에서는 또 다른 나의 모습을 선보이자. 청중은 나의 본모습이나 성격을 알고 싶은 것이 아니라 긍정적인 에너지, 필요한 정보를 얻고 싶을 뿐이다.

사람들에게 어떻게 첫마디를 꺼내고, 어떤 사람처럼 보이느냐에 따라 내가 하려는 말이 잘 전달되기도 하고 그렇지 못하기도 한다. 그러므로 첫마디를 하는 첫인상은 그 사람을 판단하는 중요한 기준이 된다. 먼저, TPO에 맞는 겉모습으로 긍정적인 이미지를 만드는 것이 중요하다. 대부분의 사람들이 시각적인 요소에 크게 영향을 받는다. 먼저 제시하는 정보가 큰 영향력을 미치는 초두 효과가 첫인상을 좌우하는데, 시각적인 정보가 긍정적으로 작용하면 누군가를 판단할 때 그 사람이 좋아 보일 수 있을 것이다.

"어떤 말을 하느냐가 아니라 누가 하느냐가 중요하다."라는 말도 이와 같은 맥락이다. 겉모습만으로도 상대방에 대한 신뢰도가 달라진다. 적어도 호감 가는 모습으로 첫인상에 마이너스를 주지는 않도록 노력해보자. 말하는 것을 가르치는 전문가의 입장이지만 나는 여전히 어떤 행사인지 어떤 내용의 강의인지, 어떤 사람들이 모이는 자리인지를 최대한 파악하고 나서, 나의 옷차림과 헤어스타일을 결정한다. 내가 어떤 모습인지에 따라 청중들에게 전해지는 말의 가치 또한 달라질 수 있기 때문이다. 자신이 말을 할 시간과 장소, 그리고 말을 할 자리의 특징을 잘 파악하고 그 상황에 맞는 차림을 하는 것이 TPO의 핵심이다.

주연은 연사이고 조연이 파워포인트이다. 요즘은 파워포인트 같은 시각 자료를 사용해 스피치를 할 기회가 많다. 이때 연사의 스피치 능력은 뒷전인 채 '정보만 가득한 슬라이드 쇼'를 하는 경우가 종종 있다. 이런 경우 시각 자료에 지나치게 의존하기 때문에 쉽게 지루해지고 청중의 공감을 불러일으키기 어렵다. 시각 자료는 청중의 이해를 돕고 주의를 환기하기 위해 사용하는 보조 장치에 불과하다. 따라서 어떠한 경우에도 주인공은 시각 자료가 아니라 연사와 연사가 전하는 스피치가 되어야 한다는 사실을 명심하자. 따라서 파워포인트에 모든 내용을 담지 말아야 한다.

- 비언어적 요소가 스피치를 한층 빛나게 한다

사람은 자신을 기준으로 타인을 평가하는 경향이 있기 때문에 다른 사람을 볼 때 자기 기준에서 너무 벗어난 사람은 경계하게 된다. 연사의 이미지가 외형으로 결정된다는 것은 중요한 부분이다. 우리는 그 대상 전체를 옷차림과 외모로 평가하려는 경향을 무시할 수는 없다. 연사의 외모와 외형은 신뢰성과 전문성을 가진 사람으로 판단하는 공신력에 큰 영향을 미친다. 깔끔한 복장에 가지런한 모습으로 연사가 나타나면 청중은 그를 신뢰하고 준비가 잘된 사람으로 평가한다. 아나운서 신입 시절 깔끔한 정장 스타일의 옷과 단정한 헤어스타일을 찾아 연출하기가 스스로의 과제였고, 자연스럽고 품위 있는 화장을 하기 위해 다른 방송에 나온 아나운서들을 열심히 모니터 했던 기억이 있다. 신뢰감과 보이는 이미지의 힘을 무시할 수 없는 이유에서이다. 신이 각자에게 준 매력은 누구에게나 잠재돼 있다고 확신한다. 중요한 것은 자신의 매력을 찾아 장점을 강화하는 것이고 스피치 상황에 맞게 꾸밀 줄 아는 것이다.

외모는 스피치 결과에도 영향을 미친다. 미국의 심리학자 메라비언은 메시지 전달에서 말의 비중은 7%, 발음, 억양 등 유사언어까지 포함한 목소리의 비중은 38%, 그리고 비언어적인 요소가 55%라고 주장한다. 또한 비언어 행위의 권위자인 버드 위스텔 박사는 의사소통을 할 때 몸짓언어의 의미 전달 정보의 양이 65~70%에 해당하고, 음성언어는 30~35% 정도라고 말한다. 이처럼 의사소통에 있어 비언어적 요소가 차지하는 비중은 매우 중요하고 크다. 비언어적 요인은 무엇보다 스피치를 보완하는 역할을 한다. 가만히 서서 이야기하는 연사보다 적절한 제스처와 움직임을 보여주는 연사는 보다 자신감 있고 역동적인 사람으로 비칠 수 있다. 비언어적인 요인은 크게 외형과 몸짓언어, 공간언어 등으로 분류할 수 있다.

TPO에 맞는 깔끔한 옷차림, 단정한 헤어스타일이면 외적인 부분에 대한 문제는 상당히 해소된다. 그럼에도 불구하고 상대방이 나를 판단하는 첫인상을 좋은 쪽으로 유도하기에는 부족하다. 왜냐하면 중요한 것이 빠져 있기 때문이다. 바로 '비언어'에 대한 것이다. 표정과 자세, 자신감 있는 제스처 등 비언어적 요인이야말로 중요한 판단의 근거가 된다. '원더우먼 자세'라는 단어를 유행시킨 사회심리학자 에이미 커디는 테드 강연에서 자신감 넘치는 자세가 실제로 자신감을 불어넣어준다고 말했다. 양 주먹을 허리에 붙이는 자세를 취하는 것이다. 딱 2분만 그런 자세를 취하고 있어도 실제로 신체의 호르몬 분비가 달라진다고 한다.

흔히 말을 잘한다는 사람들을 떠올려 보면 그들의 말은 보통 사람들보다 훨씬 풍부하다는 것을 느낄 수 있다. 자세나 제스처, 표정 요소들을 잘 활용하기 때문이다. 이런 비언어적인 요소들이 더해질 때 우리의 말은 한결 풍부해지고 생생해진다. 원더우먼 자세가 스피치에서 위축되지 않고 자신감을 갖기 위해 필요한 것이라면, 실제로 말을 해야 하는 상황에서 필요한 자신감 있는 자세란 우선 허리를 곧게 펴는 것에서부터 시작할 수 있다. 스피치는 등장할 때부터 퇴장할 때까지의 전 과정이 중요하다는 것을 기억하고 단상을 향해 걸어 나갈 때부터 자신감 있고 침착한 걸음걸이여야 한다. 허리가 구부정하거나 어깨가 축 늘어진 사람을 보면서 호감이 간다고 느끼지는 않기 때문이다. 양쪽 어깨를 자연스럽게 펴고 두 발은 어깨너비로 벌린 후 고개는 정면을 향하도록 하며 이동할 때도 자신감 있게 당당하게 걸어 나간다.

- 첫인상의 시선 처리

서로의 눈을 마주 보며 이야기하는 '아이 콘택트'는 중요하다. 어떤 경우에도 말을 하는 사람은 듣는 사람의 눈을 바라봐야 한다. 그래야만 듣는 사람이 진정성을 느낄 수 있기 때문이다. 사람들이 많은 장소에서 스피치를 할 때에는 청중이 앉아 있는 자리를 골고루 보면서 한 사람, 한 사람 눈을 마주치는 것이 효과적이다. 맨 왼쪽 사람과 맨 오른쪽 사람, 그리고 맨 뒷사람을 기준으로 부채꼴 모양의 범위를 만들어 보자. 부채꼴 범위를 설정한 후 천천히 한쪽 끝에서 다른 쪽 끝으로 시선을 오가며 말하는 것이 자연스럽다.

스피치를 할 때는 시선 처리가 매우 중요하다. 이때, 절대 금기 사항이 바로 치켜뜨기와 곁눈질이다. 곁눈질이란 곁눈으로만 본다는 뜻인데 얼굴을 돌리지 않고 눈동자만 옆으로 굴려서 보는 것이다. 마찬가지로 치켜뜨기는 눈동자만 위로 올려서 상대를 보는 것이다. 치켜뜨기와 곁눈질은 상대를 불쾌하게 할 뿐 소통에는 도움이 되지 않는다. 방송에서도 출연자가 곁눈질과 치켜뜨기 하는 장면이 나오면 시청자들은 NGNo Good라고 생각한다.

시선視線의 사전적 의미는 눈이 가는 길 또는 눈의 방향, 관심이다. 어쩌면 마음보다 시선이 먼저 가 있을 수도 있다. 말할 때는 몸을 상대에게 먼저 향하게 한 후 시선도 함께 가야 한다. 절대로 곁눈질로 여러 사람을 힐끔힐끔 쳐다봐서는 안 된다. 마찬가지로, 원고를 보고 읽을 때 시선이 원고와 청중을 끊임없이 왔다 갔다 하는 것도 주의해야 한다. 원고를 말하기로 소화하는 과정에서 청중과 소통하기 위해 끊임없이 고개를 움직이는 것은 오히려 소통에 방해가 된다. 수시로 의미 없이 왔다 갔다 하는 것이 아니라, 고개를 들었을 때 1초 이상 청중과 눈 맞춤을 해야 의미 있는 소통을 할 수 있다.

청중에 대한 시선 처리는 신뢰도와 밀접한 관련이 있다. 원고에 의존하지 않고 청중을 향한 연사의 시선 처리가 80%가 넘으면 자신감이 넘쳐 보인다. 자신감이 넘쳐 보이기 때문에 신뢰감을 주게 된다. 연사가 시선 처리를 제대로 하지 않으면 청중은 집중하지 않을 가능성이 높다. 스피치가 너무 긴장되거나 경험이 부족해 익숙하지 않은 경우는 호감 가는 사람, 아는 사람을 먼저 보도록 한다. 한 문장이나 단락을 말하고 나서 한쪽을 바라보고, 다음 문장이나 단락을 말할 때는 다른 쪽을 바라보며 시선이 골고루 돌아가게 한다. 이때 초점 없이 허공을 보거나, 생각하며 말할 때 눈동자가 천장이나 위로 향하는 경우, 습관적인 잦은 눈 깜빡임이나 눈을 찡그리는 경우, 눈을 치켜뜨거나 내려 보는 경우, 기계적인 시선 처리 등을 주의하면 된다.

Summary

TPO에 맞는 첫인상 만들기

1. T는 '시간(Time)', P는 '장소(Place)', O는 '경우(Occasion)
2. PPT에 너무 의존하지 않기.
3. 비언어적 요소인 외모, 외형, 제스처, 걸음걸이 신경 쓰기.
4. 원고 의존하지 않으며 청중과 눈 맞춤 하기.
5. 곁눈질과 눈 치켜뜨기 하지 않기

7

스피치를 유창하게 만드는 비언어적 커뮤니케이션

윈스턴 처칠Winston Churchill이 승리를 상징한 V 자형 제스처나 필리핀의 장기 집권을 무너뜨린 코라손 아키노Corazon Aquino의 L 자형 제스처는 얼마나 강렬한 의미가 담겨 있는가. 제스처는 생각보다 많은 메시지를 준다. 제스처는 청중의 이해를 돕고, 시선을 집중시키면서 발표자의 말에 힘을 실어 주는 역할을 한다. 특히 연설은 상황에 맞는 매너와 어법, 신뢰감을 주는 요소들을 활용해 자연스럽게 자신의 것으로 녹여내는 연출이 필요하다. 그래야 청중의 공감을 보다 효과적으로 끌어낼 수 있다. 연출된 제스처는 전달력을 높여준다. 이제부터는 자연스러운 몸짓이나 태도를 유지하는 데 신경 쓰자.

- 보디랭귀지, 제스처의 효과

보디랭귀지는 연설의 성패를 좌우한다. 제스처는 핵심메시지 의미를 명확하게 전달해 주고, 특정한 단어나 구절을 강조하고, 청중의 시선을 모으는 역할을 한다. 미국의 사회심리학자 조지 미드George Mead는 "커뮤니케이션의 원점은 제스처이다."라고 하였다. 즉, 보디랭귀지는 근원적으로 설득력과 호소력을 가지고 있다. 스피치는 말로만 실행하는 것이 아니다. 말과 함께 자연스러운 몸동작이 따라 주어야 하는데, 이를 보디랭귀지body language라고 한다. 보디랭귀지는 여러 가지 중요한 역할을 한다.

첫째는 말의 내용이 어떻게 해석되어야 하는가에 대한 힌트를 제공한다. 즉, 당당한 자세와 확신에 찬 표정은 분명한 사실이니, 반드시 믿어야 한다는 의미가 내포되어 있다. 둘째는 연사의 감정 상태를 노출한다. 굳건한 자세와 밝은 표정, 분명하고 정확한 제스처는 연사가 자신감이 있다는 것을 보여준다. 셋째는 말을 통하여 전달하는 메시지를 보완하는 역할을 한다. 말의 뜻을 강조하거나 분명하게 할 필요가 있을 때는 목소리의 변화뿐만 아니라 적절한 몸 움직임과 더불어 제스처를 사용하여야 한다.

사람들은 말보다는 얼굴 표정에 더욱 신경을 쓴다. 얼굴 표정에는 많은 비언어적인 메시지가 표현되어 있다. 즉, 표정 없이는 내용이 잘 전달되지 않기 때문이다. 보편적으로 원고의 내용에 따라 희로애락의 표정이 나타나야 한다. 슬픈 표정의 원고일 때는 슬픈 표정을, 기쁜 내용의 원고일 때는 기쁜 표정을 지어야 한다. 다만, 희로애락이 아닌 평이한 내용의 원고일 때는, 미소 띤 밝은 표정으로 하는 것이 듣는 사람도 좋고 말하는 사람도 즐겁게 말할 수 있다. 질문을 받을 때도 온화한 표정으로 고개를 끄덕이면서 들어주는 것이 좋다.

보디랭귀지가 유창하면 할수록 스피치 내용을 보다 강화할 수 있다. 연사는 보디랭귀지로 자신이 무엇을 말하고 싶은지, 메시지를 시각적으로 어떻게 표현할 것인가를 알고 있어야 한다. 중요한 부분을 강조하려고 할 때는 천천히 말하면서 몸을 앞으로 기대고 손을 연단 쪽으로 모아라. 제스처는 일대일 대화에서 클로즈업할 때처럼 안으로 모으지 말고 밖으로 펼쳐지도록 하라. 청중은 먼 거리에서 연사를 보기 때문에, 연사는 제스처와 움직임을 크게 하는 것이 좋다. 청중이 멀리 있고 많으면 많을수록 몸짓을 크게 할 필요가 있다. 그러나 직접적인 청중이 아니라 시청자들을 위해 카메라 앞에서 연설을 하게 되면 보디랭귀지를 축소해야 한다.

- 몸짓언어로 하는 스피치 연출

제스처에는 세련되고 자연스럽게 보이게 하는 제스처의 '범위'가 있다. '파워 존Power Zone'인데 제스처를 하는 몸의 범위를 말한다. 자신의 머리, 허리, 양어깨를 중심으로 가상의 사각형을 그려보면 가늠하기 쉽다. 이 사각형 내에서의 제스처 구사를 기준으로 삼고, 청중의 수가 많을수록 사각형 또한 넓게 잡으면 된다. 그리고 말할 때 두 손을 너무 내려서 잡고 있으면 큰 잘못을 한 사람처럼 보이거나 소극적으로 보인다. 기본 동작은 적당히 깍지를 끼고 배꼽 아래에 살짝 갖다 대는 것이다. 손바닥을 배에 딱 붙이면 어색할 수 있으니 자연스럽게 갖다 놓는 것이 좋다.

제스처는 안 하는 것보다 가볍게 하는 것이 훨씬 자연스럽고, 열의에 찬 이미지를 전할 수 있다. 제스처를 효과적으로 사용하려면 다음 3가지를 염두에 두어야 한다. 첫째, 몸짓이 역동적이고 활기차야 한다. 어깨에 힘을 빼고 어깨에서부터 손까지 팔 전체를 크게 움직이는 적극적인 제스처가 보기 좋다. 둘째, 어색하지 않고 자연스러워야 한다. 이를 위해서는 말과 제스처의 타이밍이 잘 맞아야 하고, 제스처가 말의 의미를 강화, 보완해 줄 수 있어야 한다. 셋째, 순간적으로 몸동작을 멈추면 강력한 집중 효과가 있다. 질문을 던지고 대답을 기다릴 때나 혹은 어떠한 내용을 강조하고 싶을 때. 강조하고자 하는 말 직전에 순간 몸동작을 멈추면, 긴장감이 흐르면서 청중은 확 몰입하게 된다.

스피치를 강조하기 위해 제스처를 사용할 수 있는 몇 가지 방법들이 있다. 이 방법들을 이용해서 스피치를 업그레이드해 보자. 그렇게 하면 생생한 연설을 할 수 있을 뿐만 아니라, 메시지에 힘을 실을 수 있고, 자신도 편안해질 것이다. 팔을 항상 벌려 소극적인 자세를 피한다. 손은 허리와 어깨 중간쯤에 놓도록 한다. 제스처를 너무 얼굴 가까이에서 하면 청중들의 시선이 분산된다. 손을 사용하지 않을 때는 양옆에 가만히 놓는다.

너무 갑작스러운 제스처를 사용하지 않는다. 그렇게 하면 화자가 긴장한 것으로 보인다. 그리고 일상적인 대화를 나눌 때보다 제스처를 더 오래 끈다. 마치 말을 하면서 요점을 강조할 때 그 부분을 더 오래 끄는 것처럼 말이다. 대중을 상대로 연단에 서 있는 것이 아니라면, 제스처를 너무 크게 사용하지 않는 것이 좋다. 그렇지 않으면, 사람들은 당신의 메시지가 아니라 손만 보게 된다. 다양하게 제스처를 사용하는 요령은 한 손에서 다른 한 손으로 바꾸거나, 양손을 모두 사용하거나, 모두 사용하지 않는다. 제스처를 너무 과도하게 사용하지 않는다.

- 몸짓언어로 마음을 사로잡는 요령

언어가 발전하기 전에는 다른 사람의 행동이나 표정을 보고 그가 표현하려는 의도를 해석하는 것이 의사소통의 기본이었을 것이다. 1950년대에 보디랭귀지를 연구한 전문가인 레이 버드 휘슬은 한 번의 만남에서 얻어지는 언어로 전달되는 정보의 총량은 전체의 35%에 불과하고, 비언어적인 교류로 나머지 65%의 정보를 완성한다는 사실을 알게 되었다. 그러니까 적극적인 소통의 분위기를 만드는 핵심 요소는 보디랭귀지이다. 다른 사람과 의사소통이 힘든 사람이라면 말과 함께 자신의 몸짓언어를 돌아보길 바란다. 자신이 알지도 못하는 사이에 했던 부적절한 보디랭귀지가 다른 사람에게 오해를 불러일으키고, 부드러운 대화 분위기를 망치는 최강의 킬러가 된다. 당신의 연설에 대한 열정을 상대방이 느끼게 만들려면 'SOFTEN Simple, Open, Forward Lean, Touch, Eye, Nod 법칙'을 알아야 한다.

Simple은 자연스러운 미소를 짓는 것으로 열정과 우호의 상징이다. Open은 개방적인 자세로 활짝 편 어깨는 집중했다는 표현이다. 상대방을 앞에 두고 팔짱을 끼는 것은 “나는 말하고 싶지 않소.”라는 뜻이다. 팔짱을 끼면 경계심이 매우 강하고 상대방에게 무관심하며 대화하고 싶지 않다는 느낌을 준다. Forward Lean은 말 그대로 몸을 앞으로 기울이는 것으로 상대와의 대화에 적극적인 것을 나타낸다. 이때, 손을 뒷머리에 댄다거나, 몸을 뒤로 움직인다면 이 화제를 지루하게 느끼고 있거나 무신경한 것처럼 보인다.

Touch는 악수함으로써 서로 평등하고 존중하는 분위기를 만들고 긴장을 풀어준다. 상대방을 만나자마자 열정적으로 악수를 나누는 것은 환영을 의미하고, 상대방에게 우호적이고 열린 태도를 갖고 있다는 것을 보여준다. Eye는 눈 맞춤과 시선 처리로 눈을 통한 강렬한 비언어적 정보이다. 시선을 주고받으며 상대방에게 우호적인 미소를 건넨다면 관심이 있으니 교류를 원한다는 강렬한 메시지가 전달될 것이다. Nod는 고개를 끄덕이는 동작으로 경청에서 참 중요한 보디랭귀지이다. 잘 듣고 있고 상대방이 말하는 내용을 이해한다는 뜻으로 동의나 격려의 신호이다.

보디랭귀지는 온몸을 적극적으로 활용해서 크게 표현하자. 제스처가 작으면 적극성이 떨어지고 자신감이 없어 보일 수 있다.

제스처는 손의 움직임뿐만 아니라 표정도 포함하는데, 우리 얼굴에는 80여 개의 크고 작은 근육이 있고 7,000여 개의 표정을 만들어 다채로운 느낌을 전할 수 있다. 생생한 표정 역시 연사가 발표 내용에 몰입할 때에 비로소 나온다. 거울을 보며 스피치 연습을 하거나 영상으로 촬영하여 자신의 표정을 진단해 보는 것도 좋다. 제스처의 범위는 표정뿐만 아니라 발 구름, 무대 이동, 몸의 기울임, 고개의 끄덕임 등도 포함된다. 청중에게 소통의 의지를 보여 주고자 한다면, 그들을 향해 몸을 기울이고 고개를 끄덕이는 등의 적극성이 필요하다.

Summary

보디랭귀지-제스처, 표정, 시선 교류, 자세, 태도 등의 비언어적 커뮤니케이션

1. 제스처는 크고 적극적으로, 내용과 맞게, 손끝은 힘 있게 한다.
2. 시선은 좌우, 중앙, 앞, 뒤 골고루 나누어준다.
3. 얼굴 표정에는 많은 메시지가 담겨있으니 내용에 맞는 표정 짓기.

성공하려면 센스 있게 말해야 한다

P A R T 6

1
직장에서 필요한 커뮤니케이션 스킬

직장은 타인과 협업을 통해 성과를 만들어 나가는 곳이다. 협업을 할 때 의견을 주장하고, 상대를 설득하고 프레젠테이션도 많이 하게 된다. 누군가를 설득하는 관점에서 보자면 말하는 방법을 잘 알아야 한다. 직장은 변화무쌍한 일들이 벌어지는 곳이라서 논리적인 설득이 필요할 때도 있지만, 역시 사람이 모여서 일하는 곳이다 보니 감성적인 설득이 필요한 상황이 더 많다. 사람들은 명쾌한 논리의 설득보다 나와 공감해주는 정서적인 설득에 마음을 내어준다. 직장의 일은 사람이 하기 때문에 개인적인 논리를 바탕으로 그 위에 상대를 배려하는 마음으로 말을 한다면 효과적인 커뮤니케이션을 할 수 있다. 직장인들은 말에 어떤 센스를 가져야 할지 살펴보자.

- 직장에서 말하기 센스

인사는 관계 형성의 기본 덕목일 뿐 아니라, 대화의 시작이기도 하다. 우리는 다양한 사람들과 관계를 맺으면서 살아간다. 관계를 맺는 중요한 방법 가운데 하나가 바로 대화를 통해 상대를 알고 마음을 열어가는 것이다. 직장에서도 마찬가지다. 하루의 3분의 1을 보내는 직장생활이 즐겁고 활력이 넘치려면 선배, 동료, 후배들과의 관계를 잘 맺어나가야 한다. 그러기 위해서는 업무 못지않게 대화를 잘하는 것도 매우 중요한 요소이다. 직장에서 인사는 자신을 어필할 수 있는 최고의 커뮤니케이션 도구라고 할 수 있다.

하루 일과를 마치고 퇴근 시간이 되었을 때, 신입사원이 "부장님! 수고하세요!"라고 인사하는 것은 어떨까? 퇴근하면서 아직 할 일이 남은 상사에게 이렇게 말하는 것이 적절한 표현일까? "수고 많으셨습니다.", "수고하세요." 등의 표현은 윗사람에게 하는 인사로는 적절하지 않다. 그보다는 "내일 뵙겠습니다." 또는 "먼저 가보겠습니다."라는 식으로 인사하는 것이 좋다. 동료나 후배 직원에게는 "수고하세요."라는 식으로 인사해도 무방하다. 먼저 퇴근하는 윗사람에게는 "안녕히 가세요."라고 하고, 아랫사람이면 "수고했어요."라는 식으로 하면 된다.

많은 사람들이 말하기에 대해 착각하는 것이 있다. 말하는 사람이 자세히, 분명하게 말해주면 듣는 사람이 더 완전하게 이해할 수 있다고 생각하는 것이다. 사실은 이와 다르게 정보의 양이 많으면 이해하기 어렵다. 그리고 말을 1~2분 이상 길게 하면 듣는 사람은 인내심이 사라져 말을 들으려고 하지 않는다. 그래서 말의 핵심을 잡아내서 센스 있게 짧게 말하는 능력을 길러야 한다. 다시 말해 맥락을 파악해내는 능력이 있어야 한다. 짧은 시간 내에 상대방을 이해시키고 설득하려면 말의 핵심을 빨리 잡아내 확실히 전달해야 한다.

직장에서 사용하기 좋은 말하기 방법으로 삼각 대본이 있다. 삼각 대본의 말하기 방식은 주제를 분명하게, 그리고 매끄럽게 나타낼 수 있도록 도와준다. 공식적인 말하기 상황인 의견 발표, 회의 중 발언 등 중요한 상황에서 삼각 대본에 따라 말한다면 간결하면서도 논리적으로 말할 수 있다. 고객의 근본적인 니즈가 어디에 있는지, 고객이 흥미를 가지는 부분은 무엇인지, 고객의 가장 연약한 부분은 무엇인지 등 이런 니즈 찾기는 간결하고 핵심 있게 말하기의 전제조건이다. 청중이 무엇을, 왜 듣고 싶어 하는지 관심을 가져야 한다. 말하기는 섬세하게 상대의 니즈를 찾아 정교하게 말하는 것이 핵심이다. 상대의 니즈 파악은 삼각 대본 구성에 도움이 되고 간결하게 말하기의 중요한 포인트이다.

[삼각 대본 내용 구성]

1. 하고 싶은 말
2. 주요 내용, 일반적으로 3가지 구체적인 항목이나 조항
3. 이유와 근거, 한두 가지의 구체적인 실제 사례

출처: 류리나, 『하버드 100년 전통 말하기 수업』

- 보고 스피치 기술

상사는 회의나 다른 부서와의 업무 협의 등 빡빡한 일정을 소화하기 때문에 업무 속도가 빠르다. 이런 사정을 감안해 보고하는 사람은 중요한 핵심 문장을 먼저 말하고, 그다음 추가로 설명하는 것이 좋다. 전체적으로 짧은 문장 10개 이내로 보고를 끝내는 것이 바람직하다. 과정이나 상황과 관련된 추가 설명은 상사가 하는 질문에 맞춰서 하면 된다. 만약 설명이 복잡해서 시간이 걸릴 것 같으면 나중에 문서로 만들어 제출하겠다는 식으로 답한다. '엘리베이터 보고'라는 것이 있다. 30초 안에 보고를 끝내라는 취지에서 생긴 말이다.

[예시: 엘리베이터 보고]

* 결론을 먼저 말하고, 이유는 그다음에 말하는 방식이다.

"회사 내 A, B, C와 같은 이유로 불만이 증가했습니다."라고 말하지 않고, "회사 내 불만이 증가했습니다. 그 이유는 A, B, C 때문입니다."라는 식으로 말하는 훈련을 하자.

출처: 최영미, 『말습관이 바뀌면 운명이 달라진다』

상사에게 '왜?'는 그들이 의사결정을 할 때 꼭 필요한 요소이다. 사람들은 의사결정을 할 때 나에게 어떤 이해득실이 있는지를 가장 먼저 고려한다. 이 부분에서 충분한 공감을 끌어내야만 상사의 이목을 잡아끌 수 있다. 그래서 보고하기 전에 스스로에게 반드시 다음과 같은 질문을 해 보고 설명할 수 있도록 준비한다. 첫째, '우리' 회사(팀)에 무엇이 좋은가, 둘째, 혜택과 불이익은 무엇인가, 셋째, '우리' 고객에게는 어떤 도움이 되는가이다. 앞으로 상사가 "이 일을 왜 해야 하는데?"라고 묻는다면 그 일이 '우리'에게 어떤 혜택이 있고 성장이 되는지 말해보라. 상사에게 '필요성'을 느끼게 설명하는 것, 그것이 '왜'라는 질문에 대답하는 우리의 자세이다.

[예시]

우리: 유튜브 마케팅을 강화하고자 합니다. 상사: 그걸 왜 해야 하는데? 우리: 저희의 주 타깃 고객인 MZ세대 사이에서 유튜브의 영향력이 매년 20%씩 증가하고 있습니다. 저희가 유튜브를 공략한다면 MZ세대들의 유입이 더욱 활발해질 것으로 생각됩니다. 상사: 그래? 어디 한번 자세히 설명해 봐!

출처: 최영미, 『말습관이 바뀌면 운명이 달라진다』

공신력 있는 자료는 사람의 마음을 움직이는 데 아주 효과적이다. 공신력 있는 근거는 믿게 만드는 힘이 있다. 그러니 상사를 설득하고 싶다면 누구라도 믿을 수 있는 데이터를 통해 주장을 증명해야 한다. 구글에는 "의견은 접어두고 데이터로 말하라."라는 표어가 있다고 한다. 이처럼 세계 최고의 IT기업에서도 '근거'를 강조하고 있다. 그러니 상사를 설득하고 싶다면 어떤 사람의 말, 어떤 데이터를 신뢰하는지를 잘 파악해 그 부분을 공략해 보라.

조직에 속한 이상 우리는 어쩔 수 없이 스스로 존재의 이유를 만들어야 한다. 그리고 그 과정 속에서 다른 누구보다 더 좋은 평가를 받아야 하는 숙명을 안고 있다. 어떤 성과를 냈는지가 시작부터 등장해야 하는데, 어떤 '업무'인지를 이야기하면 기대감이 생기지 않는다. 첫 도입에서 듣는 사람이 '아! 올해는 뭔가 성과가 있구나!'라고 느끼게 해줘야 한다. 그래서 올해 실행한 업무에서 성과를 정리할 때 행동의 의미를 담고 있는 '동사형 명사'가 필요하다. 예를 들어 '매출액'이라는 명사만 사용하면 '매출액'이 어떻게 달라졌는지를 모르니 '동사형 명사'를 더해 준다. 딱 한 단어를 더했을 뿐인데 메시지가 한층 또렷하게 전달된다.

[예시: 동사형 명사를 더하는 표현법]

Before: 첫 번째는 매출액입니다.

After: 첫 번째는 매출액 증가입니다.

출처: 최영미, 『말습관이 바뀌면 운명이 달라진다』

[예시: 명사에 수식어를 더하는 표현법]

Before: 첫 번째는 축제 입찰 자료입니다.

After: 첫 번째는 유성지역 축제 입찰 자료입니다.

- 회의 스피치 기술

많은 사람의 의견이 골고루 반영될 수 있는 효율적인 회의가 되려면 어떻게 해야 할까? 바로 회의 시작 전에 참석자들은 회의의 주제와 목적을 사전에 공유하도록 한다. 회의 주제를 회의 시작 때 참석자들에 알려 주는 것은 효과적인 방법이 아니다. 회의 참석자들은 주제와 목적이 무엇인지 미리 알고 참석해야 한다. 단순히 자료를 공유하는 것인지, 아니면 어떤 안건을 놓고 해결책을 모색하는 회의인지에 대해서도 미리 알려 주는 게 좋다. 주제를 미리 알고 주제와 관련된 자료와 아이디어를 미리 챙기면 효율적인 회의에 도움이 된다.

회의 참석자는 음성과 발음이 정확해야 한다. 자신감 있는 목소리로 또박또박 발음하는 것이 중요하다. 만연체보다는 두괄식으로 말하는 것이 좋다. 중언부언 길게 말하는 것보다는 두괄식으로 말한다. "제 의견은 이렇습니다. 왜냐하면…" 이렇게 분명하게 자신의 의견을 서두에 제시하는 것이 좋다. 자세에도 세심히 신경 쓴다. 회의에 적극적인 모습은 회의 내용 메모, 진행자와의 눈 맞춤에서 느껴지는데 진정성 있는 이런 모습은 신뢰감을 주고 자신의 존재를 더욱 돋보이게 한다.

회의할 때 말하는 타이밍을 잘 잡아보자. 손을 들어 의견을 개진하고 진행자의 허락을 구한 후 말하자. 자유토론인 경우 자연스럽게 의견을 개진할 수 있다. 의견이 달라 반박해야 할 경우 최대한 완곡하게 표현하고 직설적인 표현은 주의한다. 의견을 말하지 못했을 경우 회의가 끝날 때 다시 하는 것이 좋다. 그러나 이미 다른 주제로 넘어갔거나 회의가 끝났다면 차라리 다음 회의를 기대하는 것이 낫다.

회의에서 들을 때는 어떻게 해야 할까? 발언자의 이야기가 맥락에 맞지 않을 때 분명히 지적하자. 말하는 사람도 잘 모르는 경우가 대부분이다. 다만, 지적하는 과정에서 우리의 태도는 챙기자. 상대의 자존심에 상처를 입게 하거나 참석자들 앞에서 창피하게 해서는 안 된다. "아, 네. 그렇군요. 그런데 지금은 그 얘기보다는 이것에 대한 얘기를 하고 있었으니까 우선 이 얘기를 계속 진행하는 게 좋을 것 같아요." 정도로 말해보는 건 어떨까? 그리고 회의 진행 과정이나 타인의 발언을 다 이해하지 못했을 경우, 그냥 넘어가지 말고 적절한 타이밍에 다시 질문을 하는 것이 좋다. 이것은 발언이 잘못 이해되는 것을 막아 발언한 사람에게도 도움이 되고, 듣는 사람 입장에서도 나중에 자기가 발언할 때 엉뚱한 소리를 하지 않게 된다는 장점이 있다.

Summary

직장에서의 커뮤니케이션 기술

1. 직장인 - 인사하기로 커뮤니케이션 시작하기.
2. 삼각 대본 사용으로 의견 제시. 보고 등 자기의 주장 구사하기.
3. 동사형 명사와 명사 앞에 수식어를 붙여 성과 위주의 보고하기.
4. 의견 제시보다 근거로 보고하기.
5. 회의 참석 시 미리 자료와 아이디어 챙기기.

2
이해력 높이는 설명의 방법

우리는 생활 속에서 무언가를 설명해야 할 때가 많다. 가족 간에 오늘 지낸 이야기를 하더라도, 나의 하루에 등장한 인물부터 업무, 만난 사람 등등을 설명해야 한다. 설명하는 일은 비유도 사용해야 하고 기억을 떠올려 상대에게 쉽게 이해시키는 일이어서 간단치 않다. 내가 알고 있는 것과 그것을 말로 설명하는 일은 같은 듯 다른 일이다. 내가 알고 있는 것을 잘 설명한다면 그것이야말로 내가 진짜 알고 있다고 믿어도 된다. 자신감 있게 말하는 방법! 설명하는 말로부터 시작해보자.

- 설명의 두 가지 원리: 분석과 범주화

'나의 생각을 전달하고자 하는 의도'라는 말하기의 목적에서 가장 핵심적인 부분은 바로 '전달'이다. 그런데 상대방에게 나의 말, 생각을 이해시킨다는 것은 생각만큼 녹록한 일이 아니다. 왜냐하면 상대방은 나와 다른 삶을 살아온 또 다른 주체이기 때문이다. 다시 말해, 그가 가진 지식의 정도나 사물을 이해하는 관점과 태도, 생각의 방식 등이 모두 나와 다르기 때문에 내가 이해하고 파악하는 것을 그대로 파악하지 않는다. 그래서 나의 생각, 관점을 잘 '전달'하기 위해서는 온갖 방법을 다 동원할 수밖에 없다. 그것은 곧 다양한 설명 방식을 의미한다. 따라서 말을 잘한다는 것의 기본은 설명을 잘한다는 사실로 귀결되고 좋은 설명을 위해서는 그 온갖 방법을 고민해봐야 하며, 그 온갖 방법을 체화하는 훈련이 뒤따라야 한다.

흔히 어떤 대상이나 사건, 나의 생각 등을 타인에게 설명할 때, 그와 관계된 지식, 이미지 등을 두서없이 펼치는 경우가 많다. 이러한 설명은 상대방이 정확하게 이해하는 데 도움을 주지 못한다. 이런 일상적인 설명의 방식이 소기의 목적을 달성하지 못하는 이유는 무엇보다 설명에 동원되는 두 가지 기본 원리가 충분하게 고려되지 않았기 때문이다. 좋은 설명을 위해서는 설명하려는 대상에 대한 나의 이해라는 하나의 축과 설명하려는 대상에 대한 효과적인 표현이라는 또 하나의 축이 동시에 고려되어야 한다. 이는 달리 말해 좋은 설명이란 나의 대상에 대한 이해도라는 내적인 측면과 그 이해도를 바탕으로 구성되는 대상에 대한 표현이라는 외적인 측면으로 구성된다. 전자가 설명의 주요한 원리가 되는 이유는 대상에 대해 내가 갖는 지식, 관점, 이해의 정밀성에 따라 설명에 동원될 수 있는 소재가 다양해질 수 있기 때문이다.

설명의 첫 번째 주요한 원리는 설명할 대상의 '분석'이다. 국립국어원 표준국어대사전에서 검색해보면, 분석은 '얽혀 있거나 복잡한 것을 풀어서 개별적인 요소나 성질로 나눔'이라고 정의되어 있다. 다시 말해, 분석이란 대상에 대한 정확한 이해를 위해 대상을 구성하는 요소들을 세부적으로 나누어 그 전체성을 이해하는 대상 이해의 방식이라고 할 수 있다. 화자는 대상을 분석함으로써 대상을 피상적 차원에서가 아닌 원리적, 본질적 차원에서 이해할 수 있게 되고 그래야 설명을 잘할 수 있게 된다.

[예시: 컴퓨터 설명]

*** 부분적 설명**

"컴퓨터란 요즘 없어서는 안 되는 기계인데, 우리는 그 기계로 정보를 찾을 수도 있고, 게임을 할 수도 있고, 요즘은 인터넷 수업을 듣기도 해."

*** 본질적 설명**

"컴퓨터란 입력장치, 프로세서, 출력장치, 저장장치를 기본 구성으로 하는 정보 처리 기계로서 전자 회로를 이용한 고속의 자동 계산기. 숫자 계산, 자동 제어, 데이터 처리, 사무 관리, 언어나 영상 정보 처리 따위에 광범위하게 이용되는 현대 생활의 필수품이다. 컴퓨터는 현재 현대 사회의 거의 모든 영역에서 광범위하게 이용되고 있으며, 따라서 현대 생활에 없어서는 필수품이라고 할 수 있다."

출처: 한길석, 한우섭, 권정언, 『말하기와 사고』

훌륭한 학자가 곧 훌륭한 선생인 것은 아니라는 말이 있다. 대상에 대한 화자의 이해가 아무리 높다고 하더라도 효과적이고 다양한 표현 없이는 좋은 설명이 이루어지지 않는다는 의미이다. 듣는 사람에게 효과적으로 전달할 수 있는 표현 방식이 마련되지 않으면 내용 전달이라는 설명의 목적을 달성하지 못한다. 결과적으로 좋은 설명을 하지 못하게 된다. '범주화'는 대상 설명을 쉽게 하기 위한 효과적인 설명 방법으로 세부적으로는 묘사, 서사, 인과, 정의, 비교, 대조, 예시 등 다양한 표현 방식이 있다. 좋은 설명이란 '분석'이라는 내적 이해의 원리와 '범주화'라는 표현의 원리를 종합적으로 사용해야 한다. 결론부터 이야기하자면, 설명하는 말하기에 이용되는 다양한 실제적 방법들은 분석과 범주화의 원리가 상황에 따라 적절하게 조율된 결과라고 할 수 있다.

[예시: 청춘]

"청춘이란 새싹이 파랗게 돋아나는 봄철이라는 뜻으로, 십 대 후반에서 이십 대에 걸치는 인생의 젊은 나이 또는 그런 시절을 이르는 말이야."

*** 범주화**(비유)

"청춘이란 인생의 어떤 한 시기가 아니라, 어떤 마음가짐을 의미한다. 청춘이란 장밋빛 볼, 붉은 입술 그리고 유연한 무릎을 뜻하는 것이 아니라, 강인한 의지, 풍부한 상상력, 불타는 열정이다." -사무엘 울만, 「청춘」 중에서

출처: 한길석, 한우섭, 권정언, 『말하기와 사고』

- 정보 전달 스피치

정보 전달 스피치는 단순히 정보 전달에 그치는 것이 아니고 상대방을 이해시키는 것이 가장 큰 목표다. 내가 원하는 대로 누군가를 이해시키는 것은 쉬운 일이 아니다. 오해를 최소화하고 전달하고자 하는 바를 정확히 표현하는 데 효과적인 방법이 있다.

첫째, 창의성을 발휘하라. 스피치에서 청중의 흥미를 돋울 수 있는 다양하고 참신한 아이디어로 접근하는 것이 필요하다. 자신이 듣고 싶어하는 것만 듣는 청중 앞에서 새로운 접근방법으로 창의적인 시도를 한다면 좋은 효과를 볼 수 있다. 둘째, 공신력을 창조하라. 청중은 화자를 좋아하고 신뢰할 때 스피치에 집중한다. 셋째, 지적 자극을 줘라. 이를 위해서는 청중을 파악하는 것이 중요하다. 또한 이미 충분히 알려진 주제로 이야기해야 할 때라도 정보의 새로운 측면을 부각해 지적 요구를 충족시켜줄 수 있다. 이미 알고 있는 내용은 간단하게 정리하면서 화자가 왜 다음 이야기를 하려는지, 어떤 도움이 되기에 다음 이야기를 하려는지 이야기해주면 청중은 훨씬 잘 집중할 수 있다. 한 가지 주제라도 참고도서나 자료를 자세히 찾아보고 주제와 어떻게 연결할지를 생각해야 한다.

넷째, 관련성을 찾아라. 정보를 전달할 때는 그 정보와 청자와의 연관성을 최대한 확보해야 한다. 남자에게는 거래처 직원을 효과적으로 접대하는 방법이, 여자에게는 멋스럽게 보일 수 있는 세련된 화장법이, 학생에게는 짧은 시간에 시험 점수를 높이는 방법 등 특히 서론 부분에서 청자와의 관련성을 부각해 흥미를 유발해야 한다. 다섯째, 핵심을 강조하라. 광고할 때 보면 제품의 여러 가지 장점을 동시에 호소하는 일은 거의 없다. 대부분이 제품이 가진 한두 가지 장점을 크게 강조하고 또 강조한다. 공감 사례, 증거, 경험 등을 부연 설명함으로써 정보가 가진 중요성을 인식시킬 수 있다.

정보 스피치는 상대의 지식과 간접 경험을 늘려주는 것이 목적이므로 어느 정도 설득의 요소를 갖는다. 짧게 보고하는 브리핑도 정보 스피치이고, 조직 생활에서 자주 행하고 접하게 되는 프레젠테이션도 마찬가지다. 그래서 정보 스피치는 논리적으로 전달해야 하는데, 이치를 따지고 자신의 주장을 꺾지 않는 이미지도 있다. 그러나 논리라는 말에는 두 가지 속뜻이 있다. '이치에 맞는 것'과 '일의 전체 내용을 이치에 맞게 배열'하는 것이다. 다시 말해, 개인의 주장, 이유, 근거는 명확한 논리의 서술에 따라 질서 있게 배열해야 한다. 그래서 논리적으로 말한다는 것은 무엇인가를 이치에 맞게 간결하게 전달하는 것이다.

- 일상에서 논리와 실전

일상에서 논리력을 키우기 위해 신문을 많이 이용해 보라. 주제를 강조하기 위해 어떤 의미의 표현을 쓰는지, 어떠한 배열로 문장을 만들었는지 분석한다. 가장 먼저 메시지의 구조와 배열을 살펴본다. 특히 첫 문장에서 어떻게 핵심적으로 주제를 전달하는지를 세심히 보라. 그리고 두 번째 문장에서 어떤 논리와 무슨 기법으로 첫 문장을 지지하는지를 본다. 만약 사례로 기사를 시작했다면 그 사례를 통해 어떤 현상을 말하려고 하는지, 무엇을 전달하려고 하는지, 우리 삶에 어떻게 적용되는지, 우리 사회에 어떤 변화를 가져올 것인지 등을 통해 내용의 흐름을 파악해본다. 이를 통해 우리는 '핵심'을 전달하고자 할 때 어떻게 논리를 풀어가야 가장 효과적인지를 파악할 수 있다.

다른 사람에게 말로 설명하기를 연습해보라. 만약에 중요한 스피치나 강의가 있다면 가족을 앞에 두고 준비한 메시지를 전달해보라. 상대의 반응을 보면서 말을 하다 보면 논리가 빈약하거나 인과관계가 틀어진 부분을 명확히 파악할 수 있다. 그리고 직접 녹화를 해 보고 녹화된 영상을 보며 막힘없이 말이 이어지는지 체크해 봐야 한다. 사전에 아무리 시나리오를 꼼꼼하게 준비해도 막상 영상을 찍다 보면 말이 막히거나 메시지의 흐름이 어색하게 느껴지는 경우가 있다. 그럴 땐 버릴 부분은 과감하게 버리고 빈약한 논리를 보강하면서 메시지의 흐름을 재배치해 본다. 실전처럼 여러 번 연습하다 보면 메시지의 흐름이 숙지되고 말이 막힘없이 흘러나오게 된다.

설명을 잘하는 사람들은 첫째, 상대에게 필요한 내용이나 상대가 궁금해하는 내용, 가치 있는 콘텐츠를 준비한다. 설명을 잘하는 사람은 평소에 설명할 소재를 많이 수집하기 위해 독서하고, 울림 말이나 경험 등을 메모하고, 일상생활에서 사색하는 일을 멈추지 않는다. 둘째, 상대방의 눈높이에 맞춰 생각을 전달한다. '지피지기면 백전백승'이라는 말이 있듯 상대가 누구인지, 성향이 어떤 사람인지를 안다면 어떻게 말해야 할지도 미리 알 수 있어 좋은 성과를 얻을 수 있다. 셋째, 상대방의 머릿속에 그림이 떠오르도록 묘사해줘야 한다. 예를 들면 큰 정보에서 작은 정보의 순으로 설명하기, 결론과 중요한 것부터 말하기, 상대방이 궁금해하는 순서대로 말하기 등의 스킬을 통해 설명을 잘할 수 있다. 또 한 가지 주제라도 다양한 각도에서, 때로는 비유로, 속담으로, 사자성어 등으로 설명하고 예시를 들어 설명하면 상대의 이해를 돕는 데 수월하다.

공적인 말하기를 잘하는 사람은 머릿속에 자신이 할 스피치의 전체 내용이 키워드 중심으로 연결맥락이 잘 정리되어 있다. 대본을 달달 외우는 것이 아니라 논리 구조를 그려서 기억한다. 발표를 잘하려면 원고를 잘 만들어야 한다. 이때 원고는 문장의 형태나 세세한 표현에 신경 쓰지 말고 논리의 골격이 한눈에 들어오도록 선명하고 굵직해야 한다. 원고를 외울 때에는 토씨까지 하나하나 외우는 게 아니라 골격과 흐름을 숙지하는 것이다. 단어는 기억하기 어렵지만 논리 구조는 이미지로 저장되어 있기 때문이다. 논리 구조를 그리면서 원고를 숙지하는 훈련을 하면 이해력과 기억력 또한 점차 향상되고 자신감 있는 발표를 하게 될 것이다.

Summary

설명을 잘하기 위해 분석과 범주화 원리 기억하기

1. 설명은 화자의 이해 수준과 청자의 이해를 돕기 위한 표현하기로 이루어진다.
2. 범주화의 세부 방법 - 비유, 묘사, 서사, 인과, 정의, 대조, 비교 예시 등이 있다.
3. 설명을 잘하기 위해 창의적, 연역적, 관련성, 핵심 말하기.
4. 설명을 잘하기 위해 일상에서 다양한 방법으로 말하기 연습해보기.
5. 정보 스피치는 청중 이해가 목적이다.

3
나를 더 돋보이게 만드는 자기소개

말 그대로 자기소개는 나를 그냥 소개하면 되는 줄 알았다. 어느 모임을 가든 처음 만나는 사람들이 있으므로 그들에게 나를 알리는 거면 충분하다고 생각했다. 그런데 다른 사람이 자신을 소개할 때 간결하면서도 재치 있게 하는 것을 보고 긴장되고 초조해지기 시작했다. '나는 나 자신을 어떻게 소개를 해야 하나?' 어디까지 나를 알려야 하는지, 그 경계도 모르겠고 이 말을 해도 괜찮을지 생각할수록 두려운 세계가 자기소개였다. 자기소개는 일종의 정보 교환이다. 커뮤니케이션을 잘하기 위해서 자신의 정보를 노출해주는 것이다. 나를 매력적으로 소개하는 자기소개의 방법에는 무엇이 있을까 배워보자.

- 자신에 대한 정보를 노출하라

자신을 소개하는 것은 타인들과 친밀하게 지내기 위해서이다. 우리를 감동시키는 스피치의 공통점은 연사가 개인적인 이야기를 들려준다는 것이다. 스피치 중에 적절한 자기 노출은 사람을 설득하는 데 효과적이다. 자기 노출은 상대방과 친밀하게 지내고 싶은 마음을 보여주는 것이고, 표면적인 관계를 뛰어넘게 도와준다. 자기 노출은 청중의 마음을 사로잡는 지름길이다. 다른 사람과 이야기할 때 자기를 너무 노출하면 상대방의 자기 노출 속도와 맞지 않아 상대방에겐 부담이 될 수 있다. 그러므로 적당한 완급 조절을 통해 자기를 열어 나가야 하고 이 적절함은 청중의 신호로 판가름 난다.

자기 노출을 통한 의사소통에서 노출된 자아는 4가지 동류가 있다. 자기 노출을 잘하기 위해서는 자신의 자아가 어떻게 구성되어 있는지 알아야 한다. 조세프 루프트가 쓴 "집단과정: 집단역학에 대한 소개"에 있는 자아의 네 가지 측면을 보면 자신을 아는 데 도움이 될 것이다. '열린 자아'가 너무 작으면 폐쇄적인 사람으로, 반대라면 너무 개방적인 사람으로 보일 것이다. '가려진 자아'가 너무 작으면 자기 인식이 지나친 사람으로, 반대라면 다른 사람의 부정적인 평가가 지속될 것이다. '숨겨진 자아'가 작으면 신뢰할 수 없는 사람으로, 지나치게 크면 사람들이 부담스러워 다가오지 않을 것이다.

[4가지 자아]

1. 열린 자아(Open self): 자신에게도 다른 사람에게도 알려진 자아 (모든 의식적인 행동과 말)
2. 가려진 자아(Blind self): 자신에게는 알려지지 않았지만 다른 사람에게는 알려진 자아 (습관, 매너리즘, 방어기제, 싸움전략)
   - 자신은 이기적이지 않다고 생각하지만, 사람들의 평가가 이기적이라면 '가려진 자아'를 알지 못하는 것이다.
3. 숨겨진 자아(Hidden self): 자신에게는 알려졌지만 다른 사람에게는 알려지지 않은 자아 (자신의 모든 비밀, 즉 내면에 지니고 있는 생각, 느낌, 바람 등의 모든 것과 단점, 성적, 수입 등 사생활과 관련된 부분)
4. 미지의 자아(Unknown self): 자신에게도, 다른 사람에게도 알려지지 않은 자아 (잠재의식, 무의식 → 꿈, 환상, 신비한 경험)

출처: 김은성, 『마음을 사로잡는 파워스피치』 중 조세프 루프트의 "집단과정: 집단 역학에 대한 소개"

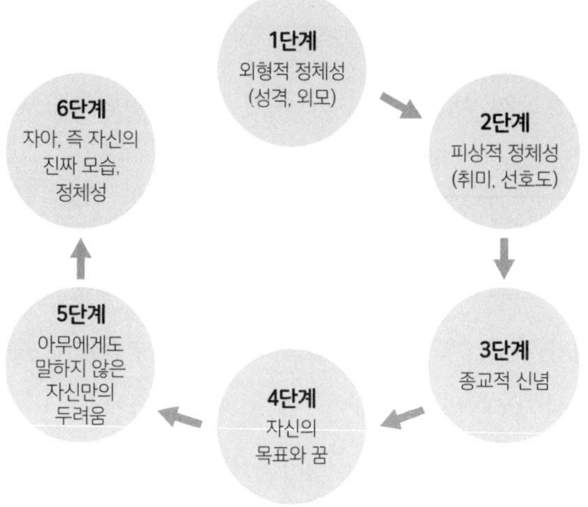

자아 정체성 단계

출처: 김은성, 『마음을 사로잡는 파워스피치』 중 자아 정체성 단계

자기 노출은 자기만 알고 있는 숨겨진 자아에서 열린 자아로 옮겨가는 것이 효과적이다. 처음에는 정보적 차원, 즉 자신의 직업, 즐거웠던 경험 등을 열어 보여라. 아직 감정을 보여줄 준비가 덜 되어 있고 자기 노출의 정도를 가볍게 갖고 있는 대화의 초기 단계에서 하는 것이 좋다. 관계를 진전시킬 준비가 되었다면 생각, 느낌, 요구 등의 차원으로 노출을 확대해도 좋다. 상대방은 당신의 세계에 발을 들여놓고 당신을 알아감을 매우 기분 좋게 생각하며 두 사람 모두 우정과 사랑의 친교의 관계로 다양한 즐거

움을 찾게 될 것이다. 이런 과정을 거치면 스피치를 통해 서로에게 영향을 주는 관계가 된다. 어찌 생각하면 초반엔 다소 위험하고 두렵게 느껴지겠지만, 자기 노출은 관계를 친밀하게 만든다.

자기를 알릴 때 처음의 몇 초가 굉장히 중요하다. 사람을 만날 때 처음이 어떠한가가 계속 그에게 관심을 가질지 말지를 결정하는 계기가 된다. 그래서 상대가 관심을 가질 수밖에 없도록 시작하는 것이 좋다. 따라서 자기소개는 단순히 자신의 이야기가 아니라 상대가 듣고 싶어 하는 이야기가 되어야 한다. 우리는 처음 상대와 만났을 때에 인상을 강하게 남겨서 상대가 기억하도록 해야 한다. 단순한 인사나 평범하고 업무적인 대화가 아니라 상대가 자신에 대해서 관심을 보이도록 해야 한다. 초면 인사만이라도 확실하고 희망찬 모습으로 해야 한다.

- 인사는 흥미로운 모험의 시작이다

낯선 사람들끼리 인사할 때는 자기소개가 필수이다. 그다음에는 자신의 경험, 생각, 느낌 등을 상대방과 이야기한 후에 상대방의 생각은 어떤지 질문하게 되면 교류의 시작이다. 알고 있는 사람을 만났을 때도 먼저 인사를 해라. 자신이 적극적으로 대화를 시작하면 상대방도 능동적으로 피드백을 할 것이고 거절에 대한 공포감도 크게 줄어든다. 먼저 인사를 하면 좋은 점은 당신이 대화의 방향을 결정할 수 있기 때문이다. 또한 적극적이고 친근하며 상냥한 인상을 상대에게 줄 수 있다. 일상생활이나 날씨 같은 스몰토크에 대한 상대의 대답을 듣고 대화의 방향을 정하면 좋다.

처음 만난 사람과 대화를 시작할 때는 어렵지 않게 대답할 수 있는 일상적인 질문을 먼저 하면 좋다. 상대의 대답과 태도가 교류를 계속 이어갈지 판단하는 데 도움이 된다. 그래서 낯선 사람과의 대화의 물꼬는 우리가 쉽게 대답할 수 있는 의례적인 질문을 해야 편안하게 대화가 이어진다. '예'나 '아니요'로 대답할 수 있는 폐쇄형 질문은 상대의 반응을 알아보는 데 더 큰 효과를 발휘한다. 상대가 이 대화에 적극적인지, 건성으로 참여하고 있는지 판가름할 수 있게 한다.

개방형 질문에는 설명형 대답이 필요하다. 폐쇄형과 개방형 질문을 같이 사용하면 대화가 풍성해진다. 상대를 알기 위해 취미나 흥미에 대한 한두 가지 폐쇄형 질문을 한 후에 적극적인 피드백이 돌아온다면 이와 관련된 개방형 질문으로 상대방을 대화에 적극적으로 참여시킬 수 있다. 이렇게 간단하고 솔직한 질문들이 능동적인 대화 참여를 유도하는 것이다. 예를 들어 "~라고 하니 말인데….."라든가 "방금 ~에 대해서 말하지 않았어?"라고 하면서 화제를 자연스럽게 옮길 수 있고 동시에 대화 참여는 즐겁게 계속 이어진다. 만약 당신이 화제를 바꿨지만 상대방이 여전히 "아.", "그래?", "음."과 같은 단답형 대답을 유지한다면 과감하게 상대방과 작별해라. 간결한 대답만 계속한다는 것은 상대방이 당신에게 아무런 관심도 없다는 하나의 증거이기 때문이다.

자기소개를 하기 위해 대중 앞에 서면 떨리고 긴장된다. 사람들 앞에 섰을 때는 말이 먼저가 아니라 시선이 먼저라는 사실을 기억하자. 우선 대중을 전체적으로 둘러보고(시선 처리) 나서 말은 천천히 해도 된다. 자기소개는 교육, 세미나, 워크숍, 소모임, 동호회 등에서 많이 하게 된다. 처음 만나서 하는 것이기 때문에 초두효과를 기억해야 한다. 사람의 첫인상은 3초 이내에 각인되며 첫인상이 잘못되면 좋은 면까지도 거부되는 현상이다. 식상한 멘트보다는 나를 인상적으로 알릴 수 있는 멘트를 미리 준비하는 것이 좋다.

- 자기소개 요령, 유의점

성공적인 스피치를 위해서는 우선 모임의 취지를 잘 이해해야 하고 모임에 참석한 연사는 자신의 입장에 어울리는 스피치를 해야 한다. 스피치의 승패를 결정하는 것은 유효 적절한 화제로 어떻게 주제를 살려내는가의 문제이다. 대체로 주제와 관련된 자기의 의견이나 경험담, 사실, 에피소드 등이 있다. 하지만 주제를 살리기 위한 적당한 재료가 떠오르지 않는다면 주제에 합당한 화제를 종이 위에 적고 검토하는 편이 손쉽다. 모임에서의 스피치는 3~5분 정도로 가능한 한 간결하게 끝내는 것이 바람직하다. 모임의 취지를 살려주는 가장 핵심적인 부분만을 효과적으로 전달하는 게 좋다.

스피치에서 청중에게 자기소개를 할 때, 그 청중을 구체적으로 말하는 센스를 지니자. 그냥 "여러분"이라고 하기보다는 "문학을 사랑하는 여러분"이라든지 대전에서 강의를 하게 되었을 때는 "대한민국의 중심, 대전에서 사는 여러분" 이렇게 구체적으로 표현해준다. 적극적이고 한정해서 대상을 말해주면 이에 해당하는 청중들은 스피치에 집중하게 된다. 왜냐하면 자신이 그 구체적인 대상에 속해 있기 때문이다. 이렇게 구체적으로 말하면 청중들은 자신도 모르게 스피치를 경청하고 집중하게 될 것이다.

자신의 전문성을 살리며 자기소개를 하게 되면 공신력이 생긴다. 나 또한 스피치 강단에 섰을 때 PR을 잘하지 못했었다. 본인의 전문성을 한 줄로 말해준다면 청중들은 연사의 말에 집중하게 된다. 그래서 나는 스피치 전문가로 자기소개를 하고 있다. 전문성을 말할 때는 단순히 "아나운서로 방송을 했다."라는 말보다 그 앞에 "25년 동안"이라는 숫자를 넣어 말하면 신뢰도가 높아진다. 여러분도 이렇게 자신의 전문성을 살리는 PR에 구체적인 숫자까지 함께한 자기소개를 한다면 훨씬 더 청중에게 신뢰감 있는 연사로 받아들여질 수 있다.

마인드맵은 생각을 구조화하고 확장하고 시각화하기에 유용한 생각 정리 도구이다. 키워드 중심으로 작성하기 때문에 핵심이 직관적으로 정리되어, 한 페이지로 생각을 정리하고 한 눈에 들어온다는 장점이 있다. 마인드맵의 중심에 '스피치 전문가(주제), 이남경(이름)'처럼 이름을 적고 주요 토픽을 적는다. 주요 토픽의 역할은 생각을 어디까지 펼칠 것인지 범위를 정해주며, 생각이 핵심에서 벗어나지 않게 해준다. 중심 토픽 위에 주제를 함께 적으면 자기소개와 관련된 내용을 상세하게 연관하여 생각할 수 있다. 그다음으로 '질문'을 사용해서 마인드맵에 '육하원칙'의 꼬리에 꼬리를 무는 방식으로 자기에 대한 생각을 정리해 보자. 생각이 확장되고 정리되는 것을 느낄 것이다. 지금부터 여러분도 마인드맵으로 자기소개 스피치를 만들어 보자.

[예시: 마인드맵으로 자기소개 분류 정리]

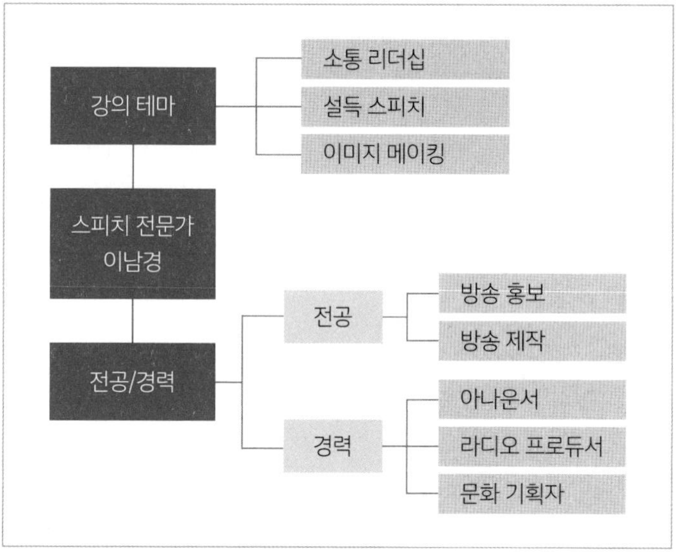

Summary

자기소개

1. 커뮤니케이션을 원활히 할 수 있도록 자신의 자아를 파악해 보자.
2. 초두효과를 위해 초면에 밝고 희망찬 모습 보여주기.
3. 자기소개 후 질문을 통해 상대와 친밀한 관계 유지 여부를 파악한다.
4. 자기소개는 시선 처리에서 안정을 찾고 말하기.
5. 자기소개 시에는 청중을 구체적으로 표현하고 자신의 전문성을 적극 어필한다.

4
면접관을 사로잡는 면접 성공 전략

내 생애 의미 있었던 첫 면접은 대학교 입학 면접이었다. 면접을 처음 해 보는 것이기도 하고 대학입학이라는 커다란 관문이었기에 긴장을 안 할 수가 없었다. 교수님들께서 질문을 어렵게 하지 않으셔서 무난히 통과하였지만 처음으로 면접이란 것에 긴장하고 떨렸다. 이후 방송사 입사 면접을 준비하면서 질문지도 마련해 보고, 답변도 준비해보면서 가장 핵심적으로 나를 알릴 수 있는 것이 무엇일까를 곰곰이 생각하면서 답변을 수시로 고쳐서 연습했었다. 그때는 지금처럼 면접을 가르쳐 주는 데도 없어서 모든 것을 스스로 준비하고 소신껏 답변했었는데, 지금이라고 별반 다르다고 생각하지는 않는다. 이제, 면접을 앞두고 무엇을 신경 쓰면 좋을지 그 기본부터 다져보자.

- 면접, 준비하면 달라진다

면접의 성패는 언변이 아니라 준비에 달렸다. 일생에서 말하기가 가장 중요한 순간 중 하나는 바로 면접일 것이다. 요즘은 평생직장이 아니라 수시로 이직이 이루어지고 신입 사원 면접뿐만 아니라 승진 면접도 중요해지고 있는 만큼 준비가 필요하다. 입사 면접에서 자신을 소개해보라는 요청을 받는 경우, 어떤 직책에 자신이 얼마나 준비된 사람인지 후보 연설하는 경우 등이 면접 스피치에 속한다. 면접 스피치에서 자기소개는 자신이 생각하는 자신의 이미지를 말로 이야기하는 것이다. 자기를 소개한다는 것은 자신에 대한 이력을 제공하는 일종의 정보 스피치이다. 하지만 단순 정보 제공으로 끝나는 것이 아닌 면접관들을 설득해 자신의 목표를 이뤄야 한다는 점에서 타인의 마음을 얻는 일이라고 할 수 있다.

입사 면접에서 자신에 대한 정보를 노출하는 것은 면접관들의 판단에 영향력을 미치기 위해서이다. 출신과 성장배경은 간단하고 의미 있게 표현하고 지원하는 일과 관련 있는 부분은 잘 돋보이게 말한다. 삶을 대하는 신념, 목표, 장래 희망과 꿈을 실현하기 위해 지금까지의 노력과 해 온 일을 알리고, 앞으로는 어떻게 준비하려 하는지 밝힌다. 그 후에 자신의 꿈을 이루기 위한 그동안의 노력이 지원한 회사의 일을 수행하는 데 충분하다는 점을 부각하고, 자신의 강점을 예로 들며 구체적으로 말한다. 열정적인 성격이라든지 협동력, 성과 등도 포함한다. 그렇다고 자신의 강점만 이야기하면 잘난 척이 될 수 있다. 일과 관련되어 어려웠던 일 중 치명적이지 않으며 의지로 잘 극복했던 일도 솔직하게 말한다.

자기소개를 위해 자신에 대한 모든 것을 단어로 표현해 보자. 성격의 장단점, 취미, 특기, 어린 시절부터 자신의 특이한 경험이나 기록과 기억에 남는 기억 등 과거 살아왔던 발자취를 기록해 보자. 평범한 것들보다는 남들과는 다른 것을 찾아내는 것이 포인트이며 진부하지 않고 구체적이어야 한다. 강점은 적어도 5가지 정도를 채우고 부족한 점은 2~3가지 정도면 충분하다. 부족한 점을 이야기할 경우 부족한 부분을 채우기 위해 앞으로 어떤 노력과 개발을 할 것인지를 생각해서 메모해 두자. 강점에 대해서는 적성과 흥미에 연관된 부분, 실무능력과 자질에 해당하는 부분으로 크게 묶어서 분류해 본다. 그리고 각각의 내용이 지원직무에서 필요로 하는 자질과 어떻게 연관이 되는지를 메모한다.

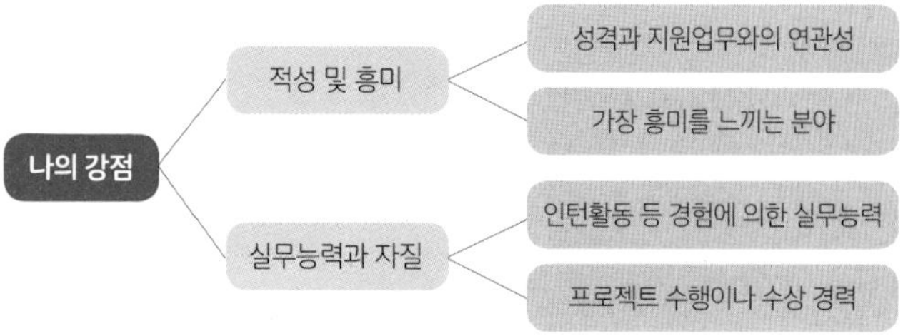

나의 강점 찾기

출처: 우설리, 김미라, 『스피치 앤 커뮤니케이션』

자기소개의 구조를 짤 때 기본적으로 어린 시절부터 서사적으로 구성하는 경우가 대부분이다. 서사적 구성은 자신의 과거 경험이나 사건들이 성장 과정에 따라 어떠한 변화를 겪으며 지금의 모습이 되었는지를 시간의 흐름에 따라 글을 전개하는 방식이다. 서론, 본론, 결론의 논리적인 흐름 안에서 세부적인 구성을 만들어가야 한다. 육하원칙 중 '무엇'에 중점을 두는 것이 중요하다. 특정한 사실이나 경험에 따른 사건을 중심으로 자신을 소개하는 것이다. 서론은 어린 시절(과거)의 성장 과정을 주로 다루고, 본론에서는 지금(현재)의 자질과 장점을 어필하며, 결론에서는 지원 목적에 따라 앞으로의(미래) 포부를 밝히면 된다. 서사적 구성은 시간의 흐름에 따라 변화된 모습을 보여줌으로써 진솔한 자기소개를 할 수 있다는 장점이 있다.

- 면접관을 사로잡아라

기업에서는 인성을 실력 못지않게 중요시한다. 실력은 이미 서류전형과 필기시험에서 검증됐으니 면접을 통해 인성, 일을 수행할 수 있는 능력, 마음속에 품고 있는 가치관 등을 알아보겠다는 의미다. 면접을 준비할 때는 본질적인 요소, 즉 몸가짐, 앎, 사람됨, 가치관, 사고력의 점검이 중요하다. 보다 많이 준비한 사람, 하나라도 더 꼼꼼하게 정성을 쏟는 사람이 면접에서 성공한다. 내 머릿속에 지식이나 열정이 아무리 많이 있어도 말로 표현하지 못하면 실패한다. 말의 첫인상은 발음이다. 평상시에 말을 반듯하게 하는 연습을 해야 하는 이유는 발음이 정확하면 무엇보다 똑똑하고 정확한 사람이라는 이미지를 준다.

채용담당자들을 인터뷰한 기사를 본 적이 있다. 흥미로운 점은 뽑고자 하는 인재의 기준이 90% 이상 같다는 것이다. 첫째, 기업에서는 인성이 좋은 사람을 뽑고자 한다. "실력이 없으면 가르치면 되지만, 인간이 안 된 사람은 나중에 꼭 치명상을 주지요." 신문 인터뷰에 나온 한 CEO의 말이다. 둘째, 기업에서는 논리적이면서도 업무 능력을 갖춘 사람을 선호한다. 그래서 면접 시 응시자의 말에서 전문성과 논리성, 업무 능력에 관한 표현력 등을 체크한다. 서류 전형에서 높은 점수를 받은 응시자들이 면접에서는 전혀 다른 결과를 가져오는 경우가 종종 있다. 그 이유는 평소 듣고 말하는 훈련을 해 보지 않았고, 읽고 쓰는 훈련만 했기 때문이다.

기업에서 면접의 비중을 높게 두는 이유는 '듣기, 말하기, 읽기, 쓰기' 중 비즈니스나 업무 상황에서 가장 많은 영향력을 끼치는 요소가 '듣기'와 '말하기'이기 때문이다. 이 두 가지가 네 가지 요소 중 75% 정도를 차지한다고 하니 그럴 만도 하지 않겠는가? 이런 이유에서 면접이 갈수록 다양화되고 강화되고 있다. 셋째, 기업에서는 창의적인 사람을 원한다. 기업에서 창의력이 뛰어난 사람을 원하는 이유는 21세기 기업의 생존이 창의력 자체에 있다는 것을 절실히 느끼기 때문일 것이다. 창의적인 인재는 새롭고 가치 있는 아이디어를 새로운 트렌드에 맞춰 제시하며, 남다른 문제 해결 방법을 제공하기 때문에 기업의 이윤 창출에 크게 공헌할 수 있다.

면접은 직접 대면해서 자신을 홍보할 수 있는 기회이므로 확실하게 어필할 수 있도록 사전준비가 철저해야 한다. 면접은 짧은 시간에 이루어지지만 면접관과의 친밀감이 형성되기도 한다. 이때 자신의 장점이나 재능을 선보이도록 장기를 준비하면 좋다. 결국 짧은 시간 안에 그동안 쌓아왔던 자신의 실력, 정서, 습관, 지식, 태도, 기능, 열정을 다 보여주는 기회임을 잊지 말아야 한다. 필기에서 보여줄 수 없었던 자신의 잠재된 능력을 면접관에게 얼마나 보여주느냐에 따라 합격의 당락이 결정된다. 면접관은 동시간 안에 말투, 태도, 시선, 표정을 한 번에 체크한다는 것을 잊지 말아야 한다. 한마디로 면접은 준비된 나를 보여주는 것이다.

- 면접의 성공 전략

당신을 채용함으로써 회사에 어떤 이득이 있을지를 설명하라. 다시 말해서, 당신의 장점을 이야기하라는 것이다. 당신의 장점은 지원한 분야에서 여태껏 쌓아온 당신의 경험과 지식이다. 자신이 잘하는 일은 무엇인지, 전문가로서 역할을 했던 경험이라든지, 그 분야에서 어울리는 사람들과의 협력은 어떠한지를 설명하는 것이다. 열린 자세는 가능성과 연결된다. 개방적이고 우호적인 태도는 일을 위한 것이든 교류를 위한 것이든 성공하려는 사람이라면 누구나 갖추어야 할 자세이다. 취업 면접에서는 당신이 그 일을 얼마나 열정적으로 할 수 있는지 그 의지를 보여주는 것이 아주 중요하다.

축구에서 시작 5분과 끝나기 전 5분이 중요하다는 말처럼 면접에서는 시작 1분과 끝나기 직전의 1분이 면접관의 뇌리에 가장 남는다. 따라서 면접장에 입장할 때부터 바른 자세와 밝은 표정을 끝까지 유지한다. 면접관은 지원자의 위기관리 능력을 파악하려고 고의로 비위를 건드리는 질문을 한다. 이런 경우 관심이 많다는 반증이므로 흥분하거나 변명하지 않아야 한다. 솔직하고 정성을 다하는 답변으로 반전시킨다. 면접장에 들어서면 당연히 긴장되기 마련이다. 하지만 면접관은 이해심이 많은 사람이라 생각해 마음 편히 먹고 잘 마무리해야 한다.

질문 의도를 정확하게 파악하고 답변한다. 면접관이 재차 추가 질문을 하지 않도록 의도를 정확히 이해하고 답변해야 한다. 의도를 파악하지 못했을 경우에는 "다시 한번 말씀해주십시오." 라고 한다. 예상치 못한 질문이 나와 답하기가 곤란하면 "잠시 시간을 주십시오."라고 양해를 구하고 나서 자신의 생각을 말한다. 솔직하고 자연스럽게 답변한다. 면접은 지원자의 유창한 말솜씨를 보는 것이 아니다. 기본 소양, 인성, 가치관, 잠재능력을 보기 위함이니 평소 생활이나 사회에 대해 이야기할 때 솔직하게 얘기하는 자세가 중요하다.

정답이 있는 질문은 아는 데까지만 답변한다. 어설프게 기억하는 것을 주절주절 얘기했다가는 오히려 역효과를 불러온다. 답이 충분하지 않았다고 생각되면, "입사 후 더 보강하도록 노력하겠습니다."라고 밝혀 신뢰를 얻는다. 면접시간은 항상 정해져 있어서 질문에 대해 2분 정도로 끝맺는 것이 좋다. 끝맺음도 어물어물하지 말고 "~입니다.", "~습니다."와 같이 명확하게 한다. 찬반양론식 질문인 경우 대답이 길어질 수밖에 없다. 따라서 결론부터 얘기하고 근거와 이유를 덧붙이면 듣는 사람이 지루해하지 않는다. 타인의 발표에 관심을 갖는 자세도 필요하며, 자신의 주장을 역설하다 감정이 지나쳐 극단적인 표현을 하는 것은 삼가야 한다.

Summary

면접을 성공적으로 치르는 방법

1. 면접에서 보여줄 나의 장점을 찾아서 카테고리별로 분류한다.
2. 면접도 설득의 요소가 있으므로 서론, 본론, 결론의 논리로 구성한다.
3. 자신의 전문성과 할 수 있는 일을 어필한다.
4. 압박 질문에도 유연하게 대처한다.
5. 스펙보다는 열정이 우위에 있음을 잊지 말자.